备课

上课

说课

听课

评课

# 高效

主编◎苏鸿　副主编◎李斌辉　穆湘兰

# 课堂

华东师范大学出版社

·上海·

**图书在版编目（CIP）数据**

高效课堂：备课、上课、说课、听课、评课/苏鸿
主编. —上海：华东师范大学出版社，2013.5
ISBN 978 - 7 - 5675 - 0678 - 7

Ⅰ.①高… Ⅱ.①苏… Ⅲ.①课堂教学—教学研究
Ⅳ.①G424.21

中国版本图书馆 CIP 数据核字(2013)第 097835 号

高效课堂：备课、上课、说课、听课、评课

主　　编　苏　鸿
责任编辑　吴海红
责任校对　高士吟
装帧设计　卢晓红

出版发行　华东师范大学出版社
社　　址　上海市中山北路 3663 号　邮编 200062
网　　址　www. ecnupress. com. cn
电　　话　021 - 60821666　行政传真 021 - 62572105
客服电话　021 - 62865537　门市(邮购)电话 021 - 62869887
地　　址　上海市中山北路 3663 号华东师范大学校内先锋路口
网　　店　http://hdsdcbs. tmall. com/

印 刷 者　浙江临安曙光印务有限公司
开　　本　787×1092　16 开
印　　张　16.5
字　　数　361 千字
版　　次　2013 年 7 月第 1 版
印　　次　2022 年 6 月第 16 次
书　　号　ISBN 978-7-5675-0678-7/G·6454
定　　价　32.00 元

出 版 人　王　焰

(如发现本版图书有印订质量问题,请寄回本社客服中心调换或电话 021-62865537 联系)

# 序言

随着素质教育的实施和新课程改革的深入推进,"课堂教学"的研究正日益受到教育理论界与实践界的高度重视。这是因为课堂是教师最熟悉、最经常,乃至最重要的工作与生活的场域,教育教学的新理念只有借助课堂才能真正地落实。可以说,只有教师的课堂教学行为发生真正的、实质性的转变,新课程的核心理念与价值取向才能真正实现。由此可见,"课堂"的研究、"课堂"的变革在深化新课程改革的进程中具有十分重要的意义。可以说,课堂是新课程改革的重要抓手,是检验教育教学改革成效的试金石。

在有关"课堂变革"、"课堂研究"的教育文献之中,"高效课堂"受到了教育理论界与实践界的高度重视,是一个具有时代气息的重大教育课题。本书拟围绕"高效课堂"这一主线,对课堂教学改革进行系统的剖析。

我们认为,"高效课堂"的研究首先需要在研究思路上进行拓展和创新。在本书中,我们试图从先进理念的引领、课堂系统的优化、教学行为的转变三个侧面来深入地剖析和诠释"高效课堂"。

首先,高效课堂研究应该强调先进理念的引领。我们认为,"高效课堂"的价值追求应该是一个动态的、发展的过程。随着时代的发展,人们对高效课堂内涵的认识也会不断地发生变化。例如,在传统教学理论中,"高效课堂"可能会更多地指向教师讲授的高效,但是在今天强调学生主动性的时代背景下,高效课堂却与学生学习的自主性、合作性、探究性紧密相关。因此,在界定"高效课堂"时,我们需要不断地返回到时代精神之中,用新的理念、新的观点来诠释课堂,而不能禁锢于陈旧的理论视野之中,用过时的理论来理解高效课堂的内涵。

其次,高效课堂研究应该关注课堂系统的优化。课堂是一个复杂的、动态的、生成的系统,因此课堂教学的追求永远没有"最好",只有"最优"。我们研究高效课堂,其目的不是去构建一个普适性的、通用性的教学模式,而是引导教师们结合具体的教学情境选择和创生最优化的教学设计。例如,说课活动就有多种不同的类型,有个人说课与集体说课、课前说课与课后说课、整体说课与专题说课,等等,每种说课形式都有自己的特点与优势,需要我们结合具体的教育情境来选择性地运用。

第三,高效课堂的研究应该聚焦教学行为的转变。教师教学行为的转变是实现课堂高效的主要中介,因此课堂教学研究应该落实到教师最日常的课堂教学行为之中。美国当代管理理论大师阿吉里斯曾经用"使用理论"和"信奉理论"两个不同的概念来区分人们的"行为"与"认识"之间的差距。阿吉里斯指出,人们口头上陈述的往往是自己的"信奉理论",而事实上指导他行动的却是"使用理论"。举例来说,很多教师都对学生学习方式的转变表示认同,但是在真实的课堂中,学习方式的转变却仍然是一个重大的课题。这就启发我们,高效课堂的研究不能局限于观念的认识,而应该外化为教学的行为。沿着教师课堂教学的实施流程,我们抽取了教师最经常的五种教学行为进行逐一的解剖,即备课、上课、说课、听课、评课。这五个环节是教师课堂教学的五项基本功,也是教师教学生活的基本形态。只有结合这些具体的教学环节展开剖析,高效课堂才能真正落到实处。

基于上述的认识,我们围绕高效课堂这一主题,对教学活动的五个环节(备课、上课、说课、听课、评课)进行了系统的剖析和深入的诠释。其中,比较核心的一些观点和想法概括如下:

备课,在研究中预设教学的曲调。备课是对教学活动的一种预设,这种预设不仅仅凭借着教师的经验与阅历,更是基于对教学活动的科学研究。在备课过程中,教师需要综合考虑教学内容、学生特点、自身实际等复杂的教学要素,设计出切实可行的教学方案,这个过程蕴含着教师的研究、思考与实践智慧,因此,我们把备课看作教师教学研究的一种重要形式。在新课程改革的背景之下,备课的内容也需要不断地拓展与创新。例如关于课程标准的研读、学生需要的研究、课程资源的开发、学习方案的生成等都是当代备课研究应该关注的重大课题。

上课,在过程中彰显智慧的力量。上课即教学的过程,上课的质量取决于我们对教学过程的理解与把握。在我们看来,上课的过程蕴含着教师课堂教学的复杂技能(例如讲授技能、提问技能、倾听技能、板书技能,等等),同时也彰显着教师教育实践的个性化智慧。我们经常说,教学既是科学,也是艺术。教学技能反映着教学作为科学的一面,而教学智慧则展现着教学作为艺术的一面。因此,高效的上课既需要教师专业化的行动策略,也需要教师个性化的教育智慧。另外,无论是上课的行动策略,还是教育智慧,都是随着时代的发展而不断变化的。例如,过去我们比较重视教师"教"的策略,而今天则更注重指导学生主动学习的策略,比如倾听策略、点拨策略、激励策略,等等。即使是传统的讲授策略,今天也需要面临着"如何精讲"的崭新课题。

说课,在交流中诠释教学的意义。说课重在"说",即口头语言的交流。我们把说课理解为交流活动,是因为只有在交流中,教师的隐性认识才能外显化,即将教学中的思考、设想、假设、理念等外显出来,使听者清楚地理解执教者的设计意图。但是,说课之"说"不是简单的叙说,而应该是深入的分析与诠释。因此,说课不应该简单地理解为重复教学设计与教学过程,而是应该说明教学设计与教学过程背后的"道理",应该从教育教学理论的高度来审视自身的教学活动,对教学设计背后的意图、目的、理论依据、个人立场、文本诠释等进行深度的剖析,这样的说课才具有交流的价值。

听课，在观察中把握课堂的真实。听课活动可以说是教师们最经常、最熟悉的日常工作，但是对于"为什么要听课？"、"听课到底该听些什么？"等问题，很多教师的认识却是十分模糊的。尤其需要指出的是，传统的听课活动主要是在常规教研活动中展开的，而很多学校的教研活动都存在着"重教轻研"，甚至"只教不研"的现象，这些都容易使听课活动流于形式。我们认为，在倡导课堂教学改革和教师教育研究的今天，听课活动应该放到"科学研究"的视野之下来重新审视，通过增加听课活动中的研究成分，使听课成为教师专业研究的一种有效工具。把听课纳入科学研究的视野之中，这本身就意味着教师的课堂观察不同于传统意义上的听评课。传统的听评课制度存在着简单处理、任务取向、不合而作等诸多"去专业"的问题，而作为科学研究的课堂观察，则力图将教师日常的听课活动提升为专业活动，并赋予课堂观察更丰富的内涵与意义。

评课，在反思中引领教学的改进。我们把评课视作教师教学改进的重要形式。正如美国著名教育评价专家斯皮尔伯格·吉尔所言：评价的目的不是为了证明，而是为了改进。评价的根本目的是获得反馈信息，以帮助教师改进教学，促进学生发展，从而保证课程目标的实现。基于教学改进的评课活动，其理念、内容、方法与策略都与传统的重视甄别和筛选的评课活动具有重大的差异。

本书由苏鸿任主编，李斌辉、穆湘兰任副主编。全书的完稿得益于集体的合作与努力。写作人员的分工是：苏鸿，第三章、第四章；李斌辉，第一章、第二章；穆湘兰，第五章。

在本书写作过程中，我们参考了大量相关的研究成果和优秀案例，在此对相关作者表示衷心感谢！在全书写作和修改过程中，责任编辑吴海红老师倾心尽力，给了我们很多帮助与建议，在此表示衷心的谢意！

感谢华东师范大学出版社对我们的信任与支持！

苏　鸿

2013 年 3 月

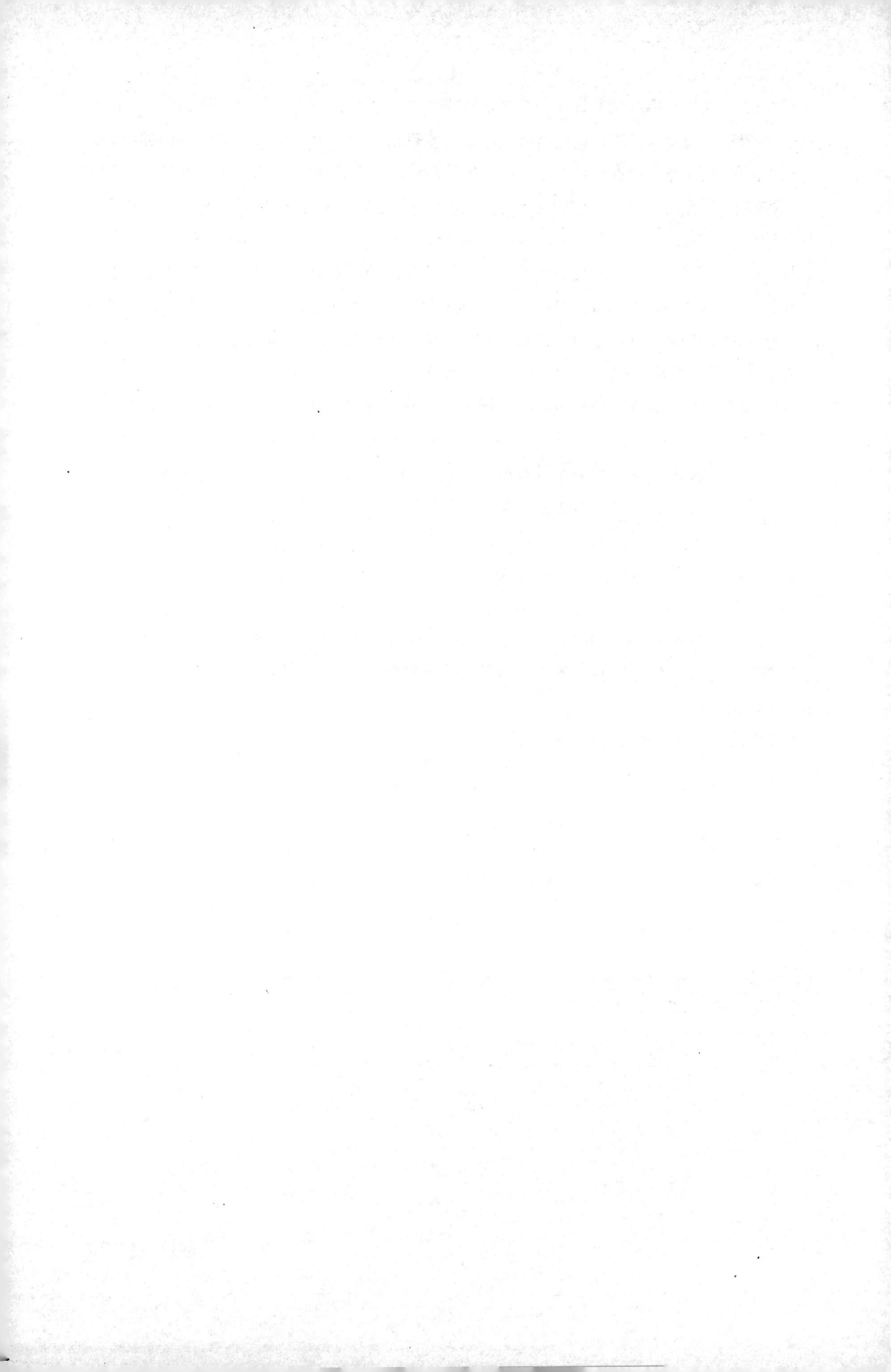

# 目录

**第四章**

**听课：在观察中把握课堂的真实　146**

**第五章**

**评课：在反思中引领教学的改进　206**

# 第一章　备课：在研究中预设教学的曲调

> 凡事预则立，不预则废。
>
> ——《礼记·中庸》

备课的实质是教师对自己学科思想的阐释，对学科知识体系的梳理，更是对教学活动的组织过程以及所涉及的时间、内容和空间结构的规范和优化的过程。这是一个循环往复、逐步发展提高的过程。对于一个教师而言，备课是上课的基础；对于一门学科而言，备课是保证教学质量的基础。

## 第一节　重新认识备课

备课对于教师来说是一项经常性的工作，然而就是在这"司空见惯"中，我们依然对备课在思想上存在误解，在行为上存在偏差。重新认识备课，理解其完整内涵，把握其新理念，对教师来说具有十分重要的意义。

### 一、备课存在的问题

审视当前现实中备课存在的问题，有利于我们对备课中的种种不足加以警惕，并尽力克服，从而实现备课的有效、高效。

1. 对备课理解不清，目的不明

备课是教师的基本工作，但很多教师对备课的性质理解不正确，对备课的目的理解不明确。

主要表现在两个方面：一是认为备课就是写教案。有调查表明，很多教师在整个备课过程中，20％的精力用于钻研教材，了解学情，80％的精力用于书写教案。这种本末倒置的精力分配预示了备课的低效。同时，科技进步带来信息的高效利用，"网络教案"随之应运而生，集体备课成为"教案之和"的代名词，"拿来主义"更是多数教师的惯用做法。备课已成为一种形式，一种任务，一种负担，成为达到某种目的而不得不应付的差事。二是教师片面地认为备课就是"背课"。教师经常把上课的每句话、教学过程每一环节所需时间，甚至哪里需要停顿、哪里是重音等都写在教案上，将教案背得滚瓜烂熟，然后在课堂上照"案"宣科地上课。因此，在课堂上教师常常是"眼中无人"，整个就是自己在"背课"。

### 2. 以"三中心"备课，心中无生

尽管新课程的理念已经普及，但是受传统思想及考试压力的影响，教师在备课中往往还是过分地突出了以知识教学为中心、以教科书为中心和以教师为中心。主要表现在三个方面：一是只备教材。只注意以教材和教学参考书为中心的教学内容的研究，就是"备"教材的重点和难点，"备"教学参考书的要求和建议。教师通过精心地"两备"，充分吃透教材和教学参考书的精神，领会其中的要求与指示，并把它们作为"圣旨"，在自己的教案当中加以贯彻和执行。二是只备知识。仅以认知目标为教学目标取向，在教学设计时往往只考虑教学的认知目标，把学生仅仅看作是一个为知识而存在的认知体，而不能关注学生发展的其他方面。三是只备"教"。即以教师活动为主线编制教学程序，具体的表现就是"备"教学程序、"备"标准答案。所谓教学程序，即"准备——复习——新授——练习——小结"的教学过程；所谓标准答案，就是还没有开始上课，教师已然在备课中写出了他所假想的学生应该回答的答案，而这个答案不仅正确无误，而且还是唯一确定的。这样的备课最为致命的局限在于，首先是对教学中"人"的忽视，其次是认识和处理问题的方式较为简单。带来的结果就是教师还比较缺乏用整体综合的思维方式对教学作出整体策划和综合设计的能力。

### 3. "贴标签"式备课，华而不实

有些教师在进行备课和教学时，常常不是注意在教学中体现教育的本质追求，而是关注一些外在的表面形式，把各种新的理念以"贴标签"的方式进行简单的一一相加，使课堂教学形式化、割裂化，华而不实，没有教学效益。之所以会出现这种情况，主要是教师非常期望自己在课堂教学中体现新课程理念，但是，在新的理念与具体的教学设计及实施过程之间存在着巨大的鸿沟，教师自身往往难以意识到这个鸿沟的存在，也不知道怎样跨越这个鸿沟，所以只能以"贴标签"的方式来表达自己对新理念的追求。这种备课，在当下的课堂教学改革中并不少见，甚至还颇受青睐。

4. 割裂预设与生成，课堂走向两极

备课是一种"预设"，是对即将要实施的教学活动的假设和预备，而真实的课堂教学具有生成性。许多教师往往把教学设计中的预设与教学过程中的生成割裂开来，把二者的关系孤立地对立起来，要么一味地执行预设，要么片面地强调生成，把它们当作一对矛盾的关系来加以思考和解决。于是，在当前教学中，有些教师一言一行都不折不扣地按照教案来执行，整个课堂古板死气，学生主体性得不到发挥。而有些教师，只是把教案当作摆设，可有可无，教学过程在否定预设的前提下放任自流地展开，课堂教学表现出盲目和随意的状态，有的课堂甚至出现学生"满堂跑"的现象。局限于预设和盲目生成的课堂，要么是"万马齐喑"，要么是"天马行空"，都很难使学生获得真实的发展。

5. 靠"百度"备课，沦为知识小贩

网络信息技术的发展，为教师备课、教学提供了很大的便利，但是弊端也随之而来。很多教师备课并不是去熟悉教材，了解学生，精心设计教学，而是通过"百度"下载、复制、照搬别人的教案、课件，很多教师写教案就等于"复制＋粘贴＋打印"，制作课件就等于下载课件或组合课件，学校的集体备课就等于分工搜索下载，并美其名曰"资源共享"；或者从百度中搜罗各种信息，不加分析批判，一股脑儿地搬到教案中。很多教师一旦上不了网，就手足无措，不知如何备课上课了。"百度"无疑是教师们工作与学习的得力助手，但当备课上课只剩下"百度"时，教师们就彻底沦落成了"知识小贩"。

## 案 例

近日，我去一所小学看望一位当语文老师的同学。来到他的办公室，我看到他和几位语文老师正在写教案，而且都在抄写《星级教案一点通》这本书。"为什么大家不是自己备课写教案呢？"同学答："我们兼课多，每天要写两三科教案，这样不是省事么。"难道我们的农村小学教师就是这样备课吗？这样的教学态度又怎能将知识内容最有效地传递给学生？[①]

6. 重课时备课，轻单元备课

有的教师单个课时教案齐全，但缺少单元备课。有的即使有单元备课，也备得不到位，不实用。这是由于有的教师受教学水平的限制，不知单元备课要解决什么问题及怎样解决，搞不清该单元在整个教材体系中的地位，找不出一个单元中各章节、各框架标题之间的关系，挖不出知识之间的内在联系，构建不出单元知识框架，从而使单元课有形式无内容。

---

① 杨学军.抄名师教案不等于备课[N].中国教育报,2008-10-30.

## 7. 备课改革形式化,教案教学两张皮

当前,改革备课的呼声很高,各种备课的形式、方法,以及教案的格式、写法层出不穷。但是,很多时候这种改革陷入形式主义的泥沼。比如,有的学校要求教师集体备课,结果所有教师的教案如出一辙;有的对教案的格式严格要求,要用"点缀的教案来彰显其备课",教师备课要符合某种"规范和格式",结果,教师只好去追求检查标准,从而出现了有形无神的备课。一些教师为证明自己的备课有特色、与众不同,不在备课的内容上花费心血,却在备课的形式上大做文章,有的备课本就变成了书法练习本和美术绘画本。还有的教师故意在教案上用不同颜色的笔圈圈点点、涂涂画画,哗众取宠,徒有备课之名,而无备课之实。备课变得言之无物、言之少理或言之无理,其教案根本不能用于教学,教案教学是"两张皮"。

## 案 例

### 英国教师的备课和教案①

一批中国小学校长随江苏省教育厅组织的考察团赴英国学习一个月,走进了曼彻斯特三十余所小学的课堂,发现每一位教师都没有教学"备课本",只看到有个别教师的"讲台桌"上有一些零星的小"卡片"。考察团成员问其中一位校长:"老师上课是否需要教案?"校长介绍说,英国学校的每门课程都要求教师非常注重对孩子综合能力的培养,需要教师根据当地教育部门提供的周学科教学计划,吸纳、运用各种教育教学资源,自行开发、设计教育教学内容,教师要花大量的时间用于"备课"。作为校长,自己从没查过教师的"教案",但会在争得教师同意的情况下,走进课堂听课,去"听"教师的"教案"设计,去"听"教师的教学"准备",去"听"师生的"现场"生命展现,那更真实,更有意义。

考察团反问:"如果教师不同意校长进自己的课堂怎么办?""我便不进他的课堂。过些天,我会再问他,几次'恳求',他们就欣然同意了。"考察团成员语塞。这种做法是对教师的一种尊重、信任、保护和激励。在其中一所学校,特级教师麦克的数学观摩课上,考察团成员充分享受着活动的节奏、合作的欢悦、动手的兴奋,加上多种学具的使用、音乐的渲染,真正做到了在玩中学,在学中玩,课堂充满了快乐。大家没有看到"手写"的"教案",却"听"到了"心做"的"教案"。

反思我们的教学管理,教案"检查"是很多学校的常规工作,投入了大量的精力、物力,可究竟有多大实效?管理者更多的是浅层面的"评价"功能,看教师书写规不规范、"环节"齐不齐全,很少体现深层次的"诊断"功能,以及给教师教案提出"建设性"的修改意见。"教案"对于教师多是一种"摆设",一种应付领导检查的"本本"而已,没有多少实质性的"生命"。课堂

---

① 姚玉琴. 教案"手写"还是"心做"[N]. 中国教育报,2007 - 03 - 13.

教学是动态的,不可能按照预先设定好的框框进行。难怪有一位英国校长反问我们,教师有"教案",就能说明教师一定"备"课了吗?教师没有"教案",就能说明教师没有"备"课吗?我们更强调用"心""备课",适合课堂,适合孩子,而不是用"手"写的"教案"、应付"检查"的"教案"。

【评析】"他山之石,可以攻玉。"英国小学教师的备课理念和备课形式确实值得我们学习和借鉴。备课不是靠写教案写出来的,那样的备课只是徒有虚名。如果没有"心做"的教案,手写教案再精彩、再完备,也只是浪费纸张。

## 二、新课程背景下备课的变革

新课程背景下,教师要突破传统备课观的狭隘桎梏,树立符合新课改的备课观,并在实践当中践履。

### 1. 基于学生发展,"以学定教"

教学的根本任务是发展学生的主体性,促进学生的发展。由此,备课的关注点和着力点应从单纯注重知识传授转移到促进学生发展上来,不仅要考虑教什么、怎样教,更要思考学生学什么、怎样学,以有利于学生得到最佳和最大限度的发展。实际上,备课的过程就是备学生的过程,更是思考和谋划如何促进学生发展的过程。备课要时时把学生放在心中,处处想到学生的发展,关注、关照学生的需要、兴趣、体验、经验、差异、困惑等,以学生的心理发展为主线。只有让学生成为课堂学习的主体,让所有的学生都积极主动地参与学习和探索活动,各尽其长,各有所得,才能不同程度地提高他们的综合能力,促进每个学生的发展。

### 2. "预设"与"生成"有机整合

课前的备课和课中的互动生成是一个不可剥离、相互锁定的整体,教师需要在整体的视野中认识和思考教学设计与互动生成的关系。备课形成的教案实际上表现为一种静态的"作战方案",教学过程中的互动生成则更多地体现为一种动态的"实战过程"。作战方案既要为实战过程提供思想和策略上的支撑,又要为实战过程留有灵活和弹性的空间;而实战过程中不仅需要体现作战方案的思想和策略,还要根据实际情况对作战方案作出灵活的动态调整。

因此,我们不是不要预设,而是要改变以往那种机械封闭的硬性预设,将其转变为一种灵活开放而且又为教学过程实施留有弹性空间的预设。这种开放和弹性的预设,不仅要为教学过程中的师生互动提供时间和空间上的保证,更要为教学过程中师生的主动发展提供前提保证。从这个意义上说,开放和弹性的预设是师生互动生成的前提准备,而互动生成则是对这种预设的动态调整和发展的过程。因此,二者之间既有各自的特殊性,又有前后的内在关联性。

如果教学设计既没有目的指向,又没有开放和弹性,那么课堂的互动生成要么是偶然的,要么是盲目的,说到底,是一种游离于教学目标之外的"生成"。所以,我们既要关注作为基础性前提的开放而弹性的教学设计,但又不能拘泥于课前的预设。而且,还要努力在课前预设的基础上,动态地发展和调整预设,促进课堂教学的动态生成,促进学生实现真实的主动发展。

### 3."备课生活化,生活备课化"

生活既是学生学习的条件和环境,又是学生学习的最终目的——服务生活,造福生活。新课程改革的重要特点之一,就是重视加强课程与生活的联系,重视教育与社会实践的结合,促进课程内容的实用化,建设开放而有活力的课程。这就要求教师备课时要注重联系实际生活,将以符号为主要载体的书本知识重新激活,实现与三方面的沟通:书本知识与人类生活世界的沟通,与学生经验世界、成长需要的沟通,与发现、发展知识的人和历史的沟通。用通俗的话来说,就是使知识恢复到鲜活的状态,与人的生命、生活重新息息相关,使它呈现出生命态。因此,教师应从小课本转向大生活,拓展备课的广度。"备课生活化,生活备课化"应成为一种基本的教育理念:要用教学的目光看待生活中的一切,要从备课的视角捕捉一切有价值的信息。学生的学习、生活、成长、娱乐、玩耍,学生的喜、怒、哀、乐、忧都进入教师备课的视野。教师备课时,要处处留意生活,要"眼中有生活,心中有生活"。在教学中要灵活地有意为之,让学生在生活氛围的熏陶下,对知识翻然领悟,从生活实践中汲取营养,发展自己,超越自我。

**案 例**

### 备课也备生活[①]

过几天要上《白鹭》的公开课了,吃饭睡觉走路都在想着课,有时会有一点两点灵感闪现,精神上也会为之一振。想课也是一种痛苦的快乐!

早上打开后院的门,闻听一阵"叽叽啾啾"的鸟鸣,一股清新的春风迎面扑来。抬头看看院落之外的两棵枯树上,十几只麻雀欢呼雀跃,时而飞上落下,时而你追我赶,好不热闹,真是快乐的鸟族啊!看着看着,不禁为这幅生机勃勃的鸟图所感染:麻雀虽寻常,也挺有灵性呀,乡村生活真是其乐无穷呀!蓦地,想到郭沫若的《白鹭》,该也是这样一种心境的体现呀!不觉与《白鹭》近了一层,对课多了一些感悟。

上课的时候,我随机将自己对乡村生活的一点感受穿插进去,不想真的引起了学生的共

---

① http://www.dyedu.cn/article/systemarticle_pkId_6435_aid_50268.html.

鸣。学生们说起农村的乐事，什么钓龙虾有趣，在池塘边静静地钓鱼有味，到野外放风筝、挖野菜快乐。孩子们说得不亦乐乎，不觉间读懂了大文豪郭沫若对于乡村生活的热爱。下课了，一些同学还意犹未尽，围着我说着生活中的趣事，什么麻雀占了燕子的巢，看到水鸟在水上飞很美，看似不着边际，可大家却乐此不疲，你一言我一语，那份对自然的喜爱溢于言表！我虽然不能听全，但惊喜地看到了孩子们对生活的发现，对生命的热爱。

这些或许都源自我在备课时对生活进行了一番品味，才能引领学生对文本产生丰富的体验、认同，甚至喜欢。看来，备课也得备生活哦！

【评析】 一只麻雀、一阵清风，都能激起教师对课堂教学的灵感。杜威提出："教育即生活。"华特（美国教育家）认为："生活的世界就是教育的世界，生活的范围就是课程的范围。"陶行知提倡"生活即教育"的思想。我们认为，教学的内容就是生活的外延，生活有多大，教学内容就有多广；教学的形式就是生活的形式，不拘泥于课堂，不拘泥于书本。那么教师的备课与社会的关系呢？不言自明。

4. 树立教学设计的思维

传统的备课不同于现代的教学设计，我们需要用现代教学设计的理念来改造传统的备课活动，使备课活动更趋高效。

"教学设计"（Instructional Design，简称 ID）也称"教学系统设计"，是 20 世纪 70 年代后，在系统理论指导下发展起来的一项现代教学技术。它是运用系统方法，将学习理论与教学理论的原理转换成对教学目标、教学条件、教学方法、教学评价等教学环节进行具体计划的系统化过程。

"教学设计"包括两层重要的内涵：(1) 教学设计的研究对象是用系统方法对各个教学环节进行具体计划的过程；(2) 指导计划过程的主要理论基础（即教学设计的主要理论基础）是学习理论和教学理论。

从上述的分析中我们不难发现，教学设计不同于传统备课。二者既有相似之处，又有明显区别。相似在于它们都是课堂教学蓝图的计划设计过程。而二者的明显区别是：教学设计更强调着眼于学生的变化，采用系统方法，追求课堂教学的最优化；而传统备课则多关注教师的教法，采用经验方法，追求知识传授的数量与进度。

从现代教学设计的理念来审视备课，备课就不仅是一个"准备"的问题，而更多地是一个"设计"的问题。即教师一定要从设计的角度出发，全盘、认真地分析、思考有关教学的各种问题，包括教学目的、教学对象、教学过程（环节、步骤、活动事件）、教学资源、教学评价等，并在此基础上进行合理的系统安排和统筹规划，努力实现教学优化。为此，教师就一定要首先把自己看成是一个设计师、工程师或管理大师,看成是一个导演和艺术家,而不仅仅是一个"工匠"或知识信息的传声筒。

## 5. 改进方法和形式,追求实效性

"教学有法,教无定法",备课亦然。好的备课没有固定的模式。教师应在备课当中积极吸收先进的教育教学理念,掌握现代教育技术,不断改进和创新备课的方法和形式,凸显个性,形成自己的教学风格,达到备课的高效性。同时,学校也要改变对备课限定的、一元化的僵化要求。自由、开放、宽容是促进教师进行创造性备课的可靠保证。对新参加工作的教师,应要求他们在备课时注重规范,以锤炼青年教师备课的基本功;对中老年教师,应要求其备课有创意,在教学改革上下工夫;对优秀教师,应要求他们重在总结经验,形成教学理念。在评估中,还要注重实用性,淡化应检性,鼓励教师采用多样化的备课形式,如提纲式、随笔式、表格式和框图式等,以体现个性化的教学风格,促进课堂教学的创新,使教师从繁重的机械书写中解脱出来,使备课不再流于形式。

### 案 例

## 我喜欢在书上备课①

我初驾杏坛,在一所村小学教语文。时任校长是一位女士,姓庞,50多岁,皮肤白皙,微胖,我们都称她"胖白"。"胖白"校长从来不检查老师的备课笔记,但天天都听我们的课。下课后,她总是从教师教得是否有效、学生学得是否愉快来和大家交换意见。为了把课上好,不让校长挑出毛病,我认真钻研教材,仔细了解学生,将大量的笔墨落在书上,在教材的天头地脚和字里行间进行圈、点、批、注、勾、画,诸如作者介绍、正音正字、词语解释、段落划分、中心思想、板书设计,以及富有启发性的提问,统统写在书上。有时教材空白处写满了,我就在每篇课文的后面粘贴活页。一个学期下来,一本书加厚了两三倍,里边密密麻麻的都是我的手迹。拿着这样的教材去上课,看一眼一目了然,讲起课来得心应手。

有一次,"胖白"校长一反常态,突然要看我们的备课笔记,说是近日县教育局领导要来学校检查教学工作。无奈,我只好把课本呈上。第二天,全校的备课笔记发下来了,"胖白"校长在我的语文书上用红笔写了20个字:"新颖独特,彰显个性,以简驭繁,操作性强,妙不可言。"不久,"胖白"校长退休了,但是,我却养成了在书上备课的习惯,并且一直延续到现在,包括给老师辅导教材、讲解大纲和课标也是如此。

在书上备课,我把它看作是一种勇气和尝试,是向重数量、轻质量,重格式、轻内容,重统

---

① 白金声. 我喜欢在书上备课[J]. 新课程(综合版),2007(3).

一、轻创新,不允许有另类的八股式文牍教案的挑战。当然,这种做法还值得讨论,但对我来说,至少要坚持下去。

【评析】 "备",繁体字写作"備"。许慎《说文解字》解释:"備,慎也。"这就是要求教师要从精神上、思想上做好准备。可以说,备课,首先就是备教师的心态、教师的思想,其次是在内心真正地去了解学生、熟悉教材,等等。至于教案形式,可以多样化。"心备"才是最重要的。

6. 践行"终生备课"

魏书生老师在回答别人问他"你备这节课用了多长时间"时,耐人寻味地说:"我的前半生。"备课的过程是教师为了能很好地实现自己作为教书育人的专业人员的任务,不断学习、增加知识、提高能力、促进自身专业发展的过程。备课体现的是教师对专业发展的追求,是教师不断成长的途径。真正好的备课是教师高尚师德的表现,受教师责任心和事业心的牵引。因此,教师应该树立终生备课的理念,并在专业生活中戮力践行。终生备课的方式和途径,最主要的就是读书、思考、科研、实践。读书是自我的充实,是为了有更好的理论来指导实践。实践,是教师工作的根本,实践中、实践后还需要通过反思来发现、研究和解决问题,反思后再实践、再研究,并提炼经验成果,作理性概括,物化为文字,在文字表述的过程中梳理思想、提升认识。然后再读书、再实践,如此周而循环,终教师一生。

案 例

用一生来备课[①]

吴芝琴

"对这节课,我准备了一辈子。而且,总的来说,对每一节课,我都是用终生的时间来备课的。不过,对这个课题的直接准备,或者说现场准备,只用了大约15分钟。"如今,这种"用一生备课"的理念已经被人们广为接受,但中学教师如何用一生备课才能游刃有余地用15分钟的时间现场准备一节课呢?

首先,教师必须不断丰富自身的学科知识。在"一标多本"的形势下,教师仅仅吃透一本教材,掌握所教教材的知识是不够的。教材只是开展教学活动,为师生、生生互动生成新的教学资源和产生新知识提供的一种范例和素材。例如,化学新教材注重反映化学与技术、社

---

① 吴芝琴.用一生来备课[N].教师报,2006-12-10.

会的相互关系,促进学生了解化学在科技发展和社会进步中的重要作用,如资源的开发、新材料的合成、新药物的研制等,这些内容增强了化学与医学、生命科学、环境科学、材料科学、信息科学等学科的联系。因此,中学化学教师不能仅仅局限于化学学科的范畴,而应向其他自然科学,甚至是人文学科拓展,使自己拥有广阔的文化视野和深厚的文化底蕴,建立起多元化的学科知识结构,以适应新课程教学的需要。

其次,教师必须进行必要的理论学习,掌握必要的教学知识。学科教师毕竟不是学科专家,不管对学科知识的把握多么高深,最终目的都是服务于教学。这就需要教师具备一定的学习理论、教学理论等方面的知识,比如皮亚杰对学生认知发展过程与步骤的认识、柯尔伯格对人的道德发展的揭示和建构主义教学理论、有效教学理论等。这些知识虽然理论性强,但却是以实践为基础的,有些是前人总结出来的实践经验,对于教学具有很强的指导意义。

再次,教师要将教学知识与教学情境融为一体,不断发展教学智慧。教师的专业生活场景可以概括为"教学情境",它是由教学目标意图、师生角色关系、互动准则序列、教学资源设施、时空结构等要素构成的、具体可感的教育场合。教师关于教学情境的处置倾向与反应方式,便构成了教学智慧。

叶澜教授说,要让课堂充满生命活力。从生命的高度来看课堂,课堂是师生共度的一段生命时光。其实,教育的全部也就是师生共度生命的全部,教育的情境就是生命的时空。教育中所发生的一切,都是在特定的情境(时间、空间、人物、事情等)中发生的,换一个情境,一切便随之变化。因此,教师的实践智慧只有通过亲身体验和感悟才能生成,正如波斯纳所说:"教师成长=经历+反思。"一方面,教师可以通过教学日记或者教学叙事,把自己的教学工作串起来,勾勒人生中多姿多彩的教育画卷,体会教师专业成长的丰富内涵和发展价值;另一方面,教师可以从特定的教学情境出发,以一定的教学知识作为参照,展开教学反思,不断澄清、质疑自身教学行为背后的预设、信念和思维模式,在行动研究中建构全新的"教学自我"。

## 第二节　备课的主要内容

在教学实践中,备课的内容是异常丰富和繁杂的,这些内容包含教学的方方面面,不能一一而足。这里,我们拟围绕备课活动的主要因素展开探讨。

### 一、研读解析标准

课程标准是国家意志的体现,是学科课程领域的基本规范,是教材编写、教学、评估和考试命题的依据,是国家管理和评价课程的基础,体现国家对不同阶段的学生在知识与技能、过程与方法、情感态度与价值观等方面的基本要求,规定各门课程的性质、目标、内容、框架,提出教学建议和评价建议。因此,要使教学有方向、有目标、有效益,教师就必须在备课中理解课程标准,并将课程标准教学化。

### 1. 读"前言",把握基本理念

各学科课程标准都在第一部分的前言中规定了"课程性质和地位",提出了该学科的新理念,这是课程标准的核心。如语文课程标准在前言中写道:"语文是最重要的交际工具,是人类文化的重要组成部分。工具性与人文性的统一,是语文课程的基本特点",提出了语文课程的四大"基本理念",即"全面提高学生的语文素养","正确把握语文教育的特点","积极倡导自主、合作、探究的学习方式","努力建设开放而有活力的语文课程",这是语文教学改革的方向和途径。同样地,其他各科课程标准都在前言中对本学科的课程理念作了阐述。理解了课程标准的前言,就基本理解了该课程的核心理念。

### 2. 读"目标",增强目标意识

课程标准首次将"过程方法"、"情感态度和价值观"设定为课程目标,与"知识和能力"目标并列,即从"三个维度"来设计,并把"知识和能力、过程方法、情感态度和价值观"融为一体,协调一致。为此,教师在教学中就必须确立三维目标的意识。另一方面,课程标准在总目标之后,分学段提出了具体目标,便于操作,利于实施。如语文课程标准针对五大块,即识字写字、阅读、写作、口语交际、综合性学习提出具体目标。这些目标直接指导着教师的教学,确保了教学的效益,教师必须熟读熟记。

### 3. 读"实施建议",提高操作能力

课程标准的实施建议部分,分别就教材编写、课程资源的开发与利用、教学和评价提出具体建议。这些建议对教师有提纲挈领、"醍醐灌顶"的作用。比如通过教材编写建议,教师了解了教材怎么编写才能更好地成为"课程的实施者、开发者和建设者",才能更好地"创造性地理解和使用教材"。比如语文课程标准提出"阅读是学生的个性化行为,不应以教师的分析来代替学生的阅读实践",因此教师就应摒弃"一言堂",拒绝"串讲串问",把时间腾出来让学生直面文字,加强语言文字训练,珍视学生"独特的感受、体验和理解"。这些教学建议聚焦实施过程的重点、难点,是行动的航标、教学的指南。

### 4. 读"附录",更好地把握教学

各学科课程标准几乎都有附录,这些附录或是规定教学内容,或是对课标内容进行阐释,或是提供教学案例。例如,语文课程标准的附录提出了背诵优秀诗文的篇目、课外阅读的书目和语

法修辞知识的要点等要求。这些篇目既是学生应该背诵的，更是教师应该熟记的。又如，小学数学课程标准按照四大领域，"数与代数、图形与几何、统计与概率、综合与实践"，在附录中收录了内容标准及教学建议中的几十个案例，这些案例针对数学教学的设计提出了很多有启发性的实施建议。认真解读这些案例，就能从较高的视角高瞻远瞩，整体把握小学阶段的数学内容。

**案 例**

### 于永正老师的"教学指南"

著名特级教师于永正老师有一个习惯，就是总是把课程标准中各学段的教学目标复印下来，贴在备课本的首页上，作为"教学指南"。于老师经常翻看课程标准，温故知新。他说：当看到要"指导学生正确地理解和运用祖国的语文，丰富语言的积累，培养语感，发展思维"这些话时，就更坚定不移地在教学中引导学生去读、背、写，而不至于偏离语文教学的大目标；当看到要"培养学生广泛的阅读兴趣，扩大阅读面，增加阅读量，提倡少做题，多读书，好读书，读好书，读整本的书"这些话时，就坚决地把"练习册"丢在一边，努力在培养学生阅读兴趣和学习习惯上下功夫；当看到课标中关于"综合性学习"的论述时，就更加积极地思考、设计这类有利于学生发展的作业……例如，于老师布置的家庭作业主要是三项——写字、读书和作文，这些都是对孩子终生有益的作业。

**二、分析研究学生**

当代教学设计理论家和教育心理学家罗伯特·M·加涅曾大力倡导系统设计教学的一个最基本的理念，即"为学习设计教学"。学生是教学的对象，教师的一切工作的指向都是学生，因此，在备课中如果不对学生成长做研究，那么所有的工作都将是徒劳的。

学生分析的内容可以包括很多方面，例如学生的认知发展特征、起点水平、学习风格、学习动机、学习兴趣等。下面，我们围绕一些主要的维度来展开阐述。

1. 研究学生的一般特征

学生的一般特征是指对学生从事学习产生影响的心理、生理和社会的特点，包括学生的年龄、性别、年级水平、认知成熟度、智能、学习动机、个人对学习的期望、生活经验、经济、文化、社会背景等因素。它们与具体的学科内容虽无直接联系，但影响教师对学习内容的选择和组织，影响教学方法、教学媒体和教学组织形式的选择与运用。了解学生一般特征的主要方法有观察、采访（面试）、填写学生情况调查表和开展态度调查、查阅学习者的人事或学习档案等。

## 我该如何读懂你①

一天,在进入三(1)班之前,我还把自己定位为认真关注学生的那一类"优秀"教师,直到看见小雯的眼泪,我开始心慌了。

那节课的教学内容是品德与社会三年级上册"各种各样的传媒"一课。根据教参以及其他老师的教案,我将本节课的重点定位在——针对学生过度看电视的情况,对学生加强教育,让他们明白看电视要有节有度。

可是,当我请班里一向沉默的小雯汇报她看电视的情况时,她却回答:"老师,我妈妈从来都不让我看电视。"伴着叹息,她的泪珠滚滚而下。

"是啊,是啊……"班里的其他学生也纷纷附和起来,全然不顾我的目瞪口呆。

本课的主要问题不是过度看电视吗?怎么会变成这样?我被教参"欺骗"了?

就这样,我在一声叹息中"铩羽而归"。

**【反思】** 没有作过真正的调查,凭着一本教参、网络上的若干教案就进课堂,注定了我要遭遇以上尴尬。大师说,生活比小说更富有戏剧性。孩子的家庭、背景各不相同,每个班级的实际情况千变万化,看来,教学的有效性还必须建立在对学情的充分调查的基础上。

有了上面的惨痛教训,我在三(2)班上课时,根据小雯反映的情况及时调整了教学重点。

"同学们,爸爸妈妈都不让你们看电视,是吗?"我信心满满地开始了第二度教学。

"不是,我爸爸妈妈让我看电视的。"

"老师,我每天都看《喜羊羊和灰太狼》呢!"

"老师,我们看电视没问题……"

学生们七嘴八舌地聊开了,场面颇为热闹,可就是没有孩子提到父母不让看电视的例子。

顿时,我又手足无措起来,有一种郑重其事端起枪却放空了的沮丧感,准备好的一系列教学环节无从施展。

**【反思】** 第二个班的教学,突然让我清醒了起来:我是不是太浮躁了些?没有问学生,或者只是问了一个学生,就无端地确定他们中所有人的生活都存在我预想的问题。我至少犯了

---

① 俞李,陈春雨.我该如何读懂你[N].中国教育报,2009-05-08.

**两个错误：一是教学缺乏真实的起点，二是没有找到典型问题。**

由此，问题悄然浮出水面：学生看电视存在问题吗？我该怎样调查才能真正发现典型问题呢？我找来了教研组的老师们，大家一番商议，几个问题的轮廓清晰了起来。

学生看电视有没有问题，需要老师的指导吗？教研组的老师一致认为，没有问题只是表象，问题肯定存在，对学生看电视进行有效指导才能体现品德课程的作用，"课堂增量"就体现于此。

而对于如何进行有效的课前调查才能够发现学生的真实问题，教研组的老师们经商议确定，需要从形式和方法上进行突破。可以采用以下策略：一是在班级内找部分学生访谈，从学生的回答中找出共性问题；二是对全班学生观看电视节目的时间与内容进行书面调查，可以采用表格的形式，内容要简单易懂，看看能否发现问题。

出人意料地，第二天的行动并不顺利。对三（3）班学生的访谈平淡无奇，他们的父母都没有阻止他们看电视。而收上来的书面调查反映，学生看电视的时间似乎都控制得不错。那么，是否真的没问题了呢？我陷入了沉思。

"《喜羊羊和灰太狼》、《虹猫、蓝兔七侠传》——"一阵阵欢快的朗读声从三（3）班传来。那是我正在带领学生们朗读班里同学昨晚所看电视节目的调查结果。

"《武林外传》、《情深深，雨濛濛》——"读到这里，学生们哄堂大笑起来。

"那么，大家认为，在看电视上，我们都存在些什么问题呢？"

"只看动画片，或者看一些适合大人看的节目。"一个学生说。

"这样啊，那我们一起给那些只看动画片的同学推荐一些好的电视节目吧。"

课上到这里，一丝成功感悄悄爬上心头。

---

**【反思】** 终于找准了学生观看电视节目时存在的问题，我的第三度教学愉快落幕。此次的学情调查给我留下了太深刻的印象。读懂学生是一个古老而又全新的话题，尽管耕耘教坛十多年，尽管已为人母，学生对我来说仍然是一个神奇而无尽的宝藏……

**【评析】** 看电视，看了，还是没看？貌似一个根本不是问题的问题，居然会让俞李老师大大地犯难起来。细细想来，也不奇怪，"凭着一本教参"以及"网络上的若干教案"，没有真切地了解学生的实际情况和需要，便"信心满满"地走进课堂，自然是要遭遇尴尬和困境的。

老祖宗的那句"因地制宜、因时制宜、因事制宜、因人制宜"不是随便说说的。陶行知先生也曾告诫教师们："教的法子要根据学的法子。"一言以蔽之，关注学情是教学活动的内在要求。要想上好一节课，不认真研究教育对象，特别是教育对象与教学内容之间的关系，显然是不可思议的。

### 2. 研究学生的学习准备

学习准备分析是指学生在学习某一特定的学科内容时已经具备的有关知识与技能的基础，以及他们对这些学习内容的认识和态度。学习准备分析的内容包括：① 预备知识与技能的分析，即了解学习者是否具备了进行新的学习所必须掌握的知识与技能，这是从事新学习的基础；② 学习态度的分析，如了解学生对将要学习的内容有无兴趣、对这门学科是否存在着偏见和误解、有没有畏难情绪等，这些都是学习态度分析的内容。

分析学生的学习准备时，可以采用"一般性了解"的方法，也可以将"一般性了解"和"预测"两种方法结合起来使用。所谓"一般性了解"，其实就是教师在开始上新课之前，通过分析学生以前学习过的内容、查阅考试成绩，或与学生、班主任及其他任课教师谈话等方式，获得学生学习情况的一种方法。

"预测"是在一般性了解的基础上，通过编制专门的测试题，测定学生掌握预备知识与技能的一种方法。与一般性了解相比，这种方法的优点是比较客观、准确。进行预测的过程是：编写测试题→进行学前测试→分析测试结果。

### 案 例

#### 学生学习准备分析

高中地理《月相的变化成因及其观测》教学设计节选：学习对象为高一学生，对月相的变化现象有初步认识，对月相的成因了解不多。对天文学科和计算机有着浓厚的学习兴趣。高一学生在新的学习环境中，课堂上群体性的小组交流与协同讨论学习机会很少，且习惯教师将学习内容组织得井井有条后学习。因此，本节课中为学生提供讨论协作探究的机会，引导学生独立发现问题、解决问题。同时，高中学生思维过程中的自我意识和监控能力逐步在增强，在教学过程中还要引导学生进行自主学习。

### 3. 研究学生的学习风格

学习风格是学生持续一贯的带有个性特征的学习方式和学习倾向。学生喜欢的或经常使用的学习策略、学习方式或倾向在学习风格中处于核心地位。学习风格具有稳定性，很少因学习内容、学习情况等因素的改变而变化，同时学习风格具有个别差异和独特性。了解学生学习风格的差异，有利于教师在教学设计中有针对性地选择教学策略，也有利于引导学生反思和提炼适合自己的学习方式。

对学生学习风格的研究,一般可以采用以下几种方法来进行测量:一是观察法,即教师通过对学生的日常观察来确定;二是问卷法,即按照学习风格的具体内容设计调查量表,让学生根据自己的情况来填写;三是征答法,即让学生陈述自己的学习风格。

应当指出的是,学生之间存在的学习风格差异是相对意义上的划分,并不是所有的学生都可以被简单地归属为某一种学习风格类型,其实,在现实中这些差异可能是复杂而模糊的。

### 4. 研究学生的学习需要

"研究学生的学习需要"是"研究学生"的重要内涵之一。教学活动的本质意义就在于满足学生的需要,这一点在现代教学理念中已形成共识。"备课不仅是教师知道要讲什么,而且是要知道学生学习需要得到什么样的帮助。"

按照伯顿等人的归纳,学生的需要大体上可分为五种类型:① 标准的需要(向制订的标准靠拢);② 感受的需要(愿望);③ 表达的需要(实际表达的要求);④ 比较的需要;⑤ 预期的或未来的需要。

**案 例**

### 高中生学习需要的探索[①]

心理学认为,需要是人对一定客观事物需求的表现,是人脑对生理和社会需求的反映,是一种来自主体本身的心理动力,是一切积极性如性格优化、能力强化、心态健化、行为良化的内在力量源泉。人对于某方面事物的需要越强烈,他的积极性就越高。

高中学生的学习需要大致包括:探究的需要(求知的需要)、自我完善的需要(发展的需要)、自我表现的需要(获得新体验的需要)、获得认可和欣赏的需要、承担责任的需要,前三种是内在需要,后两种是外在需要。其中有出于自发和本能的需要,也有社会化的高层次需要,但仍带有随意性、自然性、自发性。学习是以心理变化来适应环境变化的过程和活动,学习需要是学习的起点。学生的学习需要是和学习实践相互激发、动态生成的。只有当学习需要被完全唤醒,使之处于活跃状态,成为学习中的积极因素时,学生的学习态度才能从"要我学"变转为"我要学"、"我爱学"。

……

学生学的需要是与生俱来的,正如苏霍姆林斯基所说:人的内心里有一种根深蒂固的需要——总想感到自己是发现者、研究者、探索者。只是在教学过程中,学习需要被忽视、被冷

---

① 李迪明. 高中生学习需要的探索[J]. 教育科学论坛,2008(6).

落,甚至被扼杀,教学愈来愈脱离学生的内在需要,学生遭受了过多的挫折和失败。"当学生失去乐趣和自由,而沦为肉体和精神的苦役,当学生在学习中产生的大多是消极体验,厌学必然接踵而至。"于是学生的学习需要或消退了或弱化了,处于潜在的睡眠半睡眠状态。要组织各种活动,让学生享受到学习的乐趣,从而唤醒并满足学生的学习需要……

## 三、解读处理教材

教材是使学生达到课程标准所规定的目标要求的内容载体。现代教材具有三大功能:一是信息源功能,也就是为学生选择和传递有价值的真实信息和知识;二是结构化功能,现代教材的信息组织不可能是"散落式"或"百科全书式"的,而是体现一定思路的结构化体系,以帮助学生建构和梳理自身的知识结构;三是指导性功能,即教材在学习方法上的指导和引领功能。教师在备课中应树立正确的教材观,有效地研究和处理好教材。

### 1. 课改背景下教材观的重建

教材观就是教师对教材本质及其功能的基本认识,它反映了教师对待教材的态度和方式。新课程背景下,教师应该树立新的教材观。

(1) 从"教本教材"向"学本教材"转变

"教本教材"是指向教师教学活动的教材,教材的内容多以纯文本的方式呈现出来,它注重知识体系的完整性、系统性以及表述的准确性,从而支持教师展开传递性教学活动。而"学本教材"是指向学生学习活动的教材,其内容的组织以促进学生的有效学习为核心,重视学生的学习经验和认知规律,引导学生进行自主探究与知识建构。"学本教材"不仅具有传递信息资源、帮助学生建构知识的作用,而且还通过创设情景、提出问题引导学生自主探究知识结论,使学生亲身经历和体验科学探究的过程和方法,从而将"结论"与"过程"有机地结合起来。教师在使用教材时要摒弃以传授教材知识为主的教学方式,转向以学生为主体,从学生已有的知识经验出发,充分利用教材中设计的各种探究活动,引导学生积极主动地学习,使获得知识技能的过程同时成为学生学会学习、联系社会生活实际和形成科学价值观的过程。

(2) 从"唯一课程资源"向"重要课程资源"转变

教材以一定的内容和形式具体体现了课程标准的内容和要求,但它不是对课程内容的具体规定,它只是教材编写者为实现课程目标而选择的一个范例。既然是范例,就可能不止一个,还有其他的范例。因此,为了全面地实现课程目标,教师要在深入理解课程标准的前提下,根据学生的实际情况和教材内容,补充、拓展和开发多种课程资源,以增加教材对学生学习和发展的适应性。可以说,充分开发和利用教材以外的多种课程资源,是新课程实施中的一个重要理念。

（3）从"教教材"向"用教材教"转变

关于教材的理解，我们形成了两种截然不同的教材观。通俗的说，一种是"教教材"，一种是"用教材教"。

"教教材"，反映的是"以本为本"的传统观念。这种观念把教科书奉为圭臬，把教材内容当作是最神圣的、至高无上的东西，把书本知识看作学生学习的全部，把教材掌握看作教学的终极目的。这种教材观既限制了学生的自由思考，同时也使教师工作蜕变为机械的教书匠。

"用教材教"，反映的是"以人为本"的现代理念。这种观念把课本看作文本，认为教材研读的过程是作者与读者的对话与交流过程。教材不再是唯一的教学载体、教学资源。教学的展开也不必完全机械地遵循教材预设的步骤甚至预设的情境，而是结合教师自己的经验背景和学生的实际，发挥自己的主动性、创造性，凭自己的学识、经验和个性分析、处理、调适教材，创造性地理解和运用教材。用叶圣陶先生的话说："教材只是一个例子。"它只是我们教学的一种重要的工具和手段，而不是教学的目的和归宿。教学最终的目的是促进学生的全面发展。[①]

### 案　例

## 教学"认数"
### （苏教版课程标准实验教材第四册 P14）[②]

[教材解读]

课程标准首次把数感列为数学课程的学习内容。对身边发生的事情和现象，如果能用定量刻画的方式，借用数来描述或解释，是具有数感的表现。为此，新教材结合认数的教学，编排了一定数量的在情境中读数、写数的练习。教学时，教师一般让学生写完、读完就结束了。显然，这种教教材的做法，并没有充分发挥教材的功能。

[教学实践]

教师先要求学生读出图中的数。

师：刚才，我们读了哪些数？这些数告诉我们什么？如果没有这些数呢？

生：我们读了八百五十、一百八十，这些数告诉我们这棵树具体有多大。没有这些数，我们就不能很清楚地知道这棵树究竟有多大。

师：你能用数和大家讲一些话吗？

生：我们班有 52 名同学。

生：数学课本共有 102 页。

---

① 黄宁.教材处理要理清的三组关系[J].湖南教育,2007(6).
② 聂艳军.教材是什么[J].江苏教育,2005(3B).

[教学反思]

用数表达和交流信息,是培养学生数感的重要途径。如何利用教材实现培养学生数感的目的,上面的教学给了我们积极的启示。教师在学生读数后,让学生反思:这些数告诉我们什么?如果没有这些数呢?学生感受数的客观应用价值,感受到对身边发生的事情和现象如果用数刻画、量化,就能把握得更准确,交流得更清楚。接着,教师引导学生把书本上的读数引进到生活中交流、描述、表达,学生在交流中不但对数学学习的价值有所体会,而且容易形成用数量化描述事物的意识。

教学过程是教师、学生、教材之间开放、互动的交流与对话的活动。教材提供的是话题,是支持对话的“文本”。教师用教材教,就要借助“文本”智慧地展开师生之间、生生之间的对话,让对话的双方敞开内心世界,真诚倾听和接纳,实现精神相遇、相通,共享经验、知识、智慧与价值;教师用教材教,就要借助“文本”着力突显学生与教材之间的对话,为学生创造更多与问题情境、与现实生活、与自身原有知识经验等进行对话与互动的机会,促使学生对教材的自我理解、自我解读,让学习过程成为一个富有个性的过程。

1. 放大教材育人功能。数学课堂在完成其特定的教学任务的同时,理应承担学生终身学习的愿望和能力培养的责任。教师用教材教,不能简单地把目标锁定在完成“教材”上。教师必须思考:这道例(习)题的价值到底在哪里?仅仅是教知识吗?其背后更深远的意义是什么?这样,教师才能在理解教材的基础上,充分挖掘教材的育人功能。

2. 突显数学学科功能。挖掘教材,要在启发学生展开数学思维上做文章,因为“数学教学是数学思维活动的教学”。那种无需智慧努力、只是形式上热闹的“对话”,是不会促进学生高层次思维能力的发展的。挖掘教材,要在渗透数学思想方法上做文章。数学教材反映着显性的数学知识(概念、法则、公式等)和隐性的数学知识(数学思想方法)两个方面,数学思想方法是数学学科的精髓,是数学素养的重要内容之一。教师要通过逐步渗透的方法培养学生良好的数学素养。


2. 教材的分析与处理

在教材解读的基础上,需要对照课程标准,针对学生的实际,联系其他相关的教学要素,对教材进行科学合理的处理。

(1) 抓住教材的主线

教材一般都有其主要的线索,在备课过程中,我们可以按照“抓住主线、突出重点、分散难点、安排有序”的指导思路,有效处理教材的具体内容。教材主线的精神所体现的其实是一门学科的基本理念,如地理学科的主线是“人地关系——人与环境和谐发展”。只有抓住这条主线,教材分析才具有深度。

# 缺乏主题与线索的教学设计

《太平天国运动》一课的教学：一位教师的教学活动是围绕下列问题展开的：太平天国运动兴起的原因是什么？洪秀全为发动起义进行了哪些活动？洪秀全宣传的思想与传统的封建思想有什么不同？太平天国运动是怎样从兴起走向全盛的？比较《天朝田亩制度》和《资政新篇》的相同点和不同点。太平天国运动失败的原因是什么？就这样在一个又一个问题的解决中完成了本课教学。

【评析】 这是典型的大杂烩式的教学过程,其形成原因在于教师缺乏对教材重点与教材思路的深刻把握。仔细分析课标和教材不难发现,《太平天国运动》是"近代中国的民主革命"的第一课,单元主题是中国民主革命从失败走向胜利的历程。《太平天国运动》一课的中心是农民阶级的局限性导致太平天国运动的失败,应以农民阶级的局限性为中心开展教学设计。[1]

（2）处理教材的内容

世界上没有一份教材是绝对"普适性"的、任何学校和教师拿到就可以照本宣讲了。所以教材不是"圣经",不是不可改变的"法本",而应该联系实际对教材作合适的选择与调整,以适应不同学校的实际和不同层次学生的学习需要,这才算是有效处理了教材。

一般而言,对教材的处理可以从五个方面进行。一是"增",即新加内容,如补充材料,或主题活动、实验操作等;二是"删",即删除重复的、不合标准的、不必要的内容;三是"换",即更换不合适、不合理的内容;四是"合",即整合不同知识点或不同学科的内容;五是"立",即打破原来教材内容的次序,创立新的框架结构。

# 范金豹老师两次教《死水》[2]

第一次教《死水》,我只是按照教材编排的顺序,亦步亦趋地教教材。可以说是"死"的教师,用"死"的教材去教"死"的学生,产生"死"的课堂。

第二次教《死水》,在处理教材时,从整体着眼,使教材为我所用。从《再别康桥》中学习

---

[1] 案例选自王俊昌. 新课程背景下高中历史教学设计策略初探[J]. 历史教学,2006(6).
[2] 范金豹.《死水》教学生长过程[J]. 语文学习,2004(6).

诗歌"三美"理论;在《赞美》中学习象征主义创作方法,让它们为学生学习《死水》奠定基础(教科书按照《再别康桥》、《死水》、《赞美》的顺序组成一个单元)。爱国主义是闻一多诗歌的主旋律,我以《死水》为主,以《死水》创作前后体现闻一多不同风格的七首诗歌为宾,形成前呼后拥之势,布成众星拱月之态,用《红烛》、《太阳吟》、《忆菊》和《七子之歌》这四首诗为《死水》的出场渲染和铺垫;用《发现》点明《死水》的背景;用《静夜》和《一句话》来引证、延伸《死水》的意义,然后用爱国主义这条红线把它们串联起来。

教学过程中,创设适当的教学情境,让学生看闻一多的照片,聆听《七子之歌》的乐曲。课后布置的作业是阅读贾平凹的《丑石》,然后模仿《死水》,把它改写成诗歌。

## 案 例

### 语文教材单元组元整合教"探险"①

例如,人教版语文七年级下册第五单元共选编了四篇课文,以"探险"为组元方向。四篇课文从不同的角度回答了谁是"真正的英雄"的问题,诠释了英雄的含义。

四篇课文的体裁分别是传记(《伟大的悲剧》)、小说(《荒岛余生》)、通讯(《登上地球之巅》)和演讲词(《真正的英雄》),总阅读量大约为 17 280 字。如此大阅读量的四篇文章编排在一个单元中,初中一年级的学生似乎很难在规定课时内完成。基于四篇课文的语言特点及故事的可读性,学生自主阅读并初步理解文章内容并不存在障碍,所以教科书的编者将本单元的学习重点设定为:练习快速默读课文,抓住课文主要信息,概括内容要点。教师引领学生最终要达成的学习目标是:默读速度、选择信息、概括内容。目标达成后学生的行为表现是:(1) 快速阅读;(2) 快速阅读的基本方法;(3) 依据信息源筛选有效信息的初步能力;(4) 根据有效信息,用自己的语言概括文本内容的表达能力。综上所述,若采用常规教学组织形式及教学手段,完成四篇课文的教学至少需要 16 课时,用时四周。

如何整合四篇课文的教学内容?可采用以点带面的方法,建构"教读→导读→写读→自读"的单元教学课堂模式:《伟大的悲剧》承担教读任务,教学时引导学生知道什么是跳读法;《登上地球之巅》承担导读任务,教学时引导学生使用已初步掌握的跳读法速读课文,迅速提取有效信息。教师的职责是针对学生使用跳读法时反映出来的问题,给予及时的肯定或纠正;《真正的英雄》承担写读任务,教学时引导学生反复阅读文中的排比段落,感悟排比段落语言表达的特点,体会所使用的表达方式,指导学生仿写排比段落,写作素材就是学生在文章中认识的各位英雄;《荒岛余生》承担课外自读的任务,教师强调学生在课下阅读本文时,根据"研讨与练习"中的提问,尽量使用跳读法。整个单元教学以"真正的英雄"为整合后的

---

① 闫萍. 张秋玲. 语文教学内容整合设计的专家引领[J]. 语文建设,2007(9).

总标题。教学过程分为三个环节：整体感知文本，初步认识跳读的概念；细读文本人物，基本掌握跳读的方法；认识英雄群体，读写互动迁移。整合后的教学内容精炼，密度大，适宜教学。

（3）创新教材的形态

教材的表现形态可以是多种多样的，除了纸质的"课本"之外，教材还可以借助现代信息技术，用更加生动形象的方式来呈现。那种将教材等同于教科书的狭隘观念，已经不能适应信息技术迅猛发展的时代需要。因此，运用信息技术优化教材是教师备课中应该关注和思考的问题。

运用信息技术来优化教材，是信息时代的一个必然。数字化环境下课程教材的建设，已经为优化教材体系创造了空前有利的条件。与传统的纸质课本相比，运用信息技术来优化教材，可以使教材呈现出更多新的特点与优势。

① 动态形象——与一般增加辅助常规教具提高教材的形象性不同，信息技术下的形象性具有动态特征，可以更好地吸引学生的注意力，更有效地将抽象的知识具体化，提高课堂学习的效率。

② 时空开放——尤其是运用网络资源的信息技术后，传统教材的许多局限性都可以得到克服，我们可以将最新发生的事件、最具典范的资源随时引进教学，也可以把许多远不可及的地方拉近到眼前，从而极大地拓展了学习的时空。

③ 即时互动——教材要体现教学之间的互动，最优越的形态是运用信息技术。这种互动不仅是即时的问答和合作，而且可以进行问题探究和细节再现，使互动的深度和效度大大提升。

## 案 例

初一数学上册"解方程"中的"相遇"问题历来就是初一数学教学中有相当难度的一类应用题，在教材中既是重点，又是难点。这类应用题既要学生掌握相遇、同时、相向的特点，又要理解路程、相遇时间和速度的关系，而且还要会应用它们之间的关系设未知数，列方程解题。

为了突破这一难点，使学生较好地理解，可以运用多媒体进行教学：首先在屏幕上出现小明和小颖分别在 A、B 两地（指示灯分别在 A、B 两地连续闪两下，强调两地），接着显示两人同时从两地对面走来（强调同时相向而行），再分时段对行程进行演示，通过一分钟或一小时行程的演示，一直到两人碰到一起（强调相遇）。多媒体的动态演示，其图像准确科学、简洁明了、真实可信，使学生正确、科学地理解了"两人两地同时出发"、"相向而行"、"相遇"等术语的含义，帮助学生正确掌握路程与速度、时间之间的关系。

## 四、开发课程资源

开发课程资源是新一轮课程改革所提出的一项重要任务。其目的是要改变学校课程过于注重书本知识传授的倾向,加强课程内容与学生生活以及现代社会和科技发展的联系,关注学生的学习兴趣和经验,并适应不同地区不同学生发展的需求,增强课程对地方、学校及学生的适应性。

### 1. 课程资源内涵的拓展

传统备课活动中缺乏课程资源的意识,这主要是因为过去我们狭隘地理解了课程资源的内涵。事实上,课程资源包括相当丰富的内容,也具有非常多元的形态。理解和掌握课程资源的内涵与形态,是有效进行课程资源开发的重要前提。

广义的课程资源指有利于实现课程目标的各种因素,我们可以根据不同的分类来区分课程资源的多种类型。

按照课程资源的功能特点,可以把课程资源划分为素材性课程资源和条件性课程资源两大类。前者的特点是作用于课程,并且能够成为课程的素材或来源,比如,知识、技能、经验、活动方式与方法、情感和价值观等方面的因素。后者则是作用于课程却并不是形成课程本身的直接来源,但它在很大程度上决定着课程的实施范围和水平。比如,直接决定课程实施范围和水平的人力、物力、财力、时间、场地、媒介、设备、设施、环境,以及对于课程的认识状况等因素。当然,二者并没有绝对的界线。现实中的许多课程资源往往既包含着课程的素材,也包含着课程的条件,比如图书馆等。[①]

按照课程资源空间分布的不同,大致可以把课程资源分为校内课程资源和校外课程资源,它们都可以包括素材性课程资源和条件性课程资源。校内课程资源应该占据主要地位,校外课程资源则更多地起到一种辅助作用。

根据课程资源的载体形式,可划分为生命载体和非生命载体两种形式。前者泛指素材性课程资源所依存的非生命物化形式,主要表现为各种各样课程材料的实物形式,如课程计划、课程标准、课程指南、教学用书等,它们并不能够成为课程自身的直接构成要素,不能成为课程的实质内容。后者主要是指掌握了课程素材、具有教育教学素养的教师、教育管理者、学科专家、课程专家等教育研究人员。另外,能够提供课程素材的学生、家长和其他社会人士也是课程资源的重要生命载体,他们构成课程资源的开发主体。

---

① 参见吴刚平.课程资源的理论构想[J].教育研究,2001(9).

## 2. 课程资源开发的基本原则

为提高课程资源开发的效益和效率,在备课实践中,我们应该遵循如下一些基本原则。

### （1）开放性原则

在课程资源的开发与利用中,要以开放的心态对待人类创造的一切文明成果,尽可能地开发与利用有益于教育教学活动的一切可能的课程资源。课程资源开发与利用的开放性包括类型的开放性、空间的开放性和途径的开放性。

### （2）经济性原则

在课程资源的开发与利用中,要尽可能用最少的开支和精力,达到最理想的效果。具体包括开支的经济性、时间的经济性、空间的经济性和学习的经济性。

### （3）针对性原则

课程资源的开发与利用是为了课程目标的有效达成,针对不同的课程目标,应该开发与利用与之相应的课程资源。必须在明确课程目标的前提下,认真分析与课程目标相关的各类课程资源,认识和掌握其各自的性质和特点,这样才能保证开发与利用的针对性及有效性。

### （4）差异性原则

尽管课程资源多种多样,但是相对于不同的地区、学校、学科和教师,可资开发与利用的课程资源具有极大的差异性。因此,课程资源的开发与利用不应强求一律,而应从实际出发,发挥地域优势,强化学校特色,区分学科特性,展示教师风格,扬长避短,扬长补短,突出个性。

## 3. 备课中需要关注的课程资源

### （1）跨学科资源

过去,我们是基于分科课程的构架来开展备课和实施教学的,对跨学科的课程资源关注的不够。而当代课程改革则日益强调课程内容的综合化,因此跨学科的课程资源是备课活动中教师需要关注的一个焦点。

---

**案 例**

### 跨学科课程资源的开发

数学的文化内涵十分丰富,数学中的对称与文学中的对仗是相通的。数学中的轴对称,即是按对称轴对折,图形的形状和大小都保持不变。那么对仗是什么?无非是句中自对或两句相对,但是字词句的某些特性不变。例如王维诗云:"明月松间照,清泉石上流",就是一种对仗。其实,很多数学概念和诗句都是相通的。比如,徐利治先生曾引用:"孤帆远影碧空尽,唯见长江天际流"的名句,描绘数学上极限概念的意境;初唐诗人陈子昂有诗云:"前不见古人,后不见来者,念天地之悠悠,独怆然而涕下。"这是一维时间和三维欧几里得空间的文学描述。在陈子昂看来,时间是两头无限的,以他自己为原点,恰可比喻为一条直线。天是平面,地是平面,人类生活在这悠远而空旷的时空里,不禁感慨万千。数学正是把这种人生感受精确化、形式化。诗人的想象可以补充我们的数学理解。①

（2）教师资源

教师是关键的课程资源。我们常听到学生议论:某某教师书法好、歌唱得好等。教师可以充分发挥自身和同事的特长,作为课程资源。不仅如此,其他课程资源发挥得如何,关键也在于教师这一资源。备课中,教师要将个人专长与教学内容充分地融合与利用。

**案 例**

## "记 者 招 待 会"②

我曾赴南京参加"全国骨干教师培训班"后期半个月的学习、答辩活动。回校后,是立即赶上已经落下的教学进度,还是与孩子们一起分享外出学习的感受呢? 当我出现在教室门口时,感受到了孩子们热切盼望的目光,回忆起了孩子们为了给我鼓劲寄到南京的一封封情感真挚的信件。看着我带回的精心收集的南京漂亮的银杏叶、枫叶和雨花石,那种师生之间美好而温暖的情感,让我涌动起走出教科书与孩子进行真诚对话的欲望。我马上改变了赶进度的想法,决定与孩子们一起分享外出学习的感受。于是,一场别开生面的"记者招待会"开始了。"小记者们"纷纷针对自己感兴趣的问题向我提问。在回答"小记者"的问题时,我有意识地作了一些筛选:对一些简单的问题简洁回答,一带而过;对一些可以成为孩子们学习资源的话题,则引导他们展开讨论、学习。如"小记者"问:"我们的信您收到了吗? 有什么感受?"我在征得写信人的同意后,有选择地声情并茂地朗读了孩子们的来信! 一时间,孩子们和我都沉浸在浓浓的师生情谊里,有的孩子甚至流下了热泪。当我问孩子们为何他们的信件让我们如此感动时,他们纷纷意识到这是因为他们有了真实的感受,才写出了佳作。原来需要费尽口舌说明的道理,就在这样有意识的体验学习中达成了。他们在激动中形象生动地描绘了雨花石、银杏叶等。孩子们的词汇量、语言表达能力一下子被激发出来,有的还引经据典地说出了许多佳句。在当天的日记里,孩子们写道:"我以前从没上过这样的语文课,今天真高兴!"

【评析】 教师将自身的经历作为课程资源纳入其教学活动,学生的热情被充分地调动起来。在看似不经意间锻炼了学生运用语言文字来表达自己感受的能力,达到了本阶

---

① 徐冠中.数学教师应关注文化[J].江西教育,2006(5B).
② http://www.pep.com.cn/xiaoyu/jiaoshi/zhuanti/xiaolu/201008/t20100830_836583.htm.

段语文学习的目标。教师不仅发现了自身的资源,而且巧妙地参与了教学资源师生再创造的过程。在这个过程中,学生对语文学习的兴趣、对语言文字的感悟、师生之间爱的交流、教师的人格魅力和情感态度无不成了学生学习、模仿的榜样。这样的学习无疑是有效的。

(3) 学生资源

学生是一种十分重要和具有活性的课程资源。学生生活经验、个体知识、思维方式等都是教学中的重要资源。

**案　例**

教学中可以利用生活资源帮助学生理解知识。如在教不同方位看物体时,我请一名学生站在教室的中间,让在他正面、侧面、后面的同学先观察,再说出看到的同学是什么样子的。然后,我走到那位学生身边俯视他,把我看到的结果告诉其他学生。学生们产生了疑问:为什么同样一个人,我们从不同的方位看到的结果就不一样呢?学生们通过议论逐渐悟出观察物体时"横看成岭侧成峰,远近高低各不同"的道理。①

(4) 学校资源

学校是教学的主要场所,因此学校中的各种资源如实验室、图书馆、植物园等都是可资利用的课程资源。备课中教师应对学校资源进行盘点,考虑如何利用。

(5) 社区资源

社区是学生生活的主要场所,其中蕴藏着丰富的资源,是对校内课程资源的补充。社区资源不仅包含物质资源,如公园、影剧院、文化宫等,还包括人力资源,如社区的专家学者、学生家长、商界政界人士等。尤其是学生家长,其具有不同的工作背景和专长,具有各种课程的优势,一般也愿意为学校教育出力。备课中,教师要善于挖掘社区中的课程资源,引导学生把自己生活成长的环境作为学习的场所,拓展学习空间,将课程与生活紧密地联系起来。

**案　例**

家 长 当 老 师②

近日,温州市第二实验中学六(1)班将课堂设在了海军基地,学生家长组织学生进行了

---

① 欧阳应武.农村小学数学课程资源的开发[J].湖南教育,2008(3).
② 余盛敏.家长当老师[N].温州日报,2012 - 07 - 04.

一次丰富而新奇的体验。同学们大开眼界,学到了课本上学不到的知识。

据悉,该校六(1)班在不久前召开了"茶馆式"家长会,新颖的交流形式让家长们倍感亲切,拉近了心与心的距离,在为孩子的未来教育建言献策的交流中擦出了思想的火花。本次活动就是该班"茶馆式"家长会之后第一次组织的"家长当老师"的活动。

在海军基地里,同学们见识了军舰、大炮。之后,又来到了海军宿舍,亲眼"见证"了传说中的"豆腐块"被子的叠法。还见识了海军活动时那整齐的方阵、响亮的口号。

陈婉如同学说:"我们学校大课间活动跑操时,也有方阵和口号,但是与海军叔叔相比,真是有差距!"同学们也纷纷表示,通过这次活动,要把海军战士的这种严明、整齐而有朝气的风貌带回学校。

在整个参观过程中,该班一名学生的家长俨然就是一名老师,或介绍军舰的历史,或介绍大炮的操作原理,或介绍海军的生活,对同学们进行了"肩负起青春使命"的主题教育。还为同学们安排了许多别致的游戏,如用麻绳荡秋千、两个人在平衡绳上手扣手地一起走、海边捉螃蟹等。让同学们最难忘的是在平衡木上放歌:以偌大的海军训练场为舞台,以大海为背景,面对蓝天,同学们抒发壮志豪情。

学校并不是唯一的学习场地,老师和书本也不是知识的唯一来源。有时候,家长也可以是好老师。该校将以六(1)班为试点,把"家长当老师"活动做长、做大、做强。

**【评析】** 这是一则新闻,同时也是一个教学案例。它向我们传递了这样的信息:课程资源无处不在,社区、家长资源取之不尽,全靠我们的学校和教师的资源开发意识和能力。

(6)网络资源

网络已经成为教师备课的"贤内助"。大量的信息,音频、视频、动画、文本、图案等素材资源和可检索的文献图书在网上都可以"一键到位"。教师可以根据教学需要从网络中寻找有价值的课程资源加以利用,丰富课堂教学。

(7)动态生成的课程资源

课程资源不仅来自那些已经物化的资料和条件,教学过程中易被忽略的动态生成的具有潜在教育价值的教学事件,也是重要的课程资源。此种课程资源常常是一些不起眼的小事,比如,在课堂上学生突然抢话说,学生的质疑、兴奋,甚至是学生犯的"错误",这些都是动态生成的课程资源。这些宝贵的动态课程资源如能够得到充分的发掘和利用,不仅可以拓展我们开发课程资源的领域,也会使我们的教学过程更加富有生机和活力。因此,备课中,教师要尽力去预测学生可能会遇到的学习难点和问题,做好引导的准备。还要在教学中尽可能及时地捕捉转瞬即逝的动态课程资源,将其有效并巧妙地运用到教学活动中。

### 课堂上响起小鸟的歌声①

这节课讲《鸟的天堂》，我指导学生朗读"一只画眉鸟飞了出来，被我们的掌声一吓，又飞进了叶丛，站在一根小枝上兴奋地叫着，那歌声真好听"。忽听有人小声哼唱："我是一只小小小小鸟，想要飞却怎么样也飞不高……"引来一阵笑声。

我冲着发出声音的方向抿嘴一笑："赵传的这首歌确实好听，可是画眉鸟会这么唱吗?"学生们纷纷发表自己的看法，大家众口一词："鸟儿们生活快乐，怎会唱这样伤感的歌?"于是我来了个顺水推舟："这样吧，我们给榕树上的鸟儿们编首歌，来表达它们快乐的心情。谁开个头?"刚才轻声哼唱的孩子兴奋地开了头句："我是一只快乐的小小鸟。"立刻有同学接上："榕树是我温暖的家。"紧接着又有同学脱口而出："这里有我的兄弟姐妹。"马上有人和上一句："我们无拘无束地幸福生活。"……

【评析】　教师充分把学生和教学中的动态事件作为课程资源，使意外的一幕转换成新的情境，无意间为学生营造了一个生成的空间，激发了学生的思维，使学生在异彩纷呈的讨论中深化了对情感的体验。

## 第三节　备课的基本流程

备课在本质上是有始无终的。对整个教学活动的预设是备课的开始;课堂教学过程中对预设的调整、修正以及对课堂新情况的随机应变是备课的继续和提升;课后的总结反思则是对整个备课的缝合和沉淀，是备课的后续和攀升，并且还将在新的备课活动中延续、再上升。我们这里主要对备课中"制订教学目标——安排教学内容——生成教学策略——设计教学过程——编制教案学案"的流程进行考察和论述。

### 一、制订教学目标

#### 1. 凸显三维的目标结构

教学目标作为教学系统的核心要素，制约着教学活动的结构。长期以来，大多数教师的课堂教学结构没有产生质的变革，其根本原因就是以"双基"目标为中心的目标结构导致了以知识为

---

① http://blog.tianya.cn/blogger/post_read.asp?BlogID=3244102&PostID=43641247.

本位的教学模式,并扎根于教师的日常教学观念和行为中。新课程明确提出了以知识与技能、过程与方法、情感态度与价值观为核心的三维目标构架,这就为我们进行全新的教学设计,并以此带动课堂教学结构的改革提供了根本的指引。

(1) 知识与技能目标

知识是人们对客观事物的现象和规律的概括总结,而技能则是与其相适应的行为方式的概括化结果,是知识的外在价值。

(2) 过程与方法目标

过程是指为达到教学目的而必须经历的活动程序。过程更多的来自于后现代主义等哲学观念,即认为课程目标不应是预设的,课程内容也不应是绝对客观和固定的知识体系,课程即师生共同探索新知识的动态过程。方法是指师生为实现教学目标和完成教学任务在共同活动中所采用的行为或操作体系,主要是指学生的学习方法。过程与方法目标最重要的特征就是让学生亲历一系列质疑、判断、比较、选择、分析、综合等思维和认识活动,这些体验本身比具体的结论更重要。所以布鲁纳的发现学习论认为,"认识是一个过程,而非一种产品"。

---

**案 例**

## 化学课程"过程与方法"目标解读

根据《普通高中化学课程标准(实验)》、《全日制义务教育化学课程标准(实验稿)》,"过程"主要是指化学科学探究的过程,即指提出问题,收集资料和事实,整理加工资料和事实,提出和验证假说,得出结论和交流应用的过程;亦是指学生的学习过程,即学生获得知识技能以及情感体验的过程。"方法"主要是指观察、实验、记录、分析、比较、分类、归纳、概括等一般科学方法;也指化学研究与学习的科学方法,即化学科学研究活动及学生学习化学中所运用的独特的科学方法和思维方式,如化学学科中的物质制备及合成的方法、物质性质分析与检验的方法、化学模型建立的方法等;以及与人交流、讨论、表述自己观点的方法等。[①]

(3) 情感态度与价值观目标

情感态度与价值观是人对亲身经历过的事实的体验性认识,以及由此产生的态度与行为习惯。其中情感决定并形成态度,而态度体现情感,情感和态度是价值观形成的基础,价值观是情感和态度的升华,并决定了人们对事物的情感态度。

需要指出的是,三维目标是相辅相成的一个整体。知识与技能是基础与载体,过程与方法是

---

① 何彩霞. 化学新课程"过程与方法"目标的理解与设计[J]. 化学教育,2010(1).

中介机制,情感态度价值观是动力机制。如果割裂或者忽视三维目标内在的有机联系,就容易削弱三维目标对教学活动有效引导的作用。

### 三维目标的认识误区

从实际教学来看,教育工作者对三维目标的完整性还存在许多的误区。主要体现在以下几个方面:(1)人为割裂。为了便于理解和把握,中小学教师往往有意或无意地表现出对新课程"三维目标"进行分解的倾向,将三个维度的目标看作是一个个单独的目标,忽视了"三维目标"之间的紧密联系,最终使"三维目标"的整体性被人为割裂。(2)顾此失彼。要么是固守"双基"阵地,忽视"过程与方法"或"情感态度与价值观"目标;要么是矫枉过正,过于突出后面两个维度的目标。在前一种观念下,"过程与方法"或"情感态度与价值观"目标成了一种摆设,只有在应付上级检查或上公开课时才受到重视,平时基本处于缺位的状态;在后一种观念下,过分关注和突出"过程与方法"或"情感态度与价值观"目标的达成度,课堂教学堂堂求新,势必会影响"双基"目标的实现。(3)平均对待。表现为教学设计时"三维目标"一个都不能少,而且三个维度的目标在地位上完全平等,教学时间也是平均分配。结果,教师在课堂教学中,将一节课分成三大环节,分别达成三个目标,往往陷入为了方法而讲方法,为了说教而空洞说教的怪圈。[①]

**2. 变革教学目标的陈述**

过去我们在陈述教学目标时,往往使用模糊的心理动词(如"知道"、"理解"、"掌握"、"培养"等)来进行表述,这种模糊的心理动词使教师很难对教学的效果和学生学习的效果作出客观、准确的评判。在课程改革的背景下,教育界倡导用行为目标来表述教学目标,即尽可能将模糊的、以心理动词表述的目标转换成外显的行为性目标,借以提升目标表述的明晰性。例如,一位教师在执教《航天飞机》一课时,设计的教学目标为"初读课文、了解课文内容",然而,何谓"了解",学生应该"了解"到什么程度,这些基本是模糊的,无法被客观地观察。可以考虑改为"能用自己的话介绍航天飞机的形状、特点和作用",这样的目标就具备了可观察性。

教学目标陈述的明晰化要求我们在表述目标时必须注意如下的要求和规范。

(1)目标指向是学生通过学习之后的预期的结果,因此行为主体必须是学生,而不是教师。行为主体"学生"两字可不出现,但必须隐含。如,"(学生)喜欢学习汉字,(学生)有主动识字的愿望"。

---

① 任京民."三维目标"几个有争议的问题探讨[J].中小学教师培训,2009(1).

（2）目标的陈述主要是为了便于后续的评价行为，因此行为动词尽可能要清晰，而不能含糊其辞，否则无法规定教学的正确方向。如"学生形成爱国情感，提高写作能力"，这样的目标无法测量和评价。

（3）有时单靠行为动词无法将目标清晰地表达出来，因此需要一些附加的限制条件，如学习情景、工具、时间、空间等的规定。如"40分钟内能写出500字语言通顺的记叙文"，"40分钟"就是限制条件。

（4）教学目标基本要素有四个：行为主体、行为动词、行为条件和表现程度。如"在3分钟内（行为条件），学生（行为主体）能算出（行为动词）至少20道题（表现程度）"。当然，并不是所有的目标呈现方式都要包括这四个要素，有时，为了陈述简便，可以省略行为主体或（和）行为条件，但前提是以不会引起误解或多种解释为标准。

3. 把握教学目标的层级架构

无论哪一类目标都应该有科学的层级架构，以便更好地评价教与学的水平。布卢姆（B. S. Bloom）的"教育目标分类学"就曾将教育目标分为认知、情感和动作技能三个领域，并分别建立了各个领域的层级架构。

以下是结果性目标和体验性目标的层级架构，不同的目标层级体现了不同的学习水平，并用不同的行为动词来描述。

（1）结果性目标的学习水平与行为动词

知识性目标可以分为如下三个层级：

① 了解水平。包括再认或回忆知识；识别、辨认事实或证据；举出例子；描述对象的基本特征等。行为动词如说出、背诵、辨认、回忆、选出、举例、列举、复述、描述、识别、再认等。

② 理解水平。包括把握内在逻辑联系；与已有知识建立联系；进行解释、推断、区分、扩展；提供证据；收集、整理信息等。行为动词如解释、说明、阐明、比较、分类、归纳、概述、概括、判断、区别、提供、把……转换、猜测、预测、估计、推断、检索、收集、整理等。

③ 应用水平。包括在新的情境中使用抽象的概念、原则；进行总结、推广；建立不同情境下的合理联系等。行为动词如应用、使用、质疑、辩护、设计、解决、撰写、拟定、检验、计划、总结、推广、证明、评价等。

技能性目标可以分为如下三个层级：

① 模仿水平。包括在原型示范和具体指导下完成操作；对所提供的对象进行模拟、修改等。行为动词如模拟、重复、再现、模仿、例证、临摹、扩展、缩写等。

② 独立操作水平。包括独立完成操作；进行调整与改进；尝试与已有技能建立联系等。行为动词如完成、表现、制订、解决、拟定、安装、绘制、测量、尝试、试验等。

③ 迁移水平。包括在新的情境下运用已有技能；理解同一技能在不同情境中的适用性等。

行为动词如联系、转换、灵活运用、举一反三、触类旁通等。

（2）体验性目标的学习水平与行为动词

① 经历（感受）水平。包括独立从事或合作参与相关活动，建立感性认识等。行为动词如经历、感受、参加、参与、尝试、寻找、讨论、交流、合作、分享、参观、访问、考察、接触、体验等。

② 反应（认同）水平。包括在经历的基础上表达感受、态度和价值判断；作出相应的反应等。行为动词如遵守、拒绝、认可、认同、承认、接受、同意、反对、愿意、欣赏、称赞、喜欢、讨厌、感兴趣、关心、关注、重视、采用、采纳、支持、尊重、爱护、珍惜、蔑视、怀疑、摒弃、抵制、克服、拥护、帮助等。

③ 领悟（内化）水平。包括具有相对稳定的态度；表现出持续的行为；具有个性化的价值观念等。行为动词如形成、养成、具有、热爱、树立、建立、坚持、保持、确立、追求等。

## 案 例

### 一个失当的教学目标

有教师在教学小学二年级课文《浅水洼里的小鱼》时制订如下教学目标：

① 能正确、流利、有感情地朗读课文，理解课文内容，唤醒并坚定学生关心、帮助弱者的信念；在学习中让学生体验合作的快乐。

② 学习并掌握本课的生字新词，理解由生字组成的词语，并养成良好的书写习惯。

【评析】 这是一个失当的教学目标，存在以下几个主要问题：首先，"理解课文内容"、"掌握本课的生字新词"、"理解由生字组成的词语"的表述不准确。① 要求对课文内容达到"理解"的程度，对于二年级学生是不妥当的。因为《义务教育语文课程标准》中第一学段的阶段目标没有提到这样的程度。② 课文中的生字一、二年级应"多认少写"，不是全部生字都要求"学会"、"掌握"。③《义务教育语文课程标准》中第一学段的阶段目标明确指出"结合上下文和生活实际了解课文中词语的意思"，要求"理解"显然拔高了。其次，目标的内容只包括"知识和能力"、"情感态度和价值观"两个方面，没有对"过程和方法"方面提出目标。再次，行为主体混乱。"能正确、流利、有感情地朗读课文，理解课文内容"、"学习并掌握本课的生字新词，理解由生字组成的词语，并养成良好的书写习惯"的主语是"学生"。"唤醒并坚定学生关心、帮助弱者的信念；在学习中让学生体验合作的快乐"的主语是"教师"。第四，目标含糊不清。①"唤醒并坚定学生关心、帮助弱者的信念"，不仅行为主体不正确，而且无法评价"唤醒并坚定"。②"在学习中让学生体验合作的快乐"是错误的表述，"体验"、"快乐"根本无法去观察；"在学习中"是一种行为"进行态"，不是目标表述的要素，纯属废话。③"本课的生字新词"、"生字组成的词语"

没有明确指出是哪些,对象模糊,表现程度也没有规定。④ "养成良好的书写习惯"是一句"正确的废话",因为单靠一堂课的学习是不可能"养成"习惯的。

## 二、安排教学内容

根据课堂教学目标选定教学内容后,就需要对这些内容进行恰当的安排和组织,以使学生能够快速有效地掌握知识,顺利地达到教学目标。对课堂教学内容的组织不能毫无章法,它需要遵循一定的原则和策略。

### 1. 教学内容的条理化

所谓教学内容的条理化,是指要把握教材知识的逻辑顺序(知识序)和学生认识的心理顺序(认知序)。只有把握了这两个"序",才能使教学内容条理化。

所谓知识序,是指科学知识本身内在的逻辑性。任何学科的知识都是一个有机的统一体,其事实、概念、法则、原理之间是相互联系的,具有内在的逻辑性、系统性、连贯性,体现了自然界和社会生活的规律、法则和规范。而教育活动之所谓造就人、发展人,就是要逐渐地把人的思维和行动提高到合法则、合规范的活动的高度。为此,就得有步骤地、完整地把这种统一体教给学习者,使之渐次学会科学的思维方法和活动方法。要实现这一点,首先就得依据科学的逻辑体系来组织课堂教学内容。

所谓认知序,是指学习者学习活动内在的认知规律。学习心理学研究证明,要有效地开展教学活动,学习者对学习内容的认识兴趣与智力积极性是一个首要条件,而这种认识兴趣与智力积极性只有当教学活动同学习者原有的经验、知识、能力联系起来时,才能在最大程度上得到诱发。而且,学习者认知的发展也有内在的程序性,如从已知到未知、从感知到理解、从巩固到运用、从具体到抽象、从易到难、由简到繁、由近及远等。因此,当我们组织课堂教学内容时,必须考虑学习者现有的智能水平和个性倾向性等心理特征,并按照学生认知发展的程序来进行。

### 2. 教学内容的结构化

研究表明,结构化的教学具有这样一些功能:它一般以概念和原理作支撑,体系简约,易于领会和接受;有利于训练学生的思维、发展学生自主处理信息的能力;便于学生在学习过程中联想、迁移与应用。由此可见,教师通过对教学内容的结构化处理,让学生掌握知识间的关联是十分必要的。备课中,教师在处理教学内容时要以条理化、结构化和整合化为原则,要把零散的知识"碎片"进行整理,使之条理化、网络化、结构化,以便于学生的理解和应用,这样就可以有效地减轻学生的负担。

## 《愚公移山》教学设计

在学生充分诵读课文的基础上,教师紧扣"吾与汝毕力平险,指通豫南,达于汉阴,可乎?"句,抓住"平险"一词进行反复突破,设计如下问题,牵动对课文的研读,使课文的内容围绕"平险"结成网络。(1)着眼于内容:请同学们从不同的角度说说什么是课文中的"平险";(2)着眼于人物:请同学们说说课文中不同的人物与"平险"的故事;(3)着眼于文体:"帝"是在"平险"吗? 为什么故事中会出现"帝"呢?

## 《景阳冈》教学设计

《景阳冈》文中十五处写到"哨棒",教师就以哨棒结构全文内容:

一根哨棒贯全文:以哨棒为暗线的叙事方式,绝妙。

一根哨棒凸性格:带棒体现心思细密谨慎,折棒体现武松勇气,无畏。

一根哨棒显技巧:位置为"倚、绾、丢";方式为"绰、提、横拖";实战为"拿、抡、寻、打"。

金圣叹说这是"草蛇灰线法"。一根哨棒,风生水起! 经典魅力,尽得风流!

### 3. 教学内容的活动化

一是教材内容操作化。"死"的书本知识只有通过学生的种种"操作",才能"内化"为学生头脑中的经验体系。因此,教师要科学地设计一些多样化的练习系列,根据学生的现有条件,设计一些实验、实践方案,引导学生在"做中学"、"用中学",通过学生的主动参与、积极实践,帮助学生建构起有意义的知识体系。二是教材内容问题化。巧妙的问题设置,常常会收到一石激起千层浪的效果。要多从学生的"兴趣"方面来设计问题,让教材内容更切合学生的心理特点,从而激发起他们的联想和创意。尽力把教材内容变成问题的"链接",引导学生凭自己的努力,一个个地进行问题的"求解",进而激发起一系列问题,让课堂活力四射。三是教材内容最优化。要让学生对你的这一堂课始终有兴趣,不仅仅要靠巧妙的问题设计,还要根据教学的目标任务、教材内容的特点及学生的实际情况,提炼出内容的精髓,用最恰当的教学设计,让学生的眼、耳、口、手、脑都协调起来,使学生能以最少的时间,最大限度地掌握教学内容,从而激发学生获取知识的愉悦情感。

## "探索月球奥秘"和"黄河,母亲河"综合性学习内容活动化①

人教版七年级语文和八年级语文分别设置安排了以"探索月球奥秘"和"黄河,母亲河"为主题的综合性学习。如何使教学内容化静为动?可以这样设计:"探索月球奥秘"综合性学习给学生提出学习任务:编辑"探索月球奥秘"电子书。假设学生是一个出版社的编辑部成员,准备编辑出版一本"探索月球奥秘"电子书,书的内容从"科学月球"和"人文月亮"两个主题编选,这两大主题又分为若干子主题,最终组合成"探索月球奥秘"一书,在班级和网页中展示。"科学月球"内容包括:月球天文地理知识、月球未解之谜、月球与人类的关系、人类探索月球之路;"人文月亮"内容包括:月亮的神话传说、文学中的月亮、文艺中的月亮、月亮的民俗民风。角色分工为:图文资料编辑者搜集、编辑相关图文资料;视频、音像资料编辑者搜集、编辑相关视频音像资料;主编编排读物,设定版式、封底、封面,写作序言及后记等。

"黄河,母亲河"综合性学习任务中,假设学生每4人组成一个"黄河考察小组",分别扮演地理学者、文化学者、环保学者、政府官员等角色,承担一定的任务,从自己的角色任务对黄河进行考察。小组内分工合作,最后根据每个人的考察结论进行交流与讨论,写出考察报告,制作PPT,向全班同学展示。(1)地理学者:考察研究黄河的地理位置,分析它的地理优势以及流经地区的气候有何特点,并了解黄河发源、汇入地和沿河流域概貌;写出黄河地理考察报告。(2)文化学者:搜集有关黄河的人文故事、神话传说、文学艺术,了解黄河的历史与文化;写出黄河文化考察报告。(3)环境学者:考察黄河过去和现在的水土状况,黄河流域水土流失、黄河泛滥成灾的主要原因,以及黄河治理方案、环境保护和可持续发展策略;写出黄河环境考察报告。(4)政府官员:根据各位学者提供的报告,确定如何有效地治理和综合利用黄河,如开发黄河水力、旅游、文化等资源;写出黄河治理开发报告。

【评析】 这两个综合性学习的内容全部被"活化",且紧扣教学目标、突出层级、开放明确、新颖有趣。任务完成的结果体现为一种可视、可感的"产品",即电子书籍和调查报告。学生都承担了某种具有"社会意义"的角色,知道自己要做什么,如何做,很有兴趣。任务、角色分工由师生共同商讨确定,基本上照顾到了学生各自的兴趣爱好,所以,学习中都能很好地完成教学内容。

---

① 李斌辉. WebQuest教学模式在语文综合性学习中的运用[J]. 中国电化教育,2012(6).

### 三、生成教学策略

教学策略是指教师在课堂上为达到课程目标而采取的一套特定的方式或方法。教学策略不是一成不变的，而是要根据特定的教学理念、特定的教学情境和特定的学生需求灵活地变化，"放之四海而皆准"的教学策略是不存在的。

在新课程背景下，教学策略的生成尤其要考虑"以生为本"，也就是将转变学生的学习方式作为教学策略选择的重点与焦点。新课程强调"改变课程实施过于强调接受学习、死记硬背、机械训练的现状，倡导学生主动参与、乐于探究、勤于动手，培养学生搜集和处理信息的能力、获取新知识的能力、分析和解决问题的能力，以及交流与合作的能力。"倡导自主学习、合作学习、探究学习三种新的学习方式，强调教学内容的确定、教学方法的选择、评价方式的设计都应有助于这三种学习方式的形成。为此，教学策略的选择应以自主学习、合作学习、探究学习作为基本的参考。

### 案　例

## 教学设计中的学习方式转变

比如说，面对《将相和》这篇课文，如果是"讲"，你完全可能是这样：板书课题后，从第一自然段讲到最后一个自然段，中间可能面对三个故事，对学生提几个问题，让他们思考、回答，但主旋律是你的讲（教育学家说这是"独白式"的教学），学生发言只不过是"友情客串"，讲完了，布置学生做作业。但如果是作为"组织者"的老师，他就会尽可能地把教学变成学生的学习活动。安徽的王静邦老师教学处理就是组织活动式的。在讲解《将相和》中的第一个小故事"完璧归赵"时，让学生在初步理解课文内容的基础上，将这个故事改编为课本剧来演。由学生自由结合组成剧组，并安排好编剧、导演、演员、剧务等，做到人人参与。学生的积极性很高，经过认真的准备，各剧组先后在班里公演了。给人印象最深刻的是"秦宫献璧"这段戏，小演员演得十分逼真……第二个故事"渑池之会"，老师就不再让学生演了，而是让学生说。怎么说？自行读文章，然后模仿说书人的语言、动作、表情把课文内容"演绎"出来，自然是妙趣横生。第三个故事"负荆请罪"，则是让学生写了。怎么写？课文只是大略地说廉颇背着荆条到蔺相如家向他请罪，但具体这个请罪的过程，包括人物的动作、语言、神态、表情等没有写出来，于是请同学们认真读课文，大胆想象，把这个过程描写出来，结果学生写得非常生动、有趣，还模仿出古人的语言和动作特征。[①]

---

① 熊生贵.新课程教学设计与传统备课之差异[J].中国小学语文教学论坛，2004(5).

【评析】 上述案例中,安徽的王静邦老师在教学策略的设计方面注重引导学生主动参与,通过引导学生演故事、说故事、写故事,极大地增进了学生学习的主动性。由此可见,教学策略的设计必须要把转变学生的学习方式作为最根本的出发点。如果教学策略的选择仍然局限于教师单边的"教"的策略,而忽视学生"学"的方式与"学"的质量,那么这种教学活动必然是低效的。

在新课程背景下,教学策略的生成还要关注教学策略的创意性。任何教学策略都指向特定的问题情境、特定的教学内容、特定的教学目标,都需要教师个性化的教育智慧,因而也就必然呈现出多姿多彩的特点。俗话说,"教学有法,但无定法",教学策略的选择不是机械地模仿,而是灵活地运用、主动地创生。换句话说,有效的教学策略是生成的、个性化的。

## 案 例

### 教学策略的创生

《〈诗经〉三首》集中编排在人教版高中语文第三册内。从一本诗集里同时选取三首作品来学习,在教科书的编排中是极少见的。如果都采用同一教学模式,学生既不能充分感受到我国第一部诗歌总集的艺术魅力,也不能很好地掌握这三首诗不同的思想内容。因此宜分别采用下述三种不同的课型:

"说"课型:《卫风·氓》是一首第一人称的叙事诗,可以采用"说",即主要让学生动口讲的教学模式来学习,其主要依据是:课文让学生有话可"说"。作者顺着"恋爱——婚变——决绝"的情节叙事,表现了女主人公从恋爱、结婚到被遗弃的生活经历和怨恨感情,鲜明地塑造了一个勤劳、温柔、坚强的妇女形象,表现了古代妇女追求自主婚姻和幸福生活的强烈愿望。学生可以讲故事,也可以分析人物形象。

"读"课型:古诗文辞意典雅,诵读得好能把人引入辽阔无际的优美意境之中。《秦风·无衣》是秦国人民抗击西戎入侵的军中战歌,宜采用诵读法进行教学。采用此法,能促进学生领悟诗旨,在诵读中完成联想和想像这一思维过程,体味到《诗经》韵味的美、意境的美。

"写"课型:《邶风·静女》描写一个青年男子与心爱女子的约会过程,共三章。第一章重在写场景,后两章重在写心理,即写青年男子的回忆。本诗尽管也有叙述和描写,但没有完整的故事情节,没有清晰的叙事线索,只是截取其中一个片段来描写,因而不宜采用"说"的方式学习。如果采取写作课的方式来教学,则能很好地挖掘作品的内涵……具体"写"的内容,可将《静女》改写成白话诗或小故事。①

---

① 刘天皓,叶春梅.三种课型学《诗经》[J].中学语文教学,2004(5).

【评析】 针对《〈诗经〉三首》中的三首不同作品,教师采用了三种不同的教学策略安排,这些多元生动的教学策略蕴含着教师个性化的实践智慧,体现了教学策略的生成性特质。

## 四、设计教学过程

教学有法但无定法。由于教学的任务、目标、内容以及所依据的教学理论基础的差异,教育家们对教学过程有不同的理解,并建构出多元化的教学过程,例如赫尔巴特的"四段教学法"、杜威的反省性思维五步法,等等。新课程实施以来,教育界围绕学习方式的转变,正在积极探索构建与自主学习、探究学习、合作学习相适应的新的教学过程。

### 案 例

### 关于教学过程的理论争论

孔子总结了自己长期的教育实践经验,从学生学习的角度,提出了教育是学—思—习—行的过程。《中庸》将我国古代教学实践经验总结概括为"博学之,审问之,慎思之,明辨之,笃行之"五个阶段。朱熹提出的读书法(循序渐进、熟读精思、虚心涵泳、切己体察、着紧用力、居敬持志),也涉及了学习阶段的问题。

在西方,德国教育家赫尔巴特以统觉心理学为理论基础,提出教学过程的基本阶段是明了—联想—系统—方法。与这四阶段相应的心理状态是注意、期待、探究和行动。赫尔巴特的教学阶段理论对后世产生了深远的影响。赫尔巴特之后,他的弟子们感到"四阶段"在学生毫无思想准备的情况下介绍新教材效果不一定好,于是将四段法改为五段法,即预备—提示—联合—概括—应用。

同样是五个阶段,现代教育派代表人物杜威从实用主义教育理论出发,反对赫尔巴特以教师为中心的教学过程阶段理论。他依据学生在"做中学"的认识发展,提出了与赫尔巴特派迥异的教学过程阶段理论,即有名的思维五段法:从情境中发现疑难;从疑难中提出问题;做出解决问题的各种假设;推断哪一种假设能解决问题;经过检验修正假设、结论。后人将其概括为情境—问题—假设—验证—结论。杜威教学过程阶段理论的核心是"问题",问题的产生和解决过程也就构成了教学过程。

在这里,我们考虑到知识教学仍然是目前中小学教学的主要任务之一,是提升课堂教学有效性的重要抓手,因此我们拟围绕知识教学问题,并结合学习理论的最新研究成果,阐述和分析教学过程的基本环节。一般而言,我们可以将知识教学的过程划分为"激发学习动机"、"感知教学材料"、"理解教学材料"、"巩固知识经验"、"运用知识经验"和"测评教学效果"等六个基本环节。

### 1. 激发学习动机

求知欲或者说学习动机是直接推动学生学习的内部动力,主要表现为学习的意向、愿望、兴趣等,对学习有明显的推动作用。学生若缺乏适度的学习动机,便会失去学习的积极性。而没有学生的积极参与,教学也就很难取得良好的效果。因此,激发学生的学习动机、引起学生的求知欲在教学过程中是十分重要的。

引起学生求知欲的方法很多:可以对学生提出引人思考的问题;可以讲述有趣的故事;可以演示引人注目、给人新知的直观材料;可以指出将学的新知识的重要价值,等等。究竟用什么方法,应当根据教学任务、内容的需要和学生的实际来选择。

**案 例**

在《等比数列的前 n 项和》教学中有一位教师对本课的引入是这样的:创设动漫演示:话说猪八戒自西天取经回到了高老庄,从高员外手里接下了高老庄集团,可好景不长,因资金周转不灵而陷入窘境,急需大量资金投入。于是,就找孙悟空帮忙。悟空一口答应:"行,我每天投资 100 万元,连续一个月(30 天),但是有一个条件:作为回报,从投资的第一天起你就必须返还给我 1 元,第二天返还 2 元,第三天返还 4 元……即后一天返还为前一天的 2 倍。"八戒听了心里打起了小算盘:"第一天支出 1 元收入 100 万元,第二天支出 2 元,收入 100 万元,第三天支出 4 元,收入 100 万元……哇,发财了……"心里越想越美……再看看悟空的表情,心里又嘀咕了:"这猴子老欺负我,会不会又在耍我?"教师提问:假如你是高老庄集团企划部的高参,请你帮八戒分析一下,按照悟空的投资方式,30 天后八戒能吸纳多少投资,又该返还给悟空多少钱?等学生思考一会儿后,教师引出本节课的学习主题"等比数列的前 n 项和"。[①]

### 2. 感知教学材料

为了理解和掌握书本知识,学生必须有感性认识基础。感性认识丰富、表象清晰、想象生动,理解和掌握书本知识就比较容易。反之,如果学生没有必要的感性认识,他们学习书本上的概念、公式、原理就将生吞活剥,食而不化。认知心理学的研究证明,新知识的学习必须以学习者头脑中原有的知识和经验为基础,学习的过程就是用已有的知识与经验去同化新知识的过程。奥苏贝尔区分了"机械学习"与"有意义学习",他认为,如果离开学生既有的知识与经验,而机械地

---

① 何江. 数学课堂教学设计的有效性探究[J]. 数学通报,2008(9).

进行新知识的灌输,这种学习必然是低效乃至无效的。因此,在感知教材阶段,教学的设计要着力于激活学生已有的知识与经验。

### 3. 理解教学材料

理解教材、形成概念是教学过程的中心环节。在教学过程中,学生的认识不能停留在感性认识水平上。感知教材往往只能认识事物的个别属性和外部特征,而只有理解教材,才能真正把握教材的本质。因此,要引导学生在感知教材的基础上,通过分析、综合、推理、评价等思维加工,形成科学概念,达到对事物本质和规律的认识,使感性认识上升到理性认识。

学生理解教材是一个复杂的思维过程。认知心理学的研究认为,学生理解教材的过程其实是在新旧知识之间建立各种联系,把新知识编入原有的命题网络,从而促进认知结构的改进、改组与重建的过程。因此,在理解教材阶段,教师要引导学生对新旧知识进行比较分析、整理概括,促进知识的系统化、结构化。

### 4. 巩固知识经验

知识的巩固,是指知识掌握过程中对教材的持久记忆,它是通过人类的记忆系统实现的。知识的巩固是积累知识的前提。学生只有牢牢记住所学的基础知识,才能顺利地吸收新知识,自如地运用已有的知识。所以,知识的巩固也是教学过程中不可缺少的环节。

需要指出的是,知识的巩固不等于机械地记忆。认知心理学研究表明,在知识的巩固过程中,知识本身在数量和结构上都会进一步发生变化。例如,在知识巩固的过程中,记忆保持的内容可能比原来识记的内容更简略概括。孔子说"温故而知新",就是指在巩固旧知识的过程中能够获得新的知识、新的体会。因此,知识巩固的过程也是一个认知结构不断改善的过程。

### 5. 运用知识经验

知识的运用在教学过程中具有重要的意义。首先,知识的运用有利于形成技能技巧。知识的掌握并不能直接导致技能技巧的形成,必须在反复的练习过程中才能形成学生熟练的技能技巧。其次,知识的运用有利于提高分析问题和解决问题的能力。运用知识,也是认识上的一次更重要、更高一级的飞跃,因为它要求学生在各种不同的条件下对知识进行再现、重组和灵活运用,因而特别有利于锻炼学生的独立思考能力和问题解决能力。

在教学过程中,教师引导学生运用知识的形式是多种多样的,有练习作业、实验、实习等,另外,还可以与生产劳动、社会实践等活动联系起来,相互配合、相互促进。其中,练习作业是最经常的一种知识运用形式。但一定要注意练习作业的内容、类型、方式的科学性,避免一味地简单重复和机械模仿的无效与低效练习,力求练习作业的灵活多样性和创造性,以提高其训练价值。

## 学完古诗单元后的作业①

学完古诗文单元后,教师布置了这样的作业:以小组为单位,每人课外读不少于30首的古诗,并试着写一篇小论文《教师看古诗》,时间为两周。学生们到图书馆查找资料,上网下载资料,搬来《唐诗三百首》《唐诗宋词》《李白集》,甚至将家长上大学时的《历代文学作品选》也翻出来了。有些学生整个双休日都泡在图书馆里,写了近十页的阅读笔记。交上来的作业,极具个性,异彩纷呈:《教师看咏梅诗》洋洋洒洒收录了咏梅诗近二十首,并作了精当的分析,提出了自己的观点;《流行歌曲中的古诗》涉及的内容由毛宁的《涛声依旧》到张继的《枫桥夜泊》,由梅艳芳的《床前明月光》到李白的《静夜思》,具有十分广阔的视野。还有的学生在做地理教师的母亲的帮助下,撰写了《古诗中的地理知识》,从"坐地日行八万里"的地球自转现象,到"黄河之水天上来"的中国地势的特点,可谓"文理"结合,触类旁通。在此基础上,教师又布置学生策划筹备"诗海遨游"语文专题实践活动。活动形式、内容全部由学生设计,最后教师筛选组合,再由学生制作成课件。从诗词的分类填空,到诗词中流传的成语,再到生活中的诗歌;从《还珠格格》到陈子昂的《登幽州台歌》,由《庭院深深》到欧阳修的"庭院深深深几许";从诗句接龙到猜谜语,内容丰富多彩。活动的高潮是学生自编自演的节目:一组学生编排了一个以古诗为主要内容的相声《瞧教师这老妈》,里面包含了二十多首古诗,可谓出口成章,既让学生们学到了古诗,又让他们潜移默化地受到了教育;二组学生发挥自己的优势,用唱歌的形式,把古诗演绎得情深意长,《明月几时有》《静夜思》《送别》,在这优美的旋律中,全班学生都跟着哼唱,个个沉浸在优美的意境中;三组学生则组织全组的同学画了四幅连环画,每一幅画都隐含着一首诗,"旧时王谢堂前燕"、"青箬笠,绿蓑衣"等可谓是图文并茂;四组则组织全组的同学编排了一个小品:唐代开元年间,高适、王昌龄、王之涣三位大诗人来到一家酒店吃酒,却互相不服气,于是,比赛看谁的诗写得多,谁写得最好谁就是诗坛老大。"千里黄云白日薰"、"黄河远上白云间"、"秦时明月汉时关"……由诗句来推断诗人是谁,也是别出心裁。整个活动都围绕着诗来展开,就连每个小组的名字,都与古诗密切相关:"万紫千红"、"珠联璧合"、"乘风破浪"……

【评析】 这样的作业学生的收获是全方位的,既学到了丰富的古诗文知识,又受到了情感、态度、价值观的熏陶,创造性的思维能力也得到了有效的培养。最关键的是学生感兴趣,全身心地投入,能够很好地运用所学到的古诗阅读、鉴赏等相关知识,巩固所学内容。

---

① 夏丽红.语文作业还可以这样布置[J].语文教学通讯,2008(5).

6. 测评教学效果

教学效果测评,是保证教学过程良性循环,争取理想教学效果的重要环节。教师在教学过程中,一般可以通过观察、提问、检查作业等方式,来了解学生掌握知识、形成技能和学习态度等方面的状况,获得有关的反馈信息,进而及时改进教学过程,优化教学活动。

尤其需要指出的是,许多教师在检查学生作业时,仅仅是打钩、打叉,再给一个分数,概括起来就是"生硬批改多,人文评价少"。实质上,在测评教学效果时,"分数也应有人情味"。于永正老师就给学生的作文"150分",因为不仅作文写得好,还读得好,字也写得好。可以说,"测评教学效果"这个看似平常的教学环节,"道是无情却有情",因为在它背后站着的是一个个鲜活的、充满憧憬的生命。教师的测评,既可以使一个意气风发的学生变得心灰意冷,也可以使一颗颓废的心重新燃起希望之火。具有人文关怀的测评,既能帮助老师了解教学的反馈信息,又能激发学生的学习动机,触发学生健康、向上、积极的心态,进而促使学生不断进步。

**案 例**

## "哎　呀"①

这是一位小学校长对童年一次考试分数难忘的记忆。由于中途转学,他功课落下了不少。一次数学考试后发卷子,他提心吊胆地接过来一看,非常意外:老师没有打分,只写了两个字:"哎呀!"顷刻,他领会了老师的心意,老师不相信他会这样,老师用这样开玩笑的方式等着他的努力。他决心把落下的功课补上。果然,又一次考试他得了满分。许多年过去了,他又经历了无数次的考试,见过上百次的试卷,但是,只有那份没有分数的试卷,成了他心中永远的珍藏。

**案 例**

## 魏书生老师"借分"②

在一次语文期中考试后,魏书生老师班上有个学生得了57分,他不敢拿着试卷回家,于是就找魏老师求情:"能不能少扣几分?"魏老师笑了笑:"好吧! 就算借你5分吧!"这个学生喜出望外。后来,他就像换了一个人似的,期末考试时,得了87分。于是,他又去找魏老师,天真地说:"魏老师,还你5分。"孩子需要鼓励、信任、爱的滋润,魏老师借出的5分,不仅立竿见影地调动了学生的积极性,而且在他的心里产生了长久而深刻的影响。

---

① 李本华. 分数也有人情味[J]. 天津教育,2002(12).
② 李本华. 分数也有人情味[J]. 天津教育,2002(12).

同时,教师还应注意引导学生进行同伴互评,特别是要培养学生学会自我测评,促使学生自觉调控学习过程,强化学习动机,增强学习能力,从而保证教学取得更好的效果。

### 五、编制教案学案

当以上的程序完成后,教师可以将自己备课的成果用文字表述出来,即编写教案。也可以从学生的角度出发,编写学案。科学、合理的教案和学案设计是有序、高效的教学实践活动的基础。

1. 教案的主要形式和内容

从教案的详略上来分,有详案、简案和"0"形教案。前者接近于讲稿,不仅要写出问题解析的内容要点,还要写出讲解、分析部分的表述语言。简案只列明各环节、具体步骤以及其内容要点,讲述语言从略,又称之为大纲式教案。现在有些地方和教师提出"0"形教案,即教师可以根据自己的特点及实际情况编写教案,可在教材、教参上批注,画出重点、难点,也可以在以前的教案上圈点修改,可做提纲式编写,甚至还可以什么都不写。这种形式的教案不仅节约了教师写教案的时间,更重要的是教师在批注的时候往往会形成自己的观点,在以前的教案上圈点修改,也有助于对从前的教学进行反思,找到新的教学思路。

从教案的格式上来分,有传统教案和新型教案。传统教案主要是突出教学目标和教学过程的设计;而所谓新型教案,主要是指新课改以后出现的一些新型的教案类型,如"方案库"教案、案例合作式教案,以及分栏式教案等。这些新型的教案往往更关注学生研究、课程资源开发,以及设计意图的反思等。

从教案的载体上来分,有纸质教案和电子教案等。电子教案包括多媒体课件、教学 Web(网页)等。

无论何种形式的教案,其内容都应包括以下部分:全面具体的教学目标;定位准确的教学重点和难点;实用必需的教具学具;切中要害的学情分析;突出互动的教学过程;务实灵活的练习设计;美观助学的板书设计;有利成长的教学反思。

### 案　例

一份较完备的教案

| 基本情况 | 课题 | 授课教师 | 授课班级 | 授课时间 | 课时 | 课型 |
|---|---|---|---|---|---|---|
| 教学目标 | 知识与能力、过程与方法、情感态度价值观 | | | | | |

| 教学分析 | 教学内容 | |
|---|---|---|
| | 教学重点 | |
| | 教学难点 | |
| 材料与设备 | | |
| 学情分析 | | |
| 学法指导 | | |
| 教学过程 | | 教学时间、教学环节、教学意图、内容呈现、教师活动、学生活动、教学媒体使用 |
| 板书设计 | | |
| 作业设计 | | |
| 教学后记 | | |

2. 教案编制的要求

（1）科学规范

教案的科学性包括三个方面的内涵：一是应做到观点正确，材料真实；二是要符合教学实际，切实可行；三是要做到书写规范，语言通顺，结构完整。

（2）简洁明了

教案是供教学中使用的，因此教案内容要简洁明确，不要冗长复杂，教学过程要条理清晰，重点突出，层次分明，不可杂乱无章。

（3）形式多样

教案的形式应因人而异。一方面，不能拘泥于形式上的统一，而应该根据不同科目、不同内容，采取不同的教案形式。另一方面，对不同层次的教师应有不同的要求，例如对于老教师，他们经验丰富，其教案可写得简要一些，以引导他们在课堂中发挥更多的教学机智；而对于新教师，则可以要求写得详细一些，以促进他们夯实教学的基本功。

（4）理念先进

教案的编制要充分考虑现代教育理念的引领。尤其是在新课程改革的背景之下，"以学生发展为本"、"转变学生学习方式"等现代教育理念更应该在教案编制的过程中得以充分的体现。具体而言，传统的教案仅仅反映教师教的活动，仅仅服务于教师的教，而现代的教案则应同时反映教师教与学生学的双边活动。现代教案所展示的不仅仅是教师教的方案，同时也是学生学的方案。

**传统教案与具有教学设计思维的新型教案比较①**

| 设计要素 | | 传统教案 | 新型教案 |
|---|---|---|---|
| 编写理念 | 知识观 | 知识是客观的,可以传递给学生 | 知识不是纯客观的,是学生与外在环境交互过程中建构起来的 |
| | 学生观 | 学生只是接受知识的容器 | 学生是有生命意识、社会意识、有潜力和独立人格的人 |
| | 教学观 | 教学是课程传递和教学生学的过程 | 是课程创生和开发、师生交往、积极互动、共同发展的过程 |
| 教学目标 | | 以教师为阐述主体,使学生掌握双基,并培养其能力 | 以学生为阐述主体,在双基、过程与方法、情感态度和价值观方面都得到发展 |
| 教学分析 | | 教材教法和教学重点难点分析 | 对任务、目标、内容、学情等方面作分析 |
| 策略制订和作业设计 | | 1. 传授的策略和帮助学生记忆的策略 2. 以传统媒体为主 3. 以技能训练、知识(显性)记忆和强化作业设计为主 | 1. 学法指导、情景创设、问题引导、媒体使用、反馈调控等策略 2. 多媒体的教学设计 3. 根据不同需要如知识、技能、方法、态度、能力的培养来设计作业 |
| 教学过程 | | 传授知识,鼓励学生模仿记忆的以教为中心的五环节教学过程设计 | 创设情景,鼓励在学生体验、探究、发现、思考、问题解决过程中获得自身提高和发展的教学过程设计 |
| 效果评价 | | 掌握知识技能,解决问题 | 知情意都得到发展,为终身可持续发展奠定基础 |

## 案 例

# 《两小儿辩日》教学简案②

一、学习目标

1. 根据课后注释理解文章内容,反复诵读课文,产生自己的独特感受,力争达到"熟读成诵"。

2. 初步感受文言文的特点,产生学习文言文的兴趣。

3. 感受两小儿的聪明可爱及孩子实事求是的态度,体会学无止境的道理。

二、教学过程

(一)读故事,整体感受

1. 反复诵读课文,读顺口。

---

① 参考鲁献蓉.从传统教案走向现代教学设计——对新课程理念下的课堂教学设计的思考[J].课程·教材·教法,2004(7).

② 王崧舟.《两小儿辩日》教学简案[J].福建教育(A),2007(2).

2. 反复诵读课文,读出韵味。

3. 反复诵读课文,读出形象和神情。

(二)讲故事,开放探究

1. 用现代汉语讲这个故事,讲清楚基本情节。

2. 用现代汉语讲这个故事,讲生动,讲出细节。

(三)编故事,深度感悟

1. 两小儿嘲笑孔子后,孔子会怎么想,怎么说呢? 写一写。

2. 全班交流,提升感悟。

板书设计:

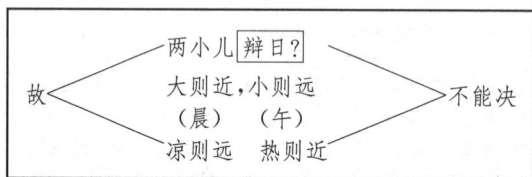

【评析】 王老师的这则简案目标定位准确,教学流程清晰,结构形成板块,板书简明美观,很适宜教学。

### 3. 学案的内涵与作用

学案是在新课程改革之后应运而生的一种教学设计方案,目前在备课中为广大教师所采用。

所谓学案,是指教师依据学生的认知水平和知识经验,为指导学生进行主动的知识建构而编制的学习方案。学案实质上是教师用以帮助学生掌握教材内容、沟通学与教的桥梁,也是培养学生自主学习和建构知识能力的一种重要媒介。

作为导学工具,学案对学生产生的积极影响是多方面的。一是引导学生明晰学习目标;二是有利于学生形成良好的知识结构;三是能优化学生的学习方式;四是有利于培养学生主动学习的能力;五是有利于学生学业的巩固。

作为根据课程标准和教材创编的学案,其对教师的积极影响也是多方面的:一是有利于教师确立学生是学习主体的观念;二是有利于实现教师间的智慧共享;三是有利于促进教师专业成长。

需要指出的是,学案与教案是两个不同的范畴。区分学案与教案,有利于教师们更好地理解学案的作用。具体而言,二者的区别主要表现在如下三个方面:

第一,目的不同。教案是为教师上好课做准备的,是教师"教"的凭借,它着眼于教师教什么、如何教,因此主要服务于教师"教"的活动。而学案则是为学生自学提供指导,换句话说,学案主要是以学生的学为中心,关注的是学生学什么、如何学,其侧重点在于发展学生自主获取知识的能力。

第二,性质不同。教案往往以教师为中心,它展现的是教师单边的教学活动安排,因此教案的设计具有单向性和封闭性的特点。所谓教案的单向性,是指单一的教案的设计容易在实践中导致"教师中心",容易让教师在教学过程中过多地关注"教"的行为,如内容讲解是否精彩、重点是否突出、难点是否到位等,而忽视了学生的学习主动性和自主性。所谓教案的封闭性,是指教案是教师自备、自用,是专为教师的"教"而设计的,容易忽视学生如何"学",缺少公开性和透明度,导致学生在上课前对教师的教学意图无从了解,学生上课只能是一种被动的接受,这样的教学与强调发挥学生主体性的现代教学理念相距甚远。与教案相比,学案则以学生为中心,具有互动性和开放性的特点。这是因为"学案"是建立在教案基础上、针对学生学习而开发的一种学习方案,它能让学生知道教师的教学意图和教学目标,让学生在学习过程中能有备而来,给学生以知情权、参与权。

第三,角色不同。教案是教师教的方案,因此在教案中,教师是主角,学生是配角。而在学案中,学生是主角,教师的角色则是学生学习的指导者、帮助者、合作者。


4. 学案编写的原则

(1)课时化原则

在各门学科的教材中,一些章节的内容用一课时是不能完成的,因此需要教师根据实际的上课安排,分课时编写学案,使学生的每一节课都有明确的学习目标,能有计划地完成学习任务,最大限度地提高课堂教学效益。

(2)问题化原则

学案应该将知识点转变为探索性的问题点、能力点,通过对知识点的设疑、质疑、解疑,激发学生主动思考,逐步培养学生的探究精神以及对教材的分析、归纳、演绎的能力。

(3)参与化原则

通过对学案的使用,创造人人参与的机会,激励人人参与的热情,提高人人参与的能力,增强人人参与的意识,让学生在参与中学习。

(4)方法化原则

学案中应体现教师必要的指导和要求。教师指导既有学习内容的指导与要求,又有学习方法的指导。

(5)层次化原则

将难易不一、杂乱无序的学习内容处理成有序的、阶梯性的、符合各层次学生认知规律的学习方案。学案要体现梯度,能引导学生由浅入深、层层深入地认识教材、理解教材,引领学生的思维活动不断深入。学案还应满足不同层次学生的需求,要使优秀生从学案的设计中感到挑战,使一般学生受到激励,使学习困难的学生也能尝到成功的喜悦,让每个学生都学有所得。

5. 编写、使用学案应注意的问题

(1)学案的设计要凸显学生主体

学案是为学生学习服务的,必须从有利于学生学习的角度来设计,要始终把学生放在主体地位。例如,在学案中可根据学生实际,增加"加油站"、"温馨提示"、"友情链接"等补充说明、信息提供、方法指导类栏目,以便于更好地引导学生自学。

(2)学案的类型应该多元多样

学案应根据不同的课型编制不同的学案,如新授课中的预习性学案、复习课中的检测性学案、专题性学案等。

(3)学案的内容要强调学法指导

使用学案的目的是引导学生"会学",因此学习方法的指导应该在学案的设计和使用中占有重要地位。一般而言,学法指导主要有两种常见的形式,一种是本学科特有的研究方法,例如物理学科中的实验法、观察法,数学学科中的思维建模,等等;另一种是学习过程中比较普通的学习方法,例如阅读的技巧、做笔记的方法、自主学习的方法、小组合作的技巧等。

(4)学案的使用要关注学习反思

学案要引导学生自觉地对自身的学习情况进行反思和小结。例如,在学案中,可以让学生把本节课内容进行系统归纳,梳理成网络,以便于记忆;或者引导学生对照学习目标,反思自己学习中存在的问题,等等。

---

**案 例**

## 《嫦娥奔月》学案及评析①

【设计理念】

"学案教学"就是把教师的教学目标转化为学生的学习目标,把教学过程设计成清晰的学习过程呈现给学生。课前,学生就按照学习过程进行充分的预习。课上,学生依案而学,教师凭案而导,注重学法指导,突出学生自学,重在培养学生自主学习能力和创新意识,使"教案"和"学案"一体化。教师把学习的主动权交给学生,把"教案"变成"学案",把"讲堂"变为"学堂",把"教材"变成学生自学的"蓝本",让学习成为学生"自己的事",使学生真正成为实践的主体、学习的主人,从而在与教师、文本的多元对话中逐步形成独立的、创造性的阅读能力。

---

① 王其华.《嫦娥奔月》"学案"教学设计及评析[J]. 教学与管理,2005(10).

【设计特色】

学案引领,自主阅读,开发潜能,激活创造。

【教学目标】

1. 正确、流利、有感情地朗读课文,复述课文。

2. 学会本课生字新词,理解由生字组成的词语。

3. 凭借具体的语言文字,领略课文的意境美,感受嫦娥的心地善良、舍己为民的品质。

【教学过程】

一、信息"百宝箱"——自主交流

1. 启发谈话:同学们,你们读过哪些神话故事?(让学生回顾述说)今天我们再来学习一个美丽的神话故事。(板书课题,读题)

2. 信息冲浪:通过课前搜集,你们已经搜集到哪些与课文有关的知识和信息?那就打开你的"百宝箱",亮出你珍贵的宝物,让我们来个信息汇展和资料交流吧。

(师生一起交流后羿射日、嫦娥传说、中秋节的来历等资料。)

3. 围绕课题质疑:从课题中,你最想知道什么?

(学生会提出:嫦娥是什么人?她为什么要奔月?她是怎样奔月的?结果怎样?⋯⋯)

【评析】 让学生回顾自己读过的神话故事,再交流课前搜集到的相关资料信息,然后围绕课题质疑,不仅大大丰富了学生已有的知识背景,积累了足够的知识储备,在大脑中构建起了立体的信息网络,而且激发起了主动阅读的兴趣和欲望。

二、阅读"起跑线"——自主感知

1. 按照自己喜欢的方式自读课文,要求读正确,读通顺,流利。

2. 选择自己喜欢的段落再读课文,要读出感情,读出自己的理解。

3. 检查读,展示读。

4. 讨论课始提出的问题。

【评析】 让学生选择自己喜欢的方式充分地读课文,选择自己喜欢的内容尽情地读课文,把读书的时间还给学生,把读书的方法教给学生,使学生在读中走进文本,在读中感悟课文内容,在读中增强情感体验。

三、问题"加油站"——自主质疑

1. 提问:同学们,读书贵在思考,思考重在生疑。请大家潜下心来认真读课文,看谁有一双慧眼,能有新的发现,能提出有价值的新问题?

2. 默读思考,发现问题。发现的问题可以写在书上,也可以写在自己的"学案"上。

3. 交流所提问题。教师引导学生随机解决一些简单的问题，同时梳理提炼出一些重点的问题：

(1) 后羿是怎样射日的？

(2) 嫦娥是怎样与逢蒙周旋，最后吃下仙药飞向天空的？

(3) 人们为什么非常怀念嫦娥？

(4) 你觉得嫦娥、后羿、逢蒙分别是个怎样的人？

【评析】 教育家布鲁巴克认为："最精湛的教育艺术，要遵循的最高准则，就是学生自己提问题。"在充分自读的基础上，让学生带着发现的眼睛，静下心来阅读，潜下心来思考，真正地走进文本，主动地去产生疑问，提出问题。问题是阅读的"加油站"，是理解的"催化剂"。学生有了问题，产生了认知冲突，这时的阅读才是有效的；学生自己提出的问题，最契合他的思维和实际，他才可能乐此不疲地去想办法解决它。

四、探究"智慧官"——自主探究

1. 提问：你准备怎样解决刚才提出的问题？有什么好的方法？选择你喜欢的方式自主尝试吧，可以把你对问题的理解写在文中的空白处。

2. 各小组合作研讨。

3. 师生合作品味重点句。

你认为哪些句子最值得研究，你是怎么理解的？师生合作研讨以下重点句子：

A. "后羿的妻子嫦娥，是个美丽善良的女子。她经常接济生活贫苦的乡亲，乡亲们都非常喜欢她。"

(通过练读，体会嫦娥的美丽善良，感受一下乡亲们为什么这样怀念她。)

B. "逢蒙手提宝剑，迫不及待地闯进嫦娥家里，威逼嫦娥把仙药交出来……嫦娥急步向前，取出仙药，一口吞了下去。"

(抓住对关键词语的品味，让学生感受到逢蒙的贪婪、狡诈、凶狠和嫦娥的机智、勇敢。)

C. "他焦急地冲出门外，只见皓月当空，圆圆的月亮上树影婆娑，一只玉兔在树下跳来跳去……怎么也追不上。"

(从这段话里你体会到了什么，你想怎样读好它？)

【评析】 课文中的关键句子和重点段落，就像一个个"智慧的宫殿"，等待着学生去探索。教师鼓励学生根据自己的特点，选择适合自己的学习方式，大胆地去尝试和探究，这是一次愉快的精神探险和智慧挑战。教师在关键处给予点拨和引导，使学生的学习循序渐进，步步深入，不仅深刻理解了课文的内涵，而且获得了独特的情感体验，感受到了探究的乐趣。

五、实践"大舞台"——自主发展

1. 激情读：课文中有的情节活灵活现，有的意境如诗如画，有的细节真实感人，你能通过你美妙的声音，把你最美的感受传达出来吗？

2. "激趣"演：你觉得文中哪些地方值得表演一下，和你的同伴自由表演一下吧。

3. 引导评：文中的嫦娥、后羿、逢蒙三个人中，你最喜欢谁？最佩服谁？最痛恨谁？为什么？

4. 想像写：嫦娥飞到月宫中后，后羿是怎样呼唤她的？他们两人是怎样对话的？请你发挥想象，写一个片断。

5. "激疑"问：学完课文，你又产生了什么新问题，你还想知道些什么？提出来，我们课后再查资料来研究和讨论。

6. 练习讲：课后把这个故事讲给你的父母或者小伙伴听吧。

【评析】"语文是实践性很强的课程，应重视培养学生的语文实践能力，而培养这种能力的主要途径也是语文实践。"教师以"自助餐"的形式，设计了形式多样、内容丰富的语文实践活动，让学生根据自己的爱好，自己选择活动内容，自己选择活动伙伴，自主设计活动形式，在读一读、演一演、评一评、写一写、问一问、讲一讲等生动活泼的言语实践活动中，加强了语言积累，积淀了语感经验，提升了语文素养，使语文课堂成为学生自主创造、自主发展的大舞台。

[本章主要参考文献]

1. 严育洪. 备课三字经[M]. 北京：首都师范大学出版社. 2009.

2. 赵才欣，韩艳梅. 如何备课[M]. 上海：华东师范大学出版社. 2009.

3. 曾文婕. 课堂教学设计[M]. 北京：北京师范大学出版社. 2011.

4. 朱伟强，崔允漷. 分解课程标准需要关注的几个技术性问题[J]. 当代教育科学，2010(24).

5. 郭成. 课堂教学设计[M]. 北京：人民教育出版社. 2006.

6. 吴刚平. 课程资源的理论构想[J]. 教育研究，2001(9).

7. 赵才欣. 论教材的有效研究与有效使用[J]. 上海教育科研，2008(1).

8. 余文森等. 有效备课·上课·听课·评课[M]. 福州：福建教育出版社. 2011.

9. 崔允漷. 有效教学[M]. 上海：华东师范大学出版社. 2009.

10. 鲁献蓉. 从传统教案走向现代教学设计——对新课程理念下的课堂教学设计的思考. 课程·教材·教法，2004(7).

11. 施良方. 教学原理[M]. 上海：华东师范大学出版社. 1999.

12. 吴亚萍，王芳. 备课的变革[M]. 北京：教育科学出版社. 2007.

13. 蔡慧琴，饶玲，叶存红. 有效课堂教学策略[M]. 重庆：重庆大学出版社. 2009.

14. 于永正. 个性化备课经验[M]. 北京：教育科学出版社. 2007.

15. 李斌辉. WebQuest教学模式在语文综合性学习中的运用[J]. 中国电化教育，2012(6).

# 第二章 上课：在过程中彰显智慧的力量

> 教学活动是一种复杂的、人为的和为人的实践活动，"为人"表明教学活动应具有确定性；"人为"表明教学活动具有不确定性；"复杂"表明教学活动必须在不确定性中寻求确定性。而这个过程则意味着教学活动的开展必须具有实践智慧，亦即教学智慧。
>
> ——叶澜

教学是实现教学目的的基本途径，上课是教学工作诸环节中的中心环节，是促进学生全面发展的关键。而上课又是教师工作中最复杂和核心的工作，教师应该充分发挥自身的智慧，努力追求上课的效益，追求课堂教学的生命价值，而且要使过程本身具有生成新因素的能力，具有自身的、由师生共同创造出的活力。

## 第一节 上课的内涵与特征

高效上课是多种因素"共生"的结果，不仅有赖于教师教学行为和学生学习行为以及师生互动的有效性，还受到教学环境、教学条件等多种复杂因素的影响，"教学是在复杂的环境中进行的复杂的活动，确定教学效率是一件困难的事，因为影响有效教学的因素不仅是多样的，而且是错综复杂的。"[1]

---

① Moyles. Self-evaluation：A Primary Teacher's Guide. The NFEN-NELSON Publishing Company. 1988. 97.

## 一、高效上课的内涵

何谓高效上课，对此教育界有不同的观点。我们认为，高效上课应该是教育者对课堂教学的一种价值追求，而不是某种固定的、僵化的行动模式。这是因为教学活动充满着复杂性和生成性，面对具体的学生、具体的内容、具体的情境与具体的教师，教学的方法与模式应该是千姿百态、变化无穷的。

作为一种价值追求，我们认为高效上课应该形成结构优化的课堂、生命化的课堂、自主平等的课堂、意义建构的课堂。

### 1. 结构优化的课堂

高效上课应该能够有效地处理好课堂教学中的种种复杂的关系，例如预设目标与动态生成、面向全体与促进学生个性发展、学生自主参与与教师引导、提高效率与减轻学生负担，等等。通过对课堂教学的结构进行优化，高效上课表现出高效率、高效益和高效应的特征。从时空上看，高效上课应是高效率，即花最少的时间取得最大的效果；从成果上看，高效上课应是高效益，即教学结果能使学生有较多的效益；从关系上看，高效上课应是高效应，即通过教学在师生之间的心理、人格、思维、情感等方面产生高效应。换句话说，高效上课就是师生遵循教学活动的客观规律，以最优的速度、最大的效益和效应促进学生在知识与技能、过程与方法、情感态度与价值观"三维目标"上获得整合、协调、可持续的进步和发展，从而有效地实现预期的教学目标，满足社会和个人的教育价值需求而组织实施的教学活动。

### 2. 生命化的课堂

从心理学角度去研究，课堂教学应当突现"生命"，应当为一个个生命体的发展营造温馨和谐的环境，让每个学生都能在安全、愉悦、激情中释放自己的能量。教育教学活动，从生命教育论的角度讲，就是生命体之间的情感交流、思想沟通和生命融合。时下的许多课堂充满了生硬灌输、机械训练和应试演练，教师、学生被物化、工具化、功利化，学生心理紧张、疲于应付、不堪重负，这样的课堂"效率"再高，也非优化、高效的课堂。

### 3. 自主平等的课堂

从组织结构的角度去研究，高效上课应该是形成学生自主学习、师生民主平等的课堂。在新课程改革的背景下，学生学习方式的转变成为教育界关注的一个焦点，而实施分组合作学习则是体现学生自主学习的一个关键举措。时下的绝大多数中小学课堂教学都实行了分组合作学习，整齐划一的"插秧式"组织形式已不多见了，这应当说是课堂的一种革命性变化。课堂上只要"分组",必然会逼迫教师走下讲台,穿行于各"组群"之间进行倾听和指导。教师独霸讲台、高高在上,"一言堂"、"满堂灌"的局面被彻底打破。如果进一步优化小组合作学习质量,则肯定能形成优化、高效的课堂。

### 4. 意义建构的课堂

从学习规律的角度去研究,优化、高效的课堂应当是"建构主义"的课堂。建构主义认为,知识不是被动接受的,而是由认知主体主动建构的;知识积累不是知识的简单叠加或知识的量变,而是对原有知识的深化、突破、超越和质变;树立明确的学习目标,对于学习者取得成功具有导向性作用;教师对自己的教育教学活动、学生对自己的学习活动,特别是目标达成度要经常进行反思。优化高效的课堂,关键是教师能否有效地帮助学生建构知识和能力。课堂的"容量"和"节奏"应当服务于"建构",盲目追求"大容量"、"快节奏",效果不见得好。

## 二、高效上课的基本特征[①]

### 1. 以学生发展为本的教学目标

高效上课坚持以学生发展为本的教学目标,不仅关注学生的分数成绩,更关注学生体魄的健壮、情感的丰富和社会适应性的提升,从知识和技能、过程和方法、情感态度和价值观三个维度上促进学生个体的全方位发展,使获得知识与基本技能的过程同时成为学会学习和形成正确价值观的过程。高效上课特别注重教学目标和学生发展的全面性、整体性和协调性。"三维目标"是一个完整、协调、互相联系的整体。在上课中,不能先完成了一维目标再落实另一维目标,而是要注重三维目标的整体性和协调性。因此,高效上课要求教师树立教学目标的整体结构观念,全面实现三维目标,使教学目标价值的实现统一于同一教学过程中,从而充分实现教学的基本价值,促进学生全面和谐的发展。

### 2. 预设与生成的辩证统一

有效教学既是预设的,又是动态生成的,是充分预设与动态生成的辩证统一。预设是生成的前提和基础,生成是预设的超越和发展。上课是有目标、有计划的活动,预设是上课的基本要求。上课如果只讲"动态生成",而抛弃了应有的"预设",或者远离教学目标地想干什么就干什么,学生想到哪儿教师就跟到哪儿,那么这种上课实际上就是在开无轨电车,是无效的动态生成。同样,只讲预设,没有动态生成,不能根据教学实际作出灵活的调整和变化,就难以满足学生的学习需求,促进学生的发展。所以,高效上课必定是预设和生成和谐、辩证的统一。

---

① 参考宋秋前.有效教学的涵义和特征[J].教育发展研究,2007(1).

### 3. 教学有效知识量高

教学实践表明,教学的有效性取决于教学的有效知识量。所谓教学的有效知识量,是指教学中学生真正理解并有助于其智慧发展的知识,是能提高学生有效知识的知识。上课高效性的法则就是上课的效果取决于上课的有效知识量。如果上课的有效知识量为零,则上课效果也为零,此时,教学内容不论如何正确、科学,都属于无效上课。任何知识,就其存在的价值,从发生学意义上讲,都是有效的、有价值的,但是,从教学论意义上讲,教学知识可分为有效知识和无效知识两大类。科学的教学内容如果传授方法不当,不能与学生的认知结构发生实质的、有机的联系,上课的效果仍然可能很差,甚至出现负效。上课效果取决于教学的有效知识量,而不是上课传授知识的多少,以及上课时间的长短。

### 4. 课堂生态和谐平衡

当代教育生态学研究表明,只有当整个教学生态系统处于动态、和谐和平衡时,上课才能高效优质地实现促进学生全面进步和发展的目标。主要表现在,一是教学方式结构的和谐平衡。一个有效教学的教学方式结构,常常表现为各种教学方式的和谐、平衡地运用,而不是把各种教学方式割裂开来。二是教学思维结构的和谐平衡。在上课中科学地把逻辑思维与直觉思维、演绎思维与归纳思维结合起来,使教学思维清晰有序、和谐平衡,改变教学思维方式单一、片面的现象,是提高教学有效性的重要途径,也是有效教学的基本特征。三是教和学的和谐平衡。有效的教学既有赖于教师的优教,又有赖于学生的优学,二者和谐才能提高教学的有效性。四是课堂环境的和谐平衡。课堂环境直接关系着学生对教学和教师的情感与态度体验,是影响课堂教学有效性的重要因素。

### 5. 学生发展取向的教师教学行为

主要表面在:一是教师变"牵着学生走"为"跟着学生走",教师的主导作用与学生的主体作用相互融洽、相得益彰。二是把思维过程还给学生,真正把课堂学习的权利还给学生,把学生的自主学习和教师的指导帮助在教学过程中有机和谐地统一起来,提高教学的有效性。三是变教教材为用教材教。

### 三、高效上课的实施点

可从以"学"为中心的学习设计和体现新课程理念的教学行为两方面来分析,确定高效上课的若干实施要点。

(1)用好教材资源是高效上课的基本点:灵活使用教材,积极开发学习资源(包括媒体资源)是高效上课的基本要求。

（2）了解学情是高效上课的立足点：要了解学情，才能以学定教，以学定教是高效上课的立足点。

（3）设计适切目标是高效上课的落脚点：学习目标是学生通过学习活动要达到的预期的学习结果，也是教师教学最后要落实的结果。目标过高，则难以通过教学达到；目标过低，则在教学中学生会感到没味道。所以，目标的设计要适切，要切合学生的实际。

（4）改变学习方式是高效上课的着力点：改变学习方式是新课程改革的重要任务之一，也是实现高效上课的重要任务之一。改变学习方式，关键是改变教学方式，改变教学观念。

（5）优化"讲练"策略是高效上课的效益点：所谓"讲练"策略就是"精讲精练"策略，它是一种提高课堂教学效益、减轻学生过重课业负担的教学策略。

（6）引导帮助学生是高效上课的支撑点：在教学关系上，师生互动中的教学行为应主要表现为：引导与帮助。用"引导"与"帮助"的有效互动，来支撑学生的学习，使之实现高效上课。

（7）教与学的和谐是高效上课的关键点：教与学的和谐，主要是师生之间的和谐，教师尊重与赞赏学生是建立和谐师生关系的关键。

（8）缩小个体差异是高效上课的平衡点：高效上课主要是指对全体学生教学有效，要让不平衡逐步趋于平衡。

（9）善于处理动态生成是高效上课的关注点：在课堂中，教师应根据学情的变化，随机调整教学的程序，增加或减少教学的环节，学习目标和重点、探究的主题可在生成中随机升降，也可在生成中替换。

（10）坚持教学反思是高效上课的生长点：教师自己审视自己的教学，反思自己的教学，质疑自己的教学，找出教学低效或无效的问题，进行研究，最终可生长出新观念、新教法、新措施，使原来的教学走向高效上课。

## 第二节　上课的行动策略

在上课的过程中，教师是学生学习活动的"引起、维持和促进者"。教师教的行为能够引起、维持并促进学生的学习行为，对学生学习产生直接影响。因而如何提高上课的有效性，需从提高教师教学行为的有效性入手。教学行为是教师在课堂上直接针对具体的教学目标与内容而采取的专业行为。

### 一、课堂讲授的优化策略

讲授法是最古老的教学方法，也是古今中外教学活动中最基本、最传统的教学方法，即使在教育和教学手段高度现代化的今天，讲授法在课堂教学活动中依然应用得最频繁、最普遍。

讲授法是教师运用语言,系统地向学生传授知识、发展智力、陶冶思想的方法。它主要通过叙述、描绘、解释、推论等引导学生了解现象,感知事实,理解概念、定律和公式,从而使学生认识问题、分析问题、解决问题,并促进学生智力与人格的全面发展。讲授法具有效率高、成本低、能较好地发挥教师的主导作用、保证知识的系统性等优点,同时讲授法也存在不易调动学生主动性、积极性,无法照顾学生的个别差异性等局限。由于新的教学方式的不断出现,以及教师对"讲授"和"对话"以及学生自主学习之间的关系存在误解,致使有些学校和教师谈"讲"色变,在课堂中不敢大胆地运用讲授法。事实上,教师在课堂上应该注意的是讲什么,以及如何讲,即提高讲的艺术性,而不是不能使用讲授法。教师的讲授过程是教学内容的思想性与讲授的艺术性相结合的过程。教师要有讲述(讲事)的技能、讲解(讲理)的技能、讲读(范读)的技能和讲演(讲座)的技能。

### 1. 精选讲授的内容

讲什么是讲授首先要关注的问题。教师应在讲授前精选内容,一般来讲,事实性知识,特别是在某些知识(如时事、学科的最新发展、研究的前沿状况等)不可能很快地从印刷品或其他形式的媒介中得到的情况下,讲授教学的优势就很明显了。教学中所要传授的知识,应当是在人类目前达到的认识水平上已成定论的可靠知识,因此,教师讲授的内容应该是准确无误的、经得起实践检验的知识。为此,教师要以教材内容为依据,认真钻研、深刻领会知识的实质,精心加以选择。

### 2. 利用先行组织者策略

学习是有意义的还是机械的,主要看其能否满足有意义学习的心理过程和条件。影响学习的唯一的最重要的因素是,能否建立起新旧知识之间的联系。先行组织者策略运用到讲授中,就能建立起学生新旧概念之间的联系,使新旧知识在学生头脑中相互作用,并建立新的认知结构(即发生"同化"),这时的讲授就不会造成学生机械地学习;反之,如果教师脱离学生的学习动机与原有的知识结构,以"本"为本,单方面地向学生进行知识灌输,讲授教学就可能成为填鸭教学。比如,在进行"平行四边形"概念的教学时,如果教师只是单纯地告知学生平行四边形的定义,那么学生也只记住了相应的定义,而并不理解它真正的涵义,学生的这种学习就是机械的。如果教师能在学习平行四边形的概念之前向学生介绍一些他们已熟悉的与平行四边形相关的各种各样的图形("先行组织者"),并与学生一起对他们的心目中已有的"平行四边形"加以改造,从而确定平行四边形的科学概念,进而理解并融会贯通,那么学生的这种学习过程是一个积极主动的心理过程,是有意义的学习。因此,教师只有在学习材料与学生原有的认知结构之间搭起"桥梁"和"脚架",才能有效地促进学生积极主动地学习。也只有这样的讲授,才是有意义的。

### 3. 提高讲授的形象性

教师要确保讲授的语言清晰、鲜明、准确、生动，尽量做到深入浅出、通俗易懂、快慢适度。要增加讲授的情感色彩，以情激情是教师提高讲授效率的策略和艺术。教师通过充满情感色彩的语言和趣味十足的内容向学生传授知识，声情并茂，不仅能够打动学生的心灵，而且能够使学生获得充分的情感体验，使客观的知识增加了情感色彩和个人意义。还可充分利用教师的体态语言作为讲授的配合补充，做到一举手、一投足都能与讲授相得益彰。另外，还可以在讲授新知时注重利用实物、模型、图片等教具，将抽象的内容具体化、形象化，提高学生的感性认识；或者利用多媒体提供丰富的声音、图像等多种信息辅助，使讲授突破时空限制，将抽象的概念具体化、形象化、趣味化；或者将内容在表述上作有利于讲授的转化，例如运用比喻、口语化的讲授，将内容联系到学生的实际生活中，使学生对内容有亲切感。高效的讲授应该深入浅出，具有感染力，有针对性、启发性，甚至也需要必要的"废话"来烘托气氛。如果教师在讲授中使学生"如临其境"、"如见其形"、"如闻其声"，能够引起学生的共鸣，那么讲授的效果必定是很好的。

### 4. 适时讲授

在教学实践中，一些教师常常不顾学生的学习心理，试图把一切知识一次性地教给学生，这种一厢情愿、滔滔不绝地讲授，成了"注入式"教学。教师的讲授要充分考虑学生的最近发展区，要以学定教。教师讲什么、怎么讲，要根据教学的实际情况来确定。讲是开放的、生成的，要在教学过程中不断地加以调整。对于学生已经掌握或能通过自主与合作学习掌握的内容要少讲或不讲，对于与学生认知水平相距过远的内容可以以后再讲。叶圣陶先生说，教师所讲述的只是学生想要"领悟"而"领悟"不到、曾经"研究"而"研究"不出的部分。因此，教师的讲授要适时，要做到"该出手时才出手"，要抓住学生的疑惑点，画龙点睛，讲出精华，讲出情感，讲出精彩。适时还包括对讲授时间的适当控制，否则容易出现"满堂灌"的局面，学生的注意力和兴趣也会大大降低。依据学生的心理特征，一般来说，在45分钟的课堂上，讲授最好在25分钟左右或者更短，而且要在讲授一些知识点之后给予学生一些时间，让学生回头想想，相互提问和辩论，或者询问教师等，以便学生加工和理解新知识。

### 5. 对话性讲授

澳大利亚学者迈特卡夫和吉姆说，当学生呼唤教师进行更正式的信息讲授的时候，该讲授本身就是展开对话的时刻。对话性讲授的特点是结合问题进行讲授，改变了教师直接告诉学生概念、原理的"直接教学法"。也就是说，教师不是"直接告诉"，而是在讲解之前和讲解过程中抛出一些问题，通过恰当而有趣的"疑问"，引起学生的好奇和探究心理，激发他们的思维，使师生的思维产生碰撞。随着学生对问题的思考，和对答案的寻求，学生的自主学习能力也慢慢提高了。尤其重要的是，这种对问题的思考可以为理解教师即将讲授的内容提供前理解，并促进学生更好地接受教师即将讲授的内容。另外,对话性讲授中教师的讲授旨在邀请学生对话。教师讲授的内容,不是要学生记住的东西,而是邀请学生对话和质疑的内容。教师所激起的学生的问题、质疑、联想越多,教师的讲授就越成功。

## 二、课堂问答的生成策略

上课中,师生必须进行对话交流。对话交流能够促进学生对教学内容更深刻地理解和把握,是师生心灵情感的沟通,是对教学效果的反馈。师生问答是对话交流最主要的方式。师生问答就是教师提出问题请学生表达自己的观点,并在学生观点的基础上再提出新问题。学生也可向教师提出疑问,就某一问题共同探讨,学生对问答的进程和方向有较多的支配机会。这里我们主要探讨教师的问和教师的答两个环节。

1. 课堂提问的生成策略

(1)掌握不同类型发问的特点,根据知识的类型、教学目标及学生的特点选择不同的发问方式

① 知识性提问:知识性提问是考察学生概念、字、词、公式、法则等基础知识记忆情况的提问方式,是一种最简单的提问。对于这类提问,学生只需凭记忆回答。一般情况下,学生只是逐字逐句地复述学过的一些内容,不需要自己组织语言。简单的知识性提问限制了学生的独立思考,没有给他们表达自己思想的机会。因此,课堂提问不能局限在这一层次上。在知识性提问中,教师通常使用的关键词是:谁、是什么、在哪里、什么时候、有哪些、写出等。

例:教学"平行四边形面积"时,教师可先提问:矩形的面积公式是什么?

② 理解性提问:理解性提问是用来检查学生对已学的知识及技能的理解和掌握情况的提问方式,多用于某个概念、原理讲解之后,或学期课程结束之后。学生要回答这类问题就必须对已学过的知识进行回忆、解释、重新组合,对学习材料进行内化处理,组织语言,然后表达出来,因此,理解性提问是较高级的提问。学生通过对事实、概念、规则等的描述、比较、解释等,探究其本质特征,从而达到对学习内容更深入的理解。在理解性提问中,教师经常使用的关键词是:请你用自己的话叙述、阐述、比较、对照、解释等。

例:你能说出水污染对人类的生存有什么影响吗?

你能说明两次国共合作的历史背景有什么不同吗?

③ 应用性提问:应用性提问是检查学生把所学概念、规则和原理等知识应用于新的问题情境中解决问题的能力水平的提问方式。在应用性提问中,教师经常使用的关键词是:应用、运用、分类、分辩、选择、举例等。

例:运用所学的历史知识分析陈胜、吴广农民起义的起因。

运用所学过的面积公式,计算你家里的面积。

④ 分析性提问:分析性提问是要求学生通过分析知识结构因素,弄清概念之间的关系或者事件的前因后果,最后得出结论的提问方式。学生必须能辨别问题所包含的条件、原因和结果及它们之间的关系。学生仅靠记忆并不能回答这类提问,必须通过认真的思考,对材料进行加工、组织,寻找根据,进行解释和鉴别才能解决问题。在分析性提问中,教师经常使用的关键词是:为什么、哪些因素、什么原理、什么关系、得出结论、论证、证明、分析等。

例:《詹天佑》一文讲解后,可设计这样一个问题:本文写詹天佑修筑京张铁路的事迹,表现了他是一个爱国工程师,为什么却用很大篇幅写帝国主义的阻挠和自然条件的恶劣,这与文章表现的主题有什么关系?

⑤ 综合性提问:综合性提问是要求学生发现知识之间的内在联系,并在此基础上使学生把教材内容的概念、规则等重新组合的提问方式。这类提问强调对内容的整体性的理解和把握,要求学生把原先个别的、分散的内容以创造性的方式综合起来进行思考,找出这些内容之间的内在联系,形成一种新的关系,从中得出一定的结论。这种提问可以激发学生的想象力和创造力。在综合性提问中,教师经常使用的关键词是:预见、创作、假如……会……、如果……会……、结合……谈……、根据……你能想出……的解决方法、总结等。

例:假如《项链》中的玛蒂尔德没有把项链弄丢,你推测舞会后她的生活会发生变化吗?会有什么变化?

⑥ 评价性提问:评价性提问是一种要求学生运用准则和标准对观念、作品、方法、资料等作出价值判断,或者进行比较和选择的一种提问方式。这是一种评论性的提问,需要运用所学内容和各方面的知识和经验,并融进自己的思想感受和价值观念,通过独立思考才能回答。它要求学生能提出个人的见解,形成自己的价值观,是最高水平的提问。在评价性提问中,教师经常使用的关键词是:判断、评价、证明、你对……有什么看法等。

例:通过《项链》这篇文章,你怎样看待法国各阶层人民的生活?

你是赞成这个结论还是反对这个结论?原因是什么?

(2)问题陈述要清晰、连贯

教师在设计问题时,对所提问题须仔细推敲,不仅要考虑问题与教学内容的关系,还要考虑学生是否能理解和接受、使用的措辞是否恰当、表达是否准确等。某一具体问题,对于教师来说可能是要表达一个概念或知识,但对于学生而言,却可能会导致其误解题意或概念。如,教师问学生"孔乙己是个什么人",学生回答"男人"或"喜欢喝酒的人",这显然并不是教师所满意的答案。此外,发问时还要注意语速。对于简单、低级的提问,可以用较快的速度叙述;而高级的问题,除应有较长时间的停顿外,还应仔细、缓慢地叙述,以使学生对问题有清晰的印象。

(3)问题形式可灵活、新颖、多变

提问的方式有直问、曲问、逆问、比较问等,教师不应一成不变,可根据具体情况变通运用,使问题能够激起学生的兴趣,促其思考和回答。例如,钱梦龙老师教《愚公移山》,要考查学生对"愚公年且九十"、"邻人京城氏孀妻有遗男"的理解,他就发问:"愚公九十几岁?""邻居小孩去帮助愚公移山,他父亲同意吗?"不直问而曲问,显得兴趣盎然。

（4）优选问点,把握发问时机

所谓问点,就是指讲授教材时提出问题的切入点。一般来说,问点应选在知识的重点、难点和关键之处,如新旧知识的衔接处、转换处,以及容易产生矛盾和疑难的地方。同时还应注意发问的时机。从教学过程来说,课始、课中、课尾都是发问的好时机。因此,有的教师提出,复习旧知识时,应问在学困生易获成功处;传授新知识时,应问在知识迁移处;巩固练习时,应问在学困生易错处。

此外,发问不能过难,这样问题会只面向少数尖子生;也不能过易,这样的话连后进生不动脑筋都能回答了。

---

**案 例**

### "牵一发而动全身"的提问[1]

师：此时此刻,春风徐徐吹来,大家想象一下,还会有哪些春景进入诗人的视线呢?

生：可能还会有桃红柳绿,莺歌燕舞。

生：还会有滚滚向前流去的长江水。

师：是啊,春来江水绿如蓝。

生：还有小桥、流水、人家。

生：可能会有一些酒店,还有那种酒旗,不是有"水村山郭酒旗风"这样一句诗吗?

生：还可能有很多鲜花,以及很多蝴蝶飞来飞去。

师：呈现在诗人眼前的应是一片生机勃勃的景象,可我不明白,他为什么偏偏吟出"明月何时照我还",而不是"黄莺何时伴我还",或者其他的"江水"、"桃柳"等景物? 你们明白吗?

（学生面面相觑,一时无语）

生：老师,"举头望明月,低头思故乡"。

师：明月和故乡之间有什么联系呢?

生：明月代表了思乡之情。

师：哦,是吗? 你们还知道哪些借明月来抒发思乡之情的诗句呢?

生：露从今夜白,月是故乡明。

---

[1] 林志娟."牵一发而动全身"的提问[N].教育时报,2010－03－03.

生：海上生明月，天涯共此时。

生：小时不识月，呼作白玉盘。

生：野旷天低树，江清月近人。

生：举杯邀明月，对影成三人。

师：大家说得真好！明月千里寄相思。在古代人的心中，月亮是一种意象、一种象征。它在人们的心中，已不仅仅是月亮，它还是——？你们知道它还是什么？

（学生略加思索）

生：它还是游人思乡的心。

生：它还是一个圆，喻示团团圆圆。

生：它是团圆的符号。

生：它是明亮的灯火，照亮游子回家的路。

师：月圆人团圆。月亮成为游子心底永恒的情结，成为诗人笔下不尽的主题，成为中国文化中一种浪漫的存在，这就是月亮上的乡愁。所以，诗人王安石看到"春风又绿江南岸"时，情不自禁地吟出——

生：明月何时照我还。

师：明月——

生：何时照我还。

师：明月何时——

生：照我还。

教师反思：从教以来，已是第四次教这首诗了。之前一直是在学生熟读理解古诗之后，将品读的着眼点落在一个"绿"字上，通过换字来体悟王安石的用字之妙。当然，这也没什么大碍。但是，细细思量，总觉得有些支离破碎，失去了意境的整体美，失去了直沁人心的文学之"浸染"。此次，我灵光一闪，打破常规，让学生想想为什么在万千春景中，诗人独钟情于月亮，只想让月亮伴他还乡？这个问题起到了"牵一发而动全身"的效果，学生的表现让我欣喜异常。月亮深邃的意境及丰富的内涵在学生你一言我一语中慢慢明晰起来，诗意横生，意境悠远。就这样，学生在不知不觉中对月亮的认识从具体到抽象，由感性上升到理性，思维从模糊趋向清晰，而至真真切切地走进诗人的内心世界，感受着古诗所蕴涵的情怀。

风生水起，水到渠成……月亮上的乡愁自然而然地弥漫在教室的上空，弥漫在每个学生的心头。

2. 课堂应答的生成策略

(1) 给学生尽可能多且均等的机会回答问题，调动学生学习的积极性

一般来说，回答问题中教师应该尽可能地让每一个学生都感到大家是平等的、受到尊重的，

都是有机会参与到问题的解决中来的。教师可以按固定形式叫答,或者把班级分成小组,小组里的学生共同商议答案,教师随机请各小组的某一个学生来回答。

(2) 根据学生个性特点,有针对性地叫答

根据对问题的理解程度和回答的积极性,课堂中有这样四类学生:理解能力强、能积极回答的学生;理解能力强、被动回答的学生;理解能力弱、积极回答的学生;理解能力弱、被动回答的学生。对于这四类学生,教师可分别处理,见表2-1。教师必须细心观察班级里谁在积极参与活动,谁对参与活动不感兴趣。对不愿参与的学生要调动其积极性;对不善于表达思想的学生要给予锻炼的机会;对学习不好的学生要让他们先回答比较简单的问题,不断地给予鼓励和帮助,使他们逐渐地赶上去。最后,要特别注意坐在教室后面和两边的学生,这些区域常常被教师忽视。

表 2-1　回答问题的学生类型与教师的处理办法①

| 学生类型 | 学生特点 | 教师处理误区 | 教师正确处理的方法 |
| --- | --- | --- | --- |
| 理解能力强、能积极回答 | 学习好,善于发表见解,在教师提出问题后很快要求回答,并能正确回答 | 对他们关注较多,乐于让他们回答问题 | 可利用他们活跃课堂气氛,起到回答问题的带头作用 |
| 理解能力强、被动回答 | 学习好,但不愿在众人面前表现自己,不积极回答问题 | 注意较少 | 注意鼓励措施的运用,如"你对这个问题的回答非常好!请全班同学向他学习",培养其回答问题的积极性 |
| 理解能力弱、积极回答 | 学习较差,善于表达并积极举手回答问题,但不能正确回答 | 注意较多,但讨厌其总是错误回答问题 | 引导其进一步对问题进行思考,如"从另一个角度,你再看看这个问题",但不要挫伤其积极性 |
| 理解能力弱、被动回答 | 学习较差,不善于表达且不举手回答,或根本不想回答 | 注意最少,基本遗忘这些学生 | 给一些较容易的问题,通过其正确回答,以正反馈的方式培养其积极思考以及回答问题的兴趣 |

另外,还可以根据教学内容和学生的身心特征,有针对性地叫答。有些问题,如语文教学中的朗读等,如有可能,可以让学生分角色朗读或表演。对有些问题,如果牵涉到的内容与某些或某个学生有联系,或者有相近、相似的地方,要注意有针对性地提问,以唤起他们对相关事情的回忆,引起他们的切实感受。但需要指出的是,教师切忌根据个人偏好偏向某些学生,或将采取叫答的方式作为惩罚某些学生的手段。

(3) 根据学生不同的回答,采取相应的处理对策

① 对于学生迅速而坚定的正确回答,首先要表示肯定,如点头,说声"对"、"是的",并重复学生的回答。其次在必要时要给予表扬,或对正确的回答作进一步解释,或者追问一个问题,以了解学生是真正理解,还是在"背答案"。

---

① 皮连生. 教学设计——心理学的理论与技术[M]. 北京:高等教育出版社. 2000,p152.

② 当学生表现出犹豫不决时,教师也要先对先前的回答予以肯定,如说"对"、"是的",而后解释回答正确的理由,或答案得来的具体步骤。这可以帮助回答者本人和班里的其他学生加深对正确回答的理解。

③ 对于学生不完整或部分正确的回答,教师首先要肯定回答正确的部分,而后探问学生,向学生提供回答线索,或对问题重新措辞。如果学生仍不能得出完整答案,则要转问其他学生,或教师自己提供答案。

④ 对于学生不正确的回答,教师在采取具体措施前先要弄清造成这种情况的原因。如果明显是由于粗心或口误而造成的回答错误,教师可直接指出并纠正学生的错误,继续教学。对由于缺少知识或对知识不理解而造成的回答失误,教师可依次采取探问、转问和重新教学等方式,以便学生作出正确的回答。探问的形式可以是就同一问题改变发问角度,或把原来的问题化解为几个小问题逐一发问,或运用比喻来启发、诱导,或问有利于回答原问题的一个新问题等。在学生有了正确回答之后,教师一定要向全体学生再次明确正确答案。

⑤ 学生不回答,即超过教师候答时间限度而学生仍不能回答教师发问时,教师应弄清造成这种情况的原因,及时处理,否则将威胁课堂教学的连续性。学生不回答的原因可能是知识欠缺、问题本身模糊或心理恐惧等。如果是由于知识欠缺而不能回答问题,教师可采取探问的方式简化问题,或帮助学生弥补所缺知识,最后获得正确回答;如果问题本身模糊,学生茫然不知所问,教师就要改进问题本身,使原有问题明朗化;如果有些学生怀有恐惧心理,害怕回答错误被教师批评或同学嘲笑,以拒绝回答来对付教师发问,教师则可以针对这些学生的实际水平,问一些他们能成功回答的问题,增强他们的自信心,课下还可以对他们进行心理疏导。

⑥ 当学生的回答超出了教师预设问题的答案时,教师的理答技能就显得更加重要。

**案 例**

一位资深教师上公开课,正教学"武"字的写法时,一学生突然举手发问:"老师,为什么武字没有多一撇呢?"这可把在座的听课者难住了。只见执教老师稍作停顿后,风趣地说:"武,本身就是与打有关的意思,如果多一撇的话,那就是被砍了一刀,恐怕就活不成了。"

【评析】 这个教师具有丰富的对突发事件的理答技能,镇定自若,回答得天衣无缝,而又风趣幽默。

(4)把握有效表扬和无效表扬的特征,慎重表扬学生

在当前课堂教学中,无论学生如何回答,很多教师都给予表扬肯定,但有时表扬是无效的,反而适得其反。教师表扬学生应采取慎重态度,并非所有的表扬都有利于学生的学习。一般来说,被表扬的行为越具体,效果越好;对依赖性强、易焦虑的学生的表扬效果好于对自信学生的表扬。

表 2-2　有效表扬与无效表扬的比较①

| 有效表扬的特征 | 无效表扬的特征 |
|---|---|
| 依具体情况给予表扬;表扬学生工作的特定方面;注重学生的成就,表扬也依成就不同有变化;只奖励特定行为表现标准(包括努力)的达成;告诉学生他们的能力和成就的价值;引导学生正确评价自己与学习活动有关的行为,多考虑如何解决问题;以学生自己原有的成绩为背景描述他现在的成绩;学生在完成困难的学习任务时,付出很大努力或取得成功,则给予表扬;把成功归因于努力和能力,暗示将来仍有希望取得类似的成功;鼓励内源性归因(学生认为他们是因为喜欢学习或想提高与学习任务有关的技能才付出努力的);把学生的注意集中在与其学习任务有关的行为上;鼓励教学过程之后与学习任务有关的行为 | 很少或无规则地给予表扬;表扬学生一般化的积极反应;不注重学生表现,表扬缺少变化;只奖励参与,而不考虑行为结果;不告诉学生任何信息或只告诉他们在班内的位置;引导学生与别人比较,更多地考虑竞争;以学生同伴的成绩为背景描述他们现在的成绩;把成功只归因于能力或运气、学习任务容易等外部因素;鼓励外源性归因(学生认为他们是由于外部原因——取悦教师、在竞争中获胜以赢得奖赏等才付出努力的);把学生的注意集中在控制他们并作为他们外部权威的教师身上;介入进行中的教学过程,使学生不能专心于与学习任务有关的行为 |

### 三、课堂情境的创设策略

情境创设已成为新教学模式的一个显著特征,以情境为基础的教学有利于激发学生的学习动机和探索欲望,能促进课堂教学的有效性。

#### 1. 课堂情境创设的内涵意义

教学情境是指在课堂教学中,利用具体的场所(教室环境——教具、学具布置)、景象(教学内容——知识的内在本质)、境况(学生心境——兴趣、心理向心力)等,来引起学生的情感体验,解决学生认知过程中的形象与抽象、实际与理论、感性与理性,以及旧知与新知的关系和矛盾的师生互动关系的载体。教学情境可分为提供具体活动的场景和提供学习资源的意境两类情境。教师利用一定的手段和方法,为学生创设有意义的教学情境,帮助学生自主探究知识、建构意义的各种行为方式即为创设教学情境。情境教学具有情境意识、个别差异和学习分析等要素。情境创设的意义在于:

(1) 促进知识迁移

过去,我们往往是在课堂通过纸笔来学习,学到的知识又是只能通过纸笔去解决试卷中的问题,离开了课堂就往往不能运用所学知识。通过情境认知,能使学生意识到思维中的疑难困境及产生背景,并能揭示真实的生活情境在学习中的内在意义,从而促进知识的迁移。

(2) 促进真实学习

学校学习往往脱离真实的学习,将知识获得与知识应用割裂开来。这种状况不仅易于使得

---

① J. Brophy(1981): Teacher Praise: A Functional Analysis. *Review of Educational Research*. 51,pp. 5-32.

知识成为"惰性知识",而且往往使得这种脱离真实世界的知识获得的过程本身也失去学习与探索应有的乐趣。"学不至于乐,不可谓之学",学生在学校大多是在"受教育",而不是学习。情境可以使学生处于一个真实的学习环境,从而真实地学,乐意地学。

(3) 有利于主体性建构

置身于情境中,学生能够体验到知识获得过程的乐趣,所以往往能激发出探究的愿望、解决问题的热情与责任感,这些学习的动力资源促使学生主动寻找、确证、评价,甚至开发信息要素,自主建构认知的路径。这种路径是个性化的、独特的。

2. 当前课堂教学情境创设的误区

课程改革以来,教师们都注重在课堂创设学习情境,促进高效教学,但是,情境创设中存在的问题也比较多。[①]

(1) 主观臆造,脱离生活实际

**案 例**

南方一所学校,该地从未下过雪,有老师在上语文课《济南的冬天》时放了下雪的视频,然后让学生体会课文的关键句子——"响晴",结果学生都无动于衷。

【评析】 学生从没见过雪,而且只能从字典中知道"响晴"的意思,而教师创设这样的情境,显然脱离了学生生活实际,不能引发学生去品味词语。创设情境应从学生"熟悉"的生活知识出发,越"接近"学生,越能激起学生兴趣。

(2) 追求"儿童化",不顾年龄特征

**案 例**

教师教学八年级英语"shapes"的内容时,先出示 square、triangle、circle 的图形及单词,并在每个图形旁边配学生喜欢的动画人物:小新、小丸子、机器猫等。然后教师点击鼠标,出示正方形,问:what shape is it? 学生回答:小新。教师又点击鼠标,出示三角形,问:what shape is it? 学生回答:小丸子。

【评析】 情境创设不仅要考虑其形象性、生动性的特点,同时也要考虑到学生的年龄特征及数学思维的发展特点。小学低年级情境的创设,应尽可能地选择学生所喜爱的童

---

① 丁大秋,李辉. 情境创设应富有理性[J]. 小学教学研究,2004(10).

话故事、谜语等。到了高年级,就应从学生的现实生活中取材,注重形象性和抽象性的有机结合,以提高学生解决实际问题的意识和能力。

(3) 追求趣味性,远离了课程内容

**案 例**

教师在讲授《传统文化的继承》时,为了引出正确对待传统文化的态度,让学生在课堂上表演了情景剧:校长抓住爬墙外出的学生,校长:"我的地盘听我的!"学生:"美特斯邦威,不走寻常路!"

【评析】 情景剧活跃了课堂气氛,增加了趣味性,但是引用的广告语与课程内容无任何关系,起不到情境创设的本意。

(4) 追求热烈,情境流于形式

**案 例**

有教师在上课中为鼓励学生竞争学习,模仿湖南卫视的《快乐大本营》,将学生分成红黄蓝几对,学生不断粉墨登场,课堂充满尖叫。

【评析】 为了激发学生的学习兴趣,很多教师都比较注重创设情境。于是乎,课堂上又唱又跳;又是辩论又是课本剧表演;再加上集声、光、影于一体的多媒体课件演示,着实让人眼花缭乱。表面上,生生、师生之间互动热烈,课堂上一片繁忙景象。事实上,这些活动并不一定有利于教学目标的达成,情境创设更多地流于形式。

3. 教学情境创设的方法

(1) 拓展教学情境的类型

教学情境可以是多种多样的。例如:借助实物的图像创设教学情境;利用语言创设教学情境;利用模型、标本、卡片创设情境;从知识与社会、生活的结合点入手创设情境;利用新旧知识之间的矛盾创设情境;利用实验创设情境;利用多媒体创设教学情境;以故事、游戏创设情境;以学生活动、实践创设情境等。

(2) 针对课本内容创设情境

这类情境的创设要紧扣课程标准,情境中的问题要能把教材各部分内容联系起来,并能延续和扩张到其他内容要点。通过对情境中问题的探索、发现,能系统地、整体地把握教材的内容,掌握前人已经认识的世界。围绕课本内容设计的问题情境如果是封闭性的、有固定答案的,由于要求学生的思维向某一固定方向发展,因此相对来说比较简单,设计也相对容易一些;如果设计的是需要学生从不同角度对问题作出自己解释的、开放性的、没有固定的准确答案的,就需要教师花费更多的精力,对问题情境作多方面的思考。

(3) 针对现实社会生活创设问题情境

这样创设情境涉及学生的已有经验,还包括对未知知识的探求和新经验的拓展,因此要求学生通过像科学家探求新知一样去解决现实问题,参与知识的创新。如果设计了模拟现实的问题情境,就要使模拟尽可能真实。建构主义认为,只有接近真实生活的学习内容,才有助于学生对知识的意义有真正深刻的理解,才有助于学生用真实的方式去应用所学的知识,以解决现实世界的问题。

4. 教学情境创设的操作要素

情境教育的集大成者李吉林老师曾将情境创设的操作要素概括为五条。

(1) 以"情"为纽带

情境创设要以情为纽带,缩短师生、课堂和学生、教材和学生的心理距离,做到教师与学生之间,真情交融;教材与学生之间,引发共鸣;学生与学生之间,学会合作。

(2) 以"思"为核心

教师倾注期待,使学生在最佳的心理状态下积极思维,启迪想象,激活右脑,在宽阔的思维空间中提高悟性。情境教学追求的不仅是在审美的乐趣中让学生有情有趣地感知教材,而且还要在此过程中,竭力发展学生的创造才能。同时,结合实践,在有情有趣的学科活动中,将创新能力的培养落到实处。

(3) 以"儿童活动"为途径

将活动融入课程,以求保证;活动结合能力训练,以求扎实。在教学活动中让学生活动,并不是追求形式的生动,而是让学生通过自身的活动,充实教学内容,丰富教学形式,让学生在乐中学,趣中学,动中学,做中学。将活动贯穿于教学过程,不能游离于教学内容外,而要突出教材重点,针对教材特点,突破教材难点,具有鲜明的学科特点,与能力训练相结合,从而加强基础。

(4) 以"美"为境界

以美为突破口,实际上就是从美着手,也就是我们从教学内容、教学手段、教学语言三方面思考。具体地说,显现美的教学内容;运用美的教学手段;运用美的语言。以美为境界,从美着手,从而让学生感受其美,理解其美,热情地创造美,最终达到教学的完美境界。

(5) 以"周围世界"为源泉

周围世界,其实就是"境"。境来自于大自然和丰富的社会生活。学生渐次认识大自然、社会生活,以自然、生活潜心启迪智慧。在引导学生认识周围世界时,有机渗透思想教育、道德教育以及美的熏陶。

### 四、课堂的管理策略

课堂管理是教师通过协调课堂内的各种人际关系以及相关要素,有效地实现预定教学目标的过程。课堂管理是高效教学的一部分。它具有促进和维持两个主要功能,促进和维持课堂的内部组织,改变内部发生的问题和外部施加的压力,形成能动的稳定性,即能在不断变化的条件下,保持平衡状态。

1. 课堂问题行为的管理策略

问题行为是比较严重的不良行为。它是指不能遵守公认的正常学生行为规范和道德标准,不能正常与人交往和参与学习的行为。这样的行为不仅影响学生的身心健康,而且常常会引起课堂纪律问题。学生的问题行为主要表现为漫不经心、感情淡漠、逃避班级活动、与教师关系紧张、容易冲动、坐立不安或活动过度,等等。从学生行为表现的主要倾向来看,可以把学生的问题行为分成两大类。一类是外向性的攻击型问题行为,包括活动过度、行为粗暴、上课不专心、与同学不能和睦相处,严重的还有逃学、欺骗和偷窃行为;另一类是内向性的退缩型问题行为,包括过度的沉默寡言、胆怯退缩、孤僻离群,或者神经过敏、烦躁不安、过度焦虑。研究表明,有些课堂问题行为会直接扰乱课堂秩序,例如,打骂、推撞、窃窃私语等。有些课堂问题行为,例如,上课时凝神发呆、胡思乱想、心不在焉、做白日梦等注意涣散行为,虽然不会直接干扰课堂秩序,但会影响教学效果。

(1) 课堂问题行为产生的原因

课堂里发生的问题行为,既有学生的原因,也有教师的原因。

① 学生方面主要有:一是厌烦。由于各种原因,学生对课堂感到厌烦,因而寻求刺激,以示不满。二是挫折与紧张的发泄。比如学生不能达到教师的教学要求,或经过努力还是遭受挫折,等等,从而引起内心的焦虑,寻求发泄。三是博取注意与地位。学生不能得到他者的认可,往往通过某些行为来博取别人的注意,取得自己需要的地位。

② 教师方面主要有:一是教师要求不当。要么对学生过于严厉,造成学生和教师的对抗;要么过于松懈,使学生对教师"不放在眼里"。二是滥用惩罚手段。教师对学生体罚或变相体罚,造成学生的消极逃避,或者"暴力抗争"。三是教师缺乏自我批评的精神。教师不能反思自己在上课中存在的问题,而是一味地将责任推往学生,致使学生心怀不满。

(2) 课堂问题行为管理的要点

① 营造课堂氛围。课堂上学生出现思想不集中、低声讲话或做小动作的情形,在所难免,这

是学生阶段生理心理特征所决定的。即使再高明的教师授课,甚至是公开课,也会出现这种情况。这种情况发生以后,教师要积极营造与教学内容相适应的教学氛围。

② 轻敲响鼓。教师在教学过程中把声音的音质、音量、声调、语音和节奏等加以组合变换,把声音的声、色、情融为一体,运用到语气上,用含蓄的方法对学生出现的违纪行为进行诱导和影响。"响鼓不用重锤",学生听到教师的"弦外之音",即能领会到教师的意图和良苦用心,于是作出知心、知情、知理的反应,及时改正自己的错误行为。这种办法既巧妙地解决了学生自己的问题,又不至于影响其他人的注意力。

③ 目光暗示。人眼为窗,可以传情传神。教师课堂上视野所及,可以"眉目传情",促进学生专心听讲。偶尔有学生面朝窗口,思想"跑马",教师可运用目光注视,将自己的愿望、态度、思想感情和言语迅速传递给学生。教师不论是提出问题、指导自学、启发释疑或小结强化,都要用期待的目光,尽可能地去平视或环顾大多数,切不可老是两手扶案,目无学生。也不能只站在教室一隅,视线顾此失彼。尤其要不时地环视前后左右,特别是后排的左右两角。对潜能生,则更应予以满腔热情的关注。

④ 动作指引。教师在课堂上的一颦一笑、举手投足,都能传达管理的信息,是课堂上师生互相感知的意识信号。如教师的面目表情有一定的潜在控制作用:表示理解的微笑和思考式的点头,流露出教师对学生的鼓励和期待;表示满意的微笑和赞许式的点头,则流露出教师对学生的热诚与喜爱。甚至教师的站态、与学生的空间距离和行间巡视等体态活动,也具有吸引学生注意力、组织课堂教学管理的作用。

⑤ 行为矫正。就是采用一套奖优罚劣的措施,树立正气,激励积极力量或行为,抵制消极因素,并长期坚持,形成制度。这要以奖优为主,罚劣为辅。奖励以精神奖励为主,如口头表扬、增加操行分等;罚劣切不可采用讽刺、威胁、隔离、体罚等手段,而应当努力将惩罚变为一种学生愉快的自我教育。

⑥ 旁敲侧击。课堂上学生出现做小动作、接话茬、喧闹、过分放肆等违纪现象时,教师应当机立断地处理。不过,对绝大多数学生来说,干扰只是瞬间的一种失控表现,并不是有预谋的行为。教师应慎重地考虑学生的情感和自尊心,采用旁敲侧击的方式,使对方知道自己的行为已被教师注视,应立即纠正。如盯他一眼、朝他点点头、轻轻敲击一下他面前的书桌,或站在他身旁略微停留,或叫他本人或周围学生答问、板演等。通过微妙的方式把信息传递过去,这样,师生情感容易沟通,且见效快。


2. 课堂突发事件的处理

课堂突发事件是指课堂教学中出现的与教学计划、教学目的无关而又出乎教师意料的事件,它直接影响和干扰教学活动的正常进行。教师对课堂突发事件的处理是否得当,将会带来积极或消极两种不同结果,因此,教师处理的方式、方法,既要体现其科学性,又要体现其艺术性,让教学活动走上和谐健康的发展轨道。

（1）沉着冷静，以静制动

处理课堂突发事件时，教师要沉着、冷静。有些教师一遇到突发事件就赌气发火、大动干戈、批评训斥，甚至停下课来就事论事地处理，这种针锋相对或直接改变突发事件结果的做法并不明智，不利于教学机制的发挥和教学艺术的运用。有经验的教师遇到突发事件，往往善于控制自己的感情，抑制无益的激情和冲动，心平气和，泰然处之，以静制动，态度严肃而柔和，心胸平静而理智，从而正确处理师生矛盾，缓解学生的对立情绪。这样，既不影响课堂教学，又不放弃原则来姑息学生的问题行为，更有利于教学。

**案 例**

当学生个体的违纪行为没有影响到其他同学时，教师可采用暗示法。如走到一位正偷看小人书的学生跟前，轻轻地咳嗽一声，或者轻轻敲一下其课桌。这样，学生自然"心领神会"，便会自动放下小人书，投入学习活动。如果通过暗示，该生未察觉，或者根本不领情、不买账，教师则可出其不意地提出一个问题让其回答。这样，学生的注意力便迫不得已地集中到课堂上来了。

（2）时效统一，及时高效

处理突发事件，要讲求时效，不要占用过多的课堂教学时间，以至偏离教学目的，中断教学进程。为此，教师要力求做到以下四点。一是要尽量缩短处理时间，把突发事件消灭在始发状态，不使其蔓延。二是要尽力限制、减少和消除突发事件的消极影响，尽可能地不影响全班，不影响教学，并迅速地组织好教学，保证课堂教学的继续进行。三是要点到为止，见好就收，切忌随意发挥，无休止地纠缠。四是要尽力运用教学机智，化消极为积极，化被动为主动，把处理突发事件作为教育学生的一个契机，这样既能处理好突发事件，又能教育学生，从而取得最佳的教育教学效果。

**案 例**

上课时，教室里总有同学在嘀咕着什么，好一片繁荣的景象。我正纳闷，平时没有出现过这种情况，是怎么回事呢？我想，这个时候发火，骂他们，学生们肯定会安静下来。可是他们是出于无奈，出于不情愿，出于教师的威严。我注视着学生们，不过他们没有什么反应。我回头看了看黑板上的课表，原来上一节是体育课。我调整了一下自己的情绪对学生们说："我知道你们上一节课是体育课，神经还处于兴奋状态中，那咱们来考虑考虑兴奋是怎样传导的吧"。学生慢慢地静了下来，课得以继续。

（3）化弊为利，长善救失

在课堂教学中，有些突发事件表面上看是干扰了课堂教学，破坏了课堂纪律，影响了教学进程，打断了教师的教学思路，但其中也往往包含着一些积极因素。这就需要教师充分认识和挖掘，化消极因素为积极因素，把处理突发事件变成提高学生认识、激发学生兴趣、磨炼学生意志、培养学生良好品质以及教育大多数学生的一次机会。

### 案　例

有一天我正在上课，突然飞进一只小蜜蜂。一个女学生惊叫"蜜蜂"，一下子吸引了所有学生的注意力。这时，我傻眼了，学生们都在看小蜜蜂，还有的离开座位用书去打它。我把课停了下来，打开窗户，把小蜜蜂放了出去。然后跟学生们说蜜蜂是益虫，它采蜜给人类吃，而且它们是勤劳的化身，我们应该放它回大自然去。然后又幽默地说："连小蜜蜂都想来参加我们的学习了，可见学习本身是很有趣、很有吸引力的。让我们珍惜时间，好好学习吧！"

（4）幽默诙谐，化解矛盾

幽默是一种教学艺术，诙谐也能表现教师的教学机智。一个教师如果成天板着脸孔，昂首阔步，挤不出一丝笑容，只知道单纯地限制学生，学生稍有不顺眼，动辄就批评训斥、挖苦讽刺，这样的教师是不会受到学生欢迎和亲近的。有些突发事件，确实让教师处于窘境，要进行查处会延误上课时间，中断教学进程；不予理会又会丧失威信，分散学生的注意力。在这种情况下，教师可以幽默、诙谐、风趣地处理，这样既能显示教师的宽怀大度，又能使自己摆脱窘境，自然而轻松地缓解因突发事件引起的课堂紧张气氛，为学生创设自我教育的情境。

3. 课堂时间的管理策略

课堂都有着规定的教学时间，一堂课，在中小学一般是45分钟或更少。高效教学就是要在有限的时间内，完成最多的教学任务，学生学到最多的有意义的内容。有台湾学者就提出时间管理的概念，意在通过时间压力、学习满意及学业拖延等中介变项，直接和间接地影响学生的学业成就。这样看来，课堂时间管理就应该成为课堂管理的一个重要方面。所谓课堂时间管理，就是教师利用有效的策略，采取相关手段，对上课时间进行合理分配，有效调控，减少学生学习时间的浪费和流失，实现课堂高效化。课堂时间管理所探索的是如何减少时间的浪费，以便有效地完成既定教学目标。由于时间的特性，所以时间管理的对象不是"时间"，而是管理时间的管理者，在课堂中就是教师和学生。

（1）树立课堂时间观，科学预设教学时间

教师要从课堂教学目标、教学内容和学生的生理、心理实际状况出发，合理地规划和安排时间，充分做好课前预设。在教学设计时，应对课堂讲授、小组讨论等教学环节大体设定合理的"时值"，以及各环节所花时间之间的合宜的比例（"时比"）。合理与合宜根据教学实际确定。

（2）抓住课堂时机，依据学生生物钟上课

国内有研究表明：课堂45分钟内，学生的生理、心理状态分为五个时区，呈波谷（起始时区5分钟）—波峰（兴奋时区15分钟）—波谷（调试时区5分钟）—波峰（回归时区15分钟）—波谷（终极时区5分钟）的起伏发展规律。所以教师课堂教学活动的安排应以掌握学生在课堂上所交替出现的各种情绪状态为基础，科学地将教学的各种活动安排在学生思维活动中最恰当的时候，以提高课堂教学的效率。

（3）保证课堂时效，合理安排教学容量，提高知识的有效率

课堂教学容量涉及知识量、能力量、训练量等要素，三者缺一不可。课堂教学容量确定的标准是课堂教学进度和教学目标、学生现有程度和实际接受能力、教学手段，依此对知识量、能力量、训练量整体把握、精心算计、合理分配。同时，保证课堂教学足够和适度的信息量，以序列刺激激活学生的接受能力。信息量过少会浪费时间，过多则会使学生学习困难，"事倍功半"。另外，由于课堂教学中无效知识多会导致学生的思维缺乏方向和深度，造成学生能力贫乏、创造力低下，因此，应尽可能地传授有效知识，以防教学中因无用知识而导致的无效劳动。

（4）保持"时流"通畅，促进学生参与

时间流通畅是指不断地注意教学意义的连续性。流畅的教学从一个活动转向另一活动时所花的时间极少，并且能给学生一个注意信号。流畅的教学能够避免毫无过渡地从一个环节跳到另一个环节，或从这个活动到那个活动。因此，教师不应突然中断教学进程，以免打扰课堂的事态发生。要使学生始终参与到教学中，促进高效学习。

（5）改进教学方法，相对增加学生的专注时间

当学生处于愉快轻松的环境时，会感觉时间是"一日三秋"；而当学生感到焦虑疲倦时，就会对时间感到"度日如年"。因此，教师应灵活运用多种教学方法和手段，保持课堂的轻松和谐的状态，使学生在安全放松，甚至是享受的状态下学习，其专注时间也会相对延长，用于学习的时比就高，当然学习效果就好。

## 第三节　上课的教育智慧

叶澜教授指出，教学活动是一种复杂的、人为的和为人的实践活动，"为人"表明教学活动应具有确定性；"人为"表明教学活动具有不确定性；"复杂"表明教学活动必须在不确定性中寻求确定性。而这个过程则意味着教学活动的开展必须具有实践智慧，亦即教学智慧。事实上，上课的教学智慧可以体现在教师如何正确地对待和处理预设与生成、教师与学生、简约与繁杂、传统与现代的关系上。

## 一、预设与生成

上课具有预设性与生成性双重特性。课程改革对我国过去统得过死的僵化教学进行了变革,强调上课的生成性,这具有积极的现实意义。但是,实践中存在的过于强调生成而弱化预设的不良倾向,却有矫枉过正、以一个极端代替另一个极端之嫌。高效的上课应当追求生成与预设的和谐统一。

下面我们先呈现 3 个不同的案例,然后结合案例来阐释预设与生成的关系。

### 案 例 1

#### 《项脊轩志》课堂中的生成[①]

特级教师呼君带领学生讨论这篇散文的精彩描写时,课堂上出现了这样一个生成:

生:我们最喜欢"枇杷如盖"的描写。

师:它好在哪里呢?请陈述理由。

生:我要是制片人,就把它拍成特写镜头,而且不给张艺谋,不给卡梅隆,我想请斯皮尔伯格来设计。

课堂气氛一下子活跃起来,不知道的赶紧打听卡梅隆和斯皮尔伯格是谁,明白人忙得意地介绍两个导演风格的差异。眼看学生的反应已超出语文课的范畴,变成无意义的生成离题而去,教师赶紧用了这样一个化解:

师:哦? 他们的导演风格有什么不一样吗? 能用一句话概括吗?

生:当然,张艺谋的渲染、煽情本事自不用说。您看《泰坦尼克号》的艺术处理和《拯救大兵瑞恩》的纪录片风格一样吗?

师:那咱们的"枇杷如盖"呢?

生:应该是白描。我们就给它一个特写——简简单单地摆在那儿,树长,人亡,物是,人非。我们相信越朴素平淡越震撼人心。

师:你是个好导演,处理得不错! 是这样的,经历了科考的坎坷,淡泊了功名之心,磨平了少年的锐气,中年归有光更珍重人世间最深挚的亲情。可是,妻子却离他而去。这里描写越朴素,传递的东西就越丰富。

简单几句话,课堂生成终于回到了应有的轨道。看着学生意犹未尽的表情,教师索性又给了一处空白:

---

① 呼君.《项脊轩志》课堂实录[J].语文建设,2008(11).

师：其实中国古典诗词中这样看似简单但却含蓄隽永、极富深情的描写有很多,大家能不能举出几个实例来？我先抛砖引玉,唐代诗人崔护就有一首《题都城南庄》——

生：去年今日此门中,人面桃花相映红。人面不知何处去,桃花依旧笑春风。

生：(急忙站起)还有苏轼的《江城子》："十年生死两茫茫,不思量,自难忘。千里孤坟,无处话凄凉。纵使相逢应不识,尘满面,鬓如霜。夜来幽梦忽还乡,小轩窗,正梳妆。相顾无言,唯有泪千行。料得年年肠断处,明月夜,短松冈。"你们看啊,本来感情到高潮了,人家就一句"明月夜,短松冈",此时无声胜有声,自己品去吧。

生：还有辛弃疾的"少年不识愁滋味,爱上层楼,爱上层楼,为赋新词强说愁。而今尝尽愁滋味,欲说还休,欲说还休,却道天凉好个秋"。

结果,师生共同跳出文本,开发利用了动态的课程资源,丰富了教学内容。这个偶然的生成反而变成了课堂的高潮,收到了意想不到的效果。

## 案例 2

### 呆板预设下的"顽强"引导[①]

公开课上,教师在讲述歌颂母爱的小说《小巷深处》时,用唐诗《游子吟》作课前导入。朗诵诗歌后,教师提问：《游子吟》之所以受人喜爱,是因为它歌颂了什么情感？学生的答案五花八门：有人说是游子思乡之情,有人说是母爱无私,有人说是平凡而伟大的亲情,有人说是子女感恩之心……教师手持粉笔作写字状,却又迟迟不肯下笔,似乎学生的答案都不令人满意。他继续引导：同学们,有没有觉得这首诗说明了母爱的伟大呢？学生异口同声地回答：是。这时,教师一脸满意,落笔板书——伟大的母爱。至此,导入部分结束。

听课教师心有不解：难道学生精彩的感悟与伟大母爱无关,无法引向对《小巷深处》一文的关注吗？为什么一定要回答出"伟大的母爱"才肯罢休？

见到本节课的教案后,人们恍然大悟。教学预设的导入过程是：教师先提问,然后学生回答"《游子吟》表现了母爱的伟大",由此引出小说《小巷深处》。原来,教师不厌其烦地"顽强"引导就是为了让学生说出"标准答案"！这样的预设未免太过死板。

## 案例 3

### 孔乙己是个大款

一位教师讲鲁迅的名篇《孔乙己》的时候,事先"预设"了续写这个环节,他要求学生根据

---

① 李仁光. 呆板预设下的"顽强"引导[N]. 教育时报,2009 - 08 - 09.

自己的想象,为《孔乙己》续写一个结尾。当堂交换续写情况时,我们发现其中有不少学生把后来的孔乙己想象成诸如一个企业老板、一个电脑专家、一个农村的领头人,这样的结果实在叫人有些啼笑皆非,而这位教师却对这样的"生成"大夸其辞,赞不绝口。

1. 现实课堂中对待"预设和生成"的不同表现

从这3个案例我们可以发现,在当前的教学当中,既有能够智慧型地处理预设与生成的教师,也有呆板地割裂预设与生成的教师,还有漫无目的、随意生成的教师,这也恰好代表了当前教学中对待"预设与生成"的三种表现。

（1）固守预设,不敢越雷池

有的教师过分依赖"预设"的程序,甚至有的学校搞集体性"预设",完全丧失了自己的个性。这种过分依赖"预设"程序的教学,导致教师死死地抠住课本和教案,不仅丧失了自身的教学个性,同时也不利于学生个性的张扬和发展,更谈不上学生语文素养的提高。学生稍"越雷池半步",便被"一棍子打死",使原本鲜活灵动、充满情趣的课堂变得异常沉闷、机械与僵化,学生的主体精神、创新精神几乎丧失殆尽。由于即使再好的"预设"也无法预知课堂教学中的全部细节,精彩的"生成"事实上就是无法预设的。正因为如此,有些教师一旦遇到"生成"的内容与自己"预设"的目标出现矛盾时,就手足无措,甚至无法驾驭课堂,只能"顽强"地引导,就如案例2中一样。

（2）漫无目的,随意生成

在很多教师的眼里,只要是学生生成的,都是正确的,都值得鼓励和赞成。殊不知,在未成熟的学生当中,经常会出现原则性的错误,若教师不加以纠正,则会脱离教学目标,天马行空,随意生成,与文本脱节,与目标背离,造成课堂无效,甚至负效应。例如案例3中,鲁迅先生写《孔乙己》的目的,就是抨击我国封建社会的科举制度,但课堂"生成"出与文本内容要表达的主旨完全相反的结论。还有像《背影》中对父亲"爬月台,过铁道"的那段感人的细节描写,有不少学生"生成"出朱自清的父亲违背交通规则,应该受到惩罚这样的内容;《木兰诗》中木兰代父从军这个内容,不少学生"生成"出这是女权主义的表现,是对妇女的尊重。这样的"生成"实在不足取。

（3）预设与生成的有机统一

例如案例1中,教师凭借自己的教学机智,在课堂出现岔道时,能及时地带领学生回到课堂主题,且巧妙地借机促成生成。对"枇杷如盖"的描写的理解,执教者抓住了学生的兴趣点和课文的精彩处,在学生答非所问的情况下,恰当把握,没有让课堂流于无效的闲聊,而是借机引申出同类的诗文,从而对"庭有枇杷树,吾妻死之年所手植也,今已亭亭如盖矣"这句经典名句的艺术性有了较为深入的理解。这样的生成没有脱离文本,没有偏离教学目标,有意义,有效果,值得提倡。

2. 智慧地处理课堂的预设和生成

（1）预设与生成并重，适时适度生成[①]

教学是有组织、有目的的活动，需要未雨绸缪，也就是要提前预设。一个完整有效的教学预设，得顾及目的、任务、师生以及时间和环境。教学预设是上课行为的起点和方向盘，它为参与整个活动的有关主体去定方向、目标以及行动路径，甚至相关的影响要素，以利于活动顺利开展、高效结束。所以说，教学预设是上课的前提和基础。

但教学是创造性很强的科学活动和艺术行为，一些因素，尤其是具体的情境是难以预见的，因而教学中常会产生许多生成性的问题。生成是创生或生长。生成可分为两类：一类是教师预设的；另一类是教师未曾预设的。新课程提出"生成性"教学观，要求从师生生命的高度和用动态生成的观点来看待教学。上课不仅是一种特殊的认识过程，而且是师生人生中一段重要的生命经历，它"应当焕发生命的活力"。注重教学的生成，契合了教育教学的丰富性和复杂性，以及教育教学艺术性和创造性的特点，能够充分发挥学生和教师的主体性和创造性。预设与生成，既对立又统一，是矛盾的统一体，二者联接的关键就在于要适时、适度。

（2）强调动态生成，精心做好预设

传统教学的弊端之一是规整统一。新课程对统得过死的僵化教学提出批判，有助于增强教师的生成意识，并创造出教学实践中许多未曾预约的精彩。但是，与此同时，也出现了一些值得注意的现象。过度地美化、强调生成而贬低和弱化预设，便是其中之一。

有教师就认为，既然新课堂教学注重动态生成，而且提出学生自主合作学习，那么就应放手让学生自主学习，没有必要再进行教学设计，或者只要做简单粗略的设计即可。于是课堂就成为无人掌管的船，漂到哪儿是哪儿，如案例3一样。造成这种局面，其根本原因在于教师没能辩证地理解预设与生成的关系。从表面上看，预设与生成是矛盾的。其实，它们是对立统一的关系，二者相辅相成。教学的预设促进了有效生成，有效的生成少不了精心的预设。二者都服务于学生的发展，服务于教学效益的提高。无论是预设还是生成，它们都是有效教学的手段：一方面，教师要对课堂教学进行充分的预设，使生成更具方向、更富实效。没有精心的预设，学生再活跃、课堂再热闹，也掩盖不了教学实质上的苍白，好看而不中用。另一方面，教学需要在生成中展开。如果一味强调预设，而不能很好地利用生成资源的课堂，往往会缺失人文关怀和创造灵性。新课程不是不要预设（也不能没有预设），而是要改变传统过于注重预设的弊端。因此，我们不能矫枉过正，用此极端代替彼极端。就当前教学实践而言，强调动态生成，精心做好预设。

（3）预设生成兼容兼顾，互动互生

精心预设可以为动态生成"保驾护航"，即保证生成的有效。一般来说，课堂的有效生成至少需要四个条件：第一，教师良好的专业素养和教学机智，是正确处理预设与生成关系的根本；第

---

[①] 吴玲,郭孝文. 有效教学：让课堂生成与课前预设互动共生[J]. 中国教育学刊,2007(11).

二,和谐的教学氛围和实事求是的评价机制,是正确处理预设与生成关系的关键;第三,明确的教学目标和任务,是正确处理预设与生成关系的基础;第四,围绕教学目标设计有效的弹性预设,是正确处理预设与生成关系的前提。也就是说,课堂的有效生成,不是随心所欲,而是兼容兼顾,互动互生。

① 坚持目标导向。教学目标是具体情境下的标准和规格,是教师预想的教学效果。没有恰当、明确的教学目标,就没有有效的实践,这是有效教学的首要环节和前提。

② 无为而为。曾有国外的园林设计师在设计草坪的小路时,先让所有草坪长满草,过一段时间,等人们在草坪中踩出小路,才开始修建,结果效果很好。这就在于这条小路既是人们自然"生成"的,但又是预设而成的。教学亦如此。

③ 兼容兼顾。一个好的教学预设要做到目标明确、任务合理、方法科学、措施有力,能随时检验执行的情况。为此,教师要准确把握教材、全面了解学生、有效开发资源,这既是教学预设的重点,也是有效动态生成的起点。

④ 收放有致。预设不可能丝毫不变地对教学过程作出设计,然后按部就班的实施。它只是一种蓝本,一种对"未来"活动的清晰理性的设想,对"可能"的估计和应对。教学活动因学生的差异性和教学的开放性而变化多端、复杂繁杂,实际与可能往往不可对接,甚至完全相反。此时,教师得根据实际情况,灵活选择、整合,乃至放弃预设,智慧地生成新的教学对策。因而,教学预设要有弹性,以免届时被束缚手脚。

一句话,有效教学是预设与生成相辅相成、相映成辉的统一体。关注预设,并不是否定生成的意义,而是反对"刚性预设";提倡生成,也不是要摒弃预设,而是要避免"无效生成"。只有预设与生成兼容兼顾、互动共生,才能保证课堂教学的优质、高效、精彩。


## 二、教师与学生

师生关系是教育教学中最复杂、最难处理的一个问题。在上课的过程中,如何处理师生关系,关系到教学的有效性。课堂师生关系的处理,也在考验着教师的教育智慧。


1. 当前课堂中师生关系存在的问题

(1) 学生主体表层化

"以学生发展为本"、"以学生为教学的主体",不仅是基础教育课程改革的理念,也是新课程所倡导的一个核心理念。很多教师都把教学中是否体现了学生的主体性作为衡量上课是否有效的一个标志。但是在实际教学中,学生在课堂上仍然处于被动地位,教师所谓的给学生思考、给学生话语权,就是千方百计地让学生说出教师想说的话。教师只要能顺利完成自己预先设计好的教学过程,就达到了教学目的。而为什么教、为谁教的问题没有真正得到解决,学生的主体地位被表层化了。

还有一种现象就是,教师为了能体现学生的主体性,使学生获得"积极的情绪生活和愉悦的情感体验",在教学中对学生的评价采取无原则的肯定、过分地赞扬和褒奖,对学生存在的问题不能及时地引导和纠正。如有些教师无论学生回答问题的答案是否正确,一律用"很好"、"很棒",甚至有的还用"伟大极了"、"你比作者还伟大"等明显言过其实的语言来赞誉。虽然课程改革特别强调要尊重学生的个性,爱护学生的好奇心、求知欲,激发学生学习的兴趣,但这并不等于教学中教师不去指出学生理解的矛盾和错误,而只是无原则地对学生大唱赞歌。

（2）教师主导性被弱化

新课程中师生关系模式得到极大改变,源于教师的人格特征的参照性权利,源于教师专门知识及处理知识能力、被认可的专家性权利,源于教师课堂管理者角色特征的决策性权利,在新的理论和实践的指导中被赋予了新的诠释。教师必须放下"师道尊严"的架子,改变单向灌输的教学方式,与学生建立民主、平等、合作与和谐的师生关系。教师的角色要从单纯的"知识传授者"转变为学生学习知识过程中的"引导者"、"参与者"、"合作者"、"促进者",等等。新课程改革几年来,我们可以发现,教师的角色确实发生了很大的变化。教师的传统权威、法定权威正渐渐被消解,但是却并未真的形成平等、民主的师生关系。在提倡师生平等、打破教师权威的时候,我们陷入了一个"非此即彼"、"抑师扬生"的怪圈。在凸显学生主体性的同时,教师在教学中的主体地位、主导地位也被极大削弱。很多学校片面、机械地理解了新课程中的师生观,在实际中"抑师扬生",只要学生出了问题,就是教师的错;只要是学生对教师有意见,教师就得挨批。教师不能批评学生,批评了就是没有尊重学生,学生或者家长可以随时训导甚至侮辱教师。有一个特别流行的口号,"没有教不好的学生,只有不会教的老师",经常被一些学校引用。且不说这话不符合实际,就从话语本身来看,也存在着逻辑错误,可是它却被许多学校奉为圭臬。这种现象同样体现在课堂上,很多时候,课堂完全成为了学生的主宰,学生想学什么就学什么,学生想怎样学就怎样学,教学失去了目标性,教师成为边缘人,甚至可有可无。

2. 追求师生关系的平衡

上课是教师"上",学生"听"的一种师生互动活动。上课,从学生角度看,是一个学习的过程,学生居于活动的中心地位,学习活动凸现于教学活动之中;从教师角度看,则是一个教授的过程,教师居于活动的中心地位,教授活动凸现于教学活动之中。二者交互作用,形成一个动态的教学过程。辩证法告诉我们,做任何事都要防止一种倾向掩盖另一种倾向,更不能走极端。上课在强调学生主体地位的同时,不可忽视教师的主导作用。以语文学科为例,语文课程标准在"教学建议"中就明确指出:要"充分发挥师生双方在教学中的主动性和创造性"。

发挥师生双方的主动性,关键在于追求师生关系的平衡。事实上,追求师生关系的平衡应该成为当今课堂教学改革的一个重要课题。按照新课程的理念,良好的师生关系,即能保持师生关系平衡的特征可以总结如下：第一，坦白或明朗——彼此诚实不欺诈；第二，关心——彼此知道自己受对方尊重；第三，独立性——一方不依赖另一方；第四，个体性——一方允许另一方发展其独特的个性与创造力；第五，彼此适应对方的需要——一方需要的满足不以另一方需要的牺牲为代价。①

## 学生向老师说"不"②

在国家基础教育课程改革郫县实验区一年级语文教材培训会上，聚集了来自北京、重庆、南充等地的教育专家、教师和本县教师共两百多人。这是一堂识字课。首先，老师让学生通过观察分析，说出"万"字的笔画特点及写法，然后由学生当小老师，"指挥"老师写出一个"万"字。当老师写完这个字，让学生评价写得怎样时，学生以敏锐的视觉感知对老师的字大声说"不好"。老师"请教"学生："为什么不好?"学生天真而直率地提出了各种各样的意见。有的说，"教师将横画写斜了"，有的说，"老师写横折勾时未将笔顿一下"……老师虚心地接受了学生的意见，再认真观察了一番"万"字，然后重写。这次写得显然比前一次好多了，但是，学生真够厉害，居然挑出了不易察觉的毛病，大声地说："教师写得不好!"于是，在学生的"指教"下，老师又一次十分认真地观察，认真地书写。这一次，老师又问学生"写得好不好"，出人意料的是，学生仍然回答一个"不"字，并且说出了多条理由。学生真够挑剔，老师也真够有耐心。老师再一次更仔细地观察，更认真地书写，然而，得到的仍是一个"不"字。这时，听课老师还真为她捏了把汗，这位年轻老师在众目睽睽之下所面临的尴尬，也许是她自己也始料不及的，但她非常善于调整自己的心态，第五次耐着性子，一笔一画地，显得有些艰难地书写"万"字。与前几次不同的是，这次老师没有直接问学生写得"好不好"，而是问学生："你们觉得这五个字中哪个字写得最好?"学生异口同声地回答最后一个字写得最好。这位老师终于松了一口气，听课的同行们也跟着松了一口气。最后，老师十分诚恳地向学生说："看来，要真正写好一个字，是多么地辛苦! 但只要大家认真观察，努力地去写，相信会越写越好。"

【评析】　此教学案例，带给我们的启迪不仅是如何机智地处理教学中不可预测的事件的问题，更重要的是正确认识师生关系的问题。上课教师没有对窘迫刻意掩饰，而是质

---

① 唐思群，屠荣生. 师生沟通的艺术[M]. 北京：教育科学出版社. 2001，p11-12.
② 陈兴中. 由学生向老师说"不"引发的思考. http://ktjx. cersp. com/jxkl/Index. asp?page=27.

朴而诚挚地感叹。教师的多次书写"不成功",并未减弱学生对教师的信任,相反,却缩短了师生之间的距离,使学生真切地感受到教师与他们处于平等交流的位置,与他们是学习的伙伴与朋友关系,从而奠定了师生情感交融、共同学习的基础。

### 3. 重建教师角色

追求师生关系的平衡、建设民主平等的新型师生关系,其关键在于教师角色的重建。传统的教师角色往往把教师界定为"知识传授者"、"课堂组织者"、"权威",是"教书匠"、"讲解员"、"裁判员"。这种传统、保守的教师角色观已不能适应课程改革和社会发展的需要,必须进行转变与重建。

（1）教师应是课堂教学中学生学习活动的引导者

发挥教师的主导作用是学生简捷、高效地学习知识、发展身心的必要条件。因为,对于暂时相对缺乏知识和能力的学生来说,只有借助于教师的教导和帮助,才能以简捷、高效的方式掌握人类创造的基本文化科学知识,迅速提高自己的身心发展水平,成为社会需要的人才。就连学生的学习主动性、积极性的正确发挥,都一定程度上依靠教师的引导。当然,教师的"教"固然重要,但对学生来说毕竟是外因,外因只有通过内因才能起作用。一般来说,学生的学习主动性、积极性愈大,求知欲、自信心、刻苦性、探索性和创造性愈大,学习效果也愈好。而如何调动学生的学习主动性、积极性,是教师高效教学的一个主要因素。只有高素质、高水平的教师才能培养出成绩优秀的学生。而教师主导作用发挥得好坏就是衡量一个教师教学素质与水平高低的主要标志。当学生学习"迷路"的时候,教师不是轻易地告诉方向,而是引导他怎样辨明方向;不是告诉他该走哪条路,而是引导他走向哪条路。同时引导也可以表现为一种激励。当学生"登山"累了的时候,教师不是拖着他走,而是唤起他内在的精神动力,鼓励他不断向上登攀。总之,教师引导学生,引得要巧,导得要妙,这样,教师教得轻松,学生学得愉快。

（2）教师应是课堂教学中学生学习活动的参与者

课堂教学是师生交往、共同发展的互动过程。交往就意味着人人参与,意味着平等对话。传统意义上的教师的教、学生的学,将让位于师生互教互学,彼此形成一个真正意义上的"学习共同体"。因此,课堂教学不只是教师忠实地执行课程计划的过程,而是师生共同开发课程、丰富课程的过程。学生头脑灵活,接受新的信息快,不会受经验左右,有开拓创新精神;教师知识渊博,有丰富的阅历和实践经验,师生可以取长补短,真正做到教学相长。在活动的参与中,教师必须做学生的朋友,向学生敞开心扉,真正地"走进"学生的学习,以与学生一样平等的身份进入学习之中,以合作者的身份了解学生学习的进程与效果。当学生遇到无法独立解决的问题时,教师要和学生一起寻求解决的办法与途径。有时,为了能对学生所提问题回答得更全面、更详尽、更准确,教师要广泛搜集和积累有关资料,通过多种自我学习的途径去完善自己已有的知识,以提高自己的业务水平,做一个高水平的"参与者"。

(3)教师应是学生创新精神和实践能力的开发者

基础教育课程改革纲要中明确指出,教师在教学过程中,要注重培养学生的独立性和自主性,引导学生质疑、调查、探究,在实践中学习。创新对一个国家和一个民族的意义是不言而喻的。学生要有创新精神,最需要的就是一种宽松的教学氛围。为此,教师要抛弃约束和包办,提倡民主教学,在教学中尊重学生的思想和思维方式,充分发挥学生的主体作用,以人为本,不管学生怎样想,教师对于学生的想法要设身处地以宽容的态度对待,与学生建立感情交流。要乐于运用激励手法,让学生敢于亮出自己的观点,并对他人的看法和意见发表不同的见解,以充分发挥他们的创造潜能。教师要允许学生"猜测",对学生毫无根据的,甚至是想当然的想法,也应该巧妙地引导,维护和尊重学生的意见。要真正实现教育家陶行知先生所说的:解放学生的头脑,使他们能想;解放学生的双手,使他们能干;解放学生的嘴巴,使他们能说;解放学生的眼睛,使他们能看——使学生真正成为学习和发展的主人。

### 三、简约与繁杂

新课程改革以来,有人认为上课已经进入"花样年代"。教学中热衷富丽堂皇、装饰华美、结构繁杂、理论摆设的"花样课"、"表演课",那些结构简约、教风朴实、节奏明快、立足常态的"课"少而又少。"花样课"既是最新教学理念汇聚的载体,又是新异教学构思云集、教学创举拼合的集结。但是繁杂的花样课并未带来教学效果的高效,相反,教师教得辛苦,学生学得辛苦。"大道至简",课堂也呼唤"简约"。"简约"课堂提炼的是质——课堂的含金量,过滤的是量——课堂的掺沙、掺水量。如何让课堂回归"简约",使课堂从冗繁走向凝练,从紧张走向舒缓,从杂乱走向清晰,从狭隘走向广阔,从肤浅走向深邃,是值得教师们深思的问题。

#### 1.教学目标简明

部分教师设置的课堂教学目标存在"虚化"的现象:目标高而多,在课堂上却得不到落实。教师在课堂上用了大量的时间进行扩展性训练,却忽视了学生必须掌握的基础性内容的教学。更有甚者,个别教师把追求生成性目标作为"令箭",设计的教学目标随意性大,课堂教学杂乱无章。事实上,教学目标必须符合学生的实际情况,教师要对教学目标的量和度仔细斟酌。上课时,教师应整合三维目标,而不是简单地叠加三者。三维目标中,知识和能力是基础,是核心,是其他两个目标得以实现的依托。以语文教学为例,语文素养的核心是语文能力。如果语文素养是一座大厦,那么知识和能力就是基座;过程与方法、情感态度与价值观则是上层建筑。只有基座稳固了,上层建筑才能建得高。学科教学要以知识和能力训练为主线,同时渗透情感态度和价值观,并将其充分地落实在过程与方法之中。

在教学《公输》一文时,有个老师设计了"通过教学,培养学生热爱和平、反对霸权主义的思想"的目标。在对课文进行了初步的疏通后,老师让学生讨论"美国攻打伊拉克是否应该","怎样像墨子说服楚王'非攻'那样去说服美国总统布什放弃攻打伊拉克"等问题。殊不知,这样的教学目标并不是学了一两篇课文就能实现的,在课堂教学中很难完成,同时也将课堂教学引入歧途。又如上《虞美人》一课,有老师为了培养课标提倡的研究性学习能力,先让学生课前到网上或图书馆查找评价这首词的文章,在课堂上大家交流这些观点,并讨论《虞美人》到底是抒发亡国之痛,还是爱情之失。没有诵读吟咏,没有揣摩品味,仅就各种"克隆"来的观点炒来炒去,又如何能实现学生感受、鉴赏诗词的目标?

【评析】 这两个教学中,都是由于目标不简明,造成课堂杂乱无章。一堂课下来,学生什么都没学到!

## 2. 教学内容简约

中国教育学会小学语文教学专业委员会理事长崔峦曾一针见血地指出:我国当前语文教学中存在的误区,一是内容太多、太杂,教师驾驭不了,无论"西瓜"还是"芝麻"统统要捡,"眉毛胡子一把抓";二是教学过程太繁琐、太复杂:内容多、重点多、环节多,而又往往千课一面、千篇一律;三是教学的方法、策略使用不当,具体表现为"三多三少":教师活动多,学生活动少;师生对话多,学生个体与文本对话少;教师分析内容多,抓住文本语言引导学生理解、积累和运用少。这样的现象同样出现在其他学科的教学当中。

课堂教学时间是一个常数,学生的学习精力也有限,要提高课堂教学的效率,教师必须追求教学内容的简约。"简约"不是简单、机械地减少教学内容,减少教学的知识容量,而是要求教师认真地钻研、解读教材,了解学生,对该教给学生、学生要学的东西进行科学、合理的整体把握,在深入解读教材上下工夫,在浅出教学内容上做文章。教师要大胆地处理教材,依据年段目标、单元目标、章节特点、学生需要等选择能让学生终生受用的"核心内容"进行教学。

教师教学中不可能只教教材中的内容,而应恰当地补充教材以外的内容,但后者应是能够帮助学生理解、掌握和运用现在所教的内容。反之,则会浪费教学时间,增加教学负担。因而,教师要正确地处理教材与其他补充材料之间的关系。同时,教师还要考虑学生的实际需求,学生已会的不要教,学生经过努力也学不会的不要教,学生不需要的不要教。另外,教师还需从自身出发,针对自己情况,做到自己讲不清的内容不要教,自己不理解的内容不要教,否则的话,将会使整个课堂陷入混乱。如果教师能够做到"该教的就教,不该教的就不教",在确定教学内容时克服教学内容"泛化"、"不确定化"的现象,那么课堂就会清晰、流畅,教学就会高效。

　　有老师教小学课文《刘胡兰》一课时,课文里交代了故事的地点在云周西村,于是老师问:"这个云周西村在什么地方?"学生回答:"在陕北""在延安"。学生们说不清楚,事实上老师也说不清楚。老师最后说:"云周西村在革命根据地。"课文里,敌人跟刘胡兰说:"你说出一个共产党员给你一百块钱。"老师就问:"谁知道那时发什么钱?"有的说发银元,有的说发铜板,也有的说,"那时候的钱中间是有窟窿的"。老师说:"反正那时候的钱比现在的钱值钱。"结果课堂中一片窘境。

3. 教学过程简化

　　课堂教学过程主要是引导学生有条理地掌握教学重点内容的过程。但是,目前课堂教学中存在的片面追求教学"艺术"和堆砌滥用教学手段等现象,造成了课堂教学层次的混乱、教学流程的阻断、教学结构的脱离。事实证明:复杂、繁琐的教学过程会破坏学生思维的连续性,学生不仅不能进行持续、深入的思考,且容易出现走神、开小差等不遵守课堂纪律的现象,长此以往还会形成厌学的情绪和浮躁的性格。因此,教师在设计教学环节时要大力提倡简约。教学的主线要清晰明了,教学的过程要形成板块,而且要围绕重点板块(重点内容的教学)来组合次要板块。这样做,有助于教师把握教学的层次性目标,使课堂教学更有条理;有利于突出教学重点,防止教学流程构想受到其他因素的干扰;有利于学生拥有一定的时间去思考,去体验。教师在教学设计时,可以通过画流程图的形式,将整个教学过程简要明了地呈现出来。

　　比如语文教学中,具体到一篇课文的教学,突出以下几个教学环节即可:初读感知——精读理解——熟读迁移。初读感知,即引导学生从整体上感知课文,对课文内容获得一个大概的了解,知道课文"写了什么";精读理解,是指教师在学生对课文有了全面把握和整体认识后,帮助学生体味、领悟课文的重点、难点,理解课文是如何写的,为什么要这样写;熟读迁移,则是指教师主要通过对范文语言的迁移运用,让学生学会举一反三,逐步形成对语言文字的悟性,领悟"课文好在哪儿,我该如何来写"。这样,课堂流程清晰,环节简单,教学任务能够轻松完成。

多此一举的表演[①]

　　这是一位教师的公开课,执教的内容是苏教版国标本第九册的一篇课文:《嫦娥奔月》。课文意象优美,情节动人。美丽善良的嫦娥为了使百姓免受迫害,吃了长生不老药升天奔

---

[①]　许丽. 课堂表演应成为理解文本的手段[N]. 中国教育报,2008 - 03 - 27.

月。课文意在让学生感受嫦娥心地善良、为民造福的品质。这节课上,教师在和学生赏读第六自然段时,有这样一个教学片断:

师:嫦娥飞天是关键。这件事是因一个人而生,那个人就是逢蒙。逢蒙是一个奸诈贪婪的小人。面对逢蒙的威逼,嫦娥是怎么做的?

生1:她机智地与逢蒙周旋。

师:什么叫"周旋"? 怎样才是"周旋"呢? 我们来演一演,我来演那个奸诈贪婪的逢蒙,谁来演嫦娥?

(众生不好意思地笑,无人举手)

师:没关系,勇敢一点! 我是自毁形象演坏蛋,而且是反串。我们也请一个男生来演嫦娥吧。

(众生又笑,一个小个子的男生举手了。师请他上台表演,众生又大笑)

师:同学们,想象一下当时的情形,生死关头,千钧一发,还能笑得出来吗?

(众生敛容端坐)

师(作凶恶状,指着那个小个子男生):嫦娥,快把仙药交出来!

生2:不交! (头往右一甩)(师生都笑了)

师:你得和我周旋呀! 想想看该怎么说?

(生2笑,摸后脑勺)

师(转向下面的学生):你们说这时候嫦娥该怎么说呢?

(无人应答)

师:嫦娥可能会装糊涂,说:"仙药,什么仙药?"

师(作凶恶状对生2):别装蒜了,你丈夫后羿从西王母那儿得到的。那天,你丈夫把药交给了你,是你藏起来了。快说! 藏在哪儿了?

生2(斩钉截铁地):不知道! (众生哄堂大笑)

(师无奈,请生2回到座位上,又自说自话地把接下来的戏演完。)

【评析】 在这一个教学片断中,教师与学生的表演,引发笑声不断。这不但没有帮助学生理解"周旋"的意思,反而破坏了整堂课的感情基调。从角色分配开始,到师生共同表演,再到教师的自说自演,学生一直处在一种戏谑的情感氛围中。到表演结束,学生依然无法体会嫦娥与逢蒙周旋时的机智,更体会不到她情急之下吞下仙药的果断与壮烈。这一教学过程纯属多此一举。

4. 教学方法简便

教学方法是为教学目标服务的。教师要按照学生的学习状况、需求以及教学的内容、目标选择恰当的教学方法,要特别注意激发学生的思维和情感,为学生提供自我建构、自我生成的条件,同时把组织形式、学习方式、学习内容、学习目标、学习主体整合起来,促进学生的学习向纵深发展。教学方法会因学科性质、教学内容、教学任务,以及教学环境的不同而有所差异。当然,教学也有基本的方法:导入—初探—深究—总结—延伸。导入,是师生心灵沟通的第一座桥梁,在教学起始阶段起着铺垫、定向、启迪、激情、激趣的作用。初探,即让学生熟悉教学材料,自读自悟,它可以看作是重点探究前的"热身"。深究,即研读、探究教学内容的重点、难点,它是教学的主要环节。通过这个环节,学生可以解决问题,掌握所学内容。总结,即对所学内容加以归纳和升华。延伸,即引导学生向着相关的知识领域进行拓展。教无定法,最主要的就是用最简易、最实用的方法,实现教学的最大有效化。

**案 例**

### 画蛇添足的教学方法①

数学课程标准指出,解决问题策略的多样化;是因材施教、促进每一个学生充分发展的有效途径。基于此,新课程实施以来,广大教师无论是设计问题情境、组织教学,还是安排练习,都非常注重体现解决问题策略的多样化。然而,有的教师由于过于追求方法的多样化,忽视了学生的实际需要,反倒给学生的学习增加了负担。一位教师执教《两位数乘两位数》一课。新课伊始,教师为学生创设了一个"整理书"的问题情境:通过多媒体出示一个书架,书架一共12层,每层放14本书,问这个书架能不能放下150本书?教师原本以为学生经过思考以后会出现几种不同的解决问题的方法,但是事实却出乎教师的预料:孩子们在汇报交流时只出现了列竖式计算这一种方法,而教材上呈现的另外两种方法都没有出现。这时,教师可能担心自己的教学内容过于单调,也可能担心自己的课堂不能体现方法多样化这一新课程理念,于是采取了自导自演,甚至是生拉硬扯的方式,向学生讲述了以下两种方法:$14\times10=140,14\times2=28,140+28=168;12\times14=12\times2\times7=24\times7=168$。讲解过程中,虽然第一种方法经过教师的引导与点拨以后,大部分学生都明白了其中道理,但对于第二种方法,无论教师如何解释,大部分学生都无法理解。就这样,一节课下来,本该重点学习和掌握的列竖式计算的方法没有巩固好,其他方法学生也一知半解,不知所云。

### 5. 教学语言简练

人脑获取新知并能有效记忆的特点,决定了教学语言的简洁性。犹如一张白纸,初次写字清晰可见,涂抹后再写的字迹就会受到前者的干扰,反复涂改后更是模糊不清,字迹难辨。教学语

---

① 高兆华.方法多样化,可"预"不可求[N].教育时报,2009-03-25.

言如同在人脑上写字,第一次非常重要,新的概念叙述要语言凝练,一次到位,在重点处重复一两遍即可,切忌夹杂口头禅。教师的教学语言总体来说应准确具体、简练深刻、言简意赅、形象生动。学科语言要专业规范,提问语言要明确直接,过渡语言要自然流畅,评价语言要扼要坦然……说白了,字字句句都要给学生以明亮清澈的感觉。否则,学生接收教师的信息费力,理解就更困难,教学就低效。

## 案 例

### 夏青峰[①]的教学语言

教学内容:"分数的意义"

(课前交流与课始导入后进行整体感知)

师:关于分数,我们已经知道了什么?

生1:分子、分母和分数线。

(其余答略)

师:你能举个例子吗? 你还想知道什么?

生1:把一个苹果分成2份,取其中的1份,就是1/2。

生2:我还知道了分数的大小。比如:4/5>2/5。

师:现在就请大家看书,哪些已经明白,哪些还不太明白? 通过看书,哪些可以自己解决,哪些还解决不了? 解决不了的,我们就一起来解决。

(学生看书)

师:好,通过自学课本,你又知道了什么?

生1:如果把--个东西平均分成若干份,其中有几份,就可以用分数表示。

生2:分数是怎么产生的,我知道了分数产生的原因。

师:还有什么看不懂的地方?

……

【评析】 夏老师的语言真实朴素,简洁明了,没有刻意的花言巧语,没有做作的"噱头",只是一句简单的"你还想知道什么?"就把学生领进了学习的情境中,实在是妙不可言。夏老师因为教学技能炉火纯青,所以语言简洁而醇厚。

我们应该正确对待课堂教学中复杂与简约的关系。教学就是要将复杂的东西简约化,让学

---

① 夏青峰:江苏省著名特级教师.

生轻松地理解、接收,而不是将本来简单的东西复杂化,使学生产生学习上的困难。简约不等于简单。课堂教学只有删繁就简,才能无比丰盈。"大道至简","真水无香"。简约课堂,丰满境界。简约平淡是一种大气的表现,是境界的回归,它给了教学更大的提升空间。把课讲得简单一些,并不等于简而不精,单而不丰。简单一些其实就是精炼一些,把教学艺术化、精良化、高效化。莎士比亚说,"精简是智慧的灵魂"。而真正要成为追求精简化高效课堂教学的教师,则需要不断地学习,不断地反思,不断地优化自己的教学策略,改繁琐为简约,改呆板为灵活,改无效为高效。让课堂成为充满激情和智慧、充满无穷可能性,洋溢生命色彩、富有人性魅力的磁场。

### 四、传统与现代

改革一般是以新的取代旧的,或者说是以"现代性"取代"传统性",但是事实上传统未必就都不好,而现代也未必全是完美的。在教学实践中,很多教师不能正确对待传统与现代的关系,上课中要么全盘否定传统,要么一味排斥现代,致使课堂教学不能高效地完成。对于传统和现代的对立,在教学中主要体现在:传统教学内容、思想、方法与现代教学内容、思想、方法的对立。比如当提倡发展学生能力时,结果很多教师在上课中根本不进行知识教学,而只是进行能力训练。或者当要求教学中要"对话"、要用现代教育技术时,所有的教学就都没有了"讲授",都离不开多媒体,教师也不在黑板上板书了。教师应发挥自己的教育智慧,正确处理上课中传统与现代的关系,辩证地扬弃传统与现代中的各种元素,为自己的课堂教学服务。

1. 教师的讲授和师生"对话"并不矛盾

现在提倡上课中师生"对话"。"对话"是一个现代性很强的概念。但在教学中,往往陷入了一个这样的误区:教师在课堂上不再讲解和分析,而是提几个问题,学生讨论、回答一下,教师再肯定一下;或者是教师展示几个课件,学生发表几句评论,一堂课就结束了。有些地方的教育行政部门或学校甚至规定教师只能讲几分钟,其余时间必须留给学生,不然就是没有尊重学生的主体性、没有体现新课程的理念。其实这是对"对话"本质的一种误解,是对传统教学方法和形式的全盘否定。在师生的"对话"中不能没有教师的讲授,对话并不是不要教师的讲授,而是要求教师要掌握"讲授"的艺术,提高"对话"的质量。

作为教学史上历史悠久、使用广泛、操作简单便捷的教学方法,教师的讲授能最广泛地面对全体学生,保证学生学习内容的系统性和完整性,有利于节省教学时间,使学生在较短的时间内获得新知。当然,它很容易导致满堂灌,但不能因为如此,就轻易地把教师的讲授与"满堂灌"画上等号。讲授的关键在于教师讲什么,如何讲。如果教师充分考虑到了学生的认知特点和教学内容的具体特点,让新知识与学生认知结构中原有的知识建立起实质性的联系,并且能够有效地激发学生的学习积极性,那么,这样的讲授就不是灌输,而是学生有意义接受式学习的重要组成部分了。

## 2. 接受性学习和自主、合作、探究性学习不是对立的关系

与讲授教学相对应的学习方式是接受性学习,而新课程提倡学生自主、合作、探究的学习方式,因此,很多教师便有意无意地放弃了接受性学习。其实接受性学习和探究性学习是相辅相成的,而不是对立关系。接受性学习是指学生通过教师将学习材料作为现成的结论性知识来接受,而不重复人类发现、形成有关知识的过程。它具有高效性的特点,便于发挥学科知识内在结构的功能,有利于教师主导作用的发挥,有利于学生形成利用间接经验的能力和习惯。探究性学习要求学生通过对学习材料或事实的假设、实验和体验,通过分析、思考和推测,自主地建构新知识,探索并发现规律。这种学习方式更重视学生的独立思考能力,更强调学习的过程,更利于学生的创新精神和实践能力的培养。由于学习目标、内容的多样性和学习个体的差异性,每一种学习方式都有自己独特的价值和适用范围,我们不能简单地以一种学习方式代替或否定另一种学习方式,更不能认为传统的接受性学习就一定毫无意义,现在提倡的自主合作探究学习就一定能解决学生学习中的所有问题。实际上,即使是探究性学习中也有接受性学习的成分,也离不开教师的讲授。例如有教师让学生学了《孔雀东南飞》后作"焦母为什么不喜欢刘兰芝"的探究,竟然有学生得出"刘兰芝结婚前可能做过'三陪小姐'"的结论,可以说这种探究结果与教师讲授指导不到位有很大关系。因此,传统的接受性学习与现代的探究性学习应该互补。

### 案 例

一位教师在教学《死海不死》一文时,在学生整体感知课文后,马上抛出了探究问题:"如果不采取措施,死海总有一天会死去。拯救死海是人类义不容辞的责任。我们能不能设计一个拯救死海的方案呢?"在一阵喧闹的讨论过后,有的谈到开一条人工河,把苏伊士运河的水引过来;有的谈到把雨水全部集中到死海;有的谈到控制蒸发量……近20多分钟的时间,学生都在谈设想谈方案。铃声响了,有的仍在出主意。至于文本的研读与探究,早已"夭折"了。

【评析】 余文森教授曾说,并不是所有的学科知识都适用于探究性的学习方式,那种体现事物名称、概念、事实等方面的陈述性知识就不需要学生花时间去探究,靠听讲、阅读、理解等方式就能掌握。无需探究的问题却要去探究,导致了探究的浅层化和庸俗化。

### 3. 正确对待文本的传统意蕴与现代解读

这种情况尤其需要在语文教学中注意。选入语文教科书的课文都是文质兼美的作品,很多都是经典作品。文本需要教师、学生各自的解读,而且要读出个性,读出自己的见解。新课程提出"多元化解读、个性化解读、创造性解读"等现代的阅读理论,这无疑是正确的。在解读的过程

中,很多教师、学生用现代眼光来重新对待经典,他们巧用现代人的观念打通了走近古典文本的道路,但同时也出现了过度解读的现象,尤其是把传统意蕴与现代意义对立了起来,借赋予文本现代意义而庸俗化、恶搞化地"糟蹋"经典文本。

如认为《背影》带来的感动是"不健康的",是不理性和实用主义的表现,因为一个父亲,跳下月台横穿铁道翻栅栏去给临行的儿子买橘子是"违反交通规则"的;鲁迅在《故乡》一文中,殷切地回忆了他那一群天真烂漫、纯朴可爱的少年朋友"偷"罗汉豆一事,充满了童趣,竟然有人从中读出了不道德,认为会对孩子造成不良影响。这样的现代解读真是"杞人忧天"。比如有老师上课还这样跟学生解读课文《出师表》:"曹操这厮,智商绝对在 120 以上,丫还学孙武、吴起,就这样还在南阳、乌巢、祁山、黎阳吃过大苦头,然后才夺得现有的地盘。叔就这么点本事,不冒险是不行的,娃娃你到底懂不懂啊?懂不懂啊?……"满嘴的江湖气息,哪里还有美感和庄重感?一部文学作品中,重要的是可以不断将它剥开,像是一颗永远剥不完的朝鲜蓟,在阅读中发现愈来愈多的新层面。但是多元解读不能"无边界",创造性解读不是随性解读,文本"不确定性"绝不是"任意性"、"随意性"。要知道有些多元解读是丰富和创造了文本意义,有些则分明是在扼杀文本的生命。因此,教师在对经典文学作品作出现代解读的时候,应牢牢把握该有的"底线"。经典文本现代解读只有建立在深度体验基础之上,拒绝浅薄,拒绝滥化,拒绝庸俗,不为现代而现代,才可能持久,才可能给文本以厚重,才可能给生命以启迪。

**案例**

鲁提辖是英雄吗?[①]

一位老师在教《鲁提辖拳打镇关西》时设计了"鲁提辖是英雄吗?"这一教学活动主题。课堂上,学生们针对鲁提辖是不是英雄展开了激烈的争论,有些学生还提出了许多逆反性的观点:鲁提辖缺乏修养、目中无人、狂妄自大、惹是生非、胡作非为、知法犯法、草菅人命,是官府执法机构中一个典型的"土匪";镇关西该不该死,应交由官府处置,鲁提辖无权处置,鲁提辖身为执法人员,知法犯法,草菅人命,这是一种藐视法律的行为……对学生的讨论过程和结果,老师都予以了充分的肯定,认为这种课堂组织方式"正是我们所提倡的",这种教学模式培养了学生"探究性阅读和创造性阅读的能力",引导学生进行了"多角度的、有创意的阅读"。

【评析】 这是典型的以今论古的文本解读。以今人的眼光来衡量古人,无异于是一种语文教学中的"穿越剧"。

---

① 卢派清.鲁提辖是英雄吗[J].语文建设,2006(11).

## 4. 传统教学手段与现代多媒体教学手段应相得益彰

传统的教学手段,基本以一块黑板、一支粉笔、一本书、一张嘴为主,教师就是一个"四一居士",其素质如何,全体现在这几个"一"上面。随着现代信息技术的发展,多媒体的普及和网络覆盖面的扩大,现代多媒体教学技术被大量地用在课堂教学中。很多时候,多媒体的特点为提高课堂的有效性能发挥了很大作用。现在存在的问题并不是教师不用多媒体来上课,而是离开多媒体就不能上课了,传统的教学媒体、教学手段早已被弃如敝屣。一个不争的事实是,只要是公开课、比赛课,如果没有多媒体的运用,想获得优胜几乎是不可能的。很多地区和学校明文规定教学中非得运用多媒体不可。

事实上,教学手段有传统和现代之分,但没有决然的优劣之别。现代多媒体技术有着传统教学手段所无法比拟的优点,但也应该看到,传统教学手段也有多媒体不能代替的地方。如果非要提倡用某种手段,那就是一种僵化思维,毕竟教学手段只为实现教学目的服务。手段的使用要根据学校实际、学生实际、教师实际,特别是教学内容实际来确定。

在现代教育手段推广阶段,可以适当侧重,但普及之后,则不能忽略传统的东西。最佳途径是化传统为现代,二者兼顾,不离不弃,这更能提高教学效率。无论使用哪种手段,最终目的是殊途同归:提高课堂效率,提高教学质量。选择哪种手段,要根据实际情况来定,按需才是教学手段使用的最高原则。套句广告用语,"适合的才是最好的"。

### 案 例

## 林黛玉就是这个样子

《林黛玉进贾府》中作者是这样描写林黛玉的外貌的:"两弯似蹙非蹙罥烟眉,一双似喜非喜含情目。态生两靥之愁,娇袭一身之病。泪光点点,娇喘微微。闲静时如姣花照水,行动处似弱柳扶风。心较比干多一窍,病如西子胜三分。"林黛玉究竟长的什么模样,谁也没有见过。一百个读者的心中就有一百个林黛玉。即使同一个读者,若反复品味、揣摩这段文字,心中的林黛玉形象也会有所变化。这正是语言的模糊性和富有魅力的体现。有老师在上课时,播放电视连续剧,让演员的形象来代替语言的描述,结果学生看了电视中的林黛玉形象后,兴味索然:林黛玉就是这个样子!

[本章主要参考文献]

1. 施良方,崔允漷. 教学理论[M]. 上海:华东师范大学出版社. 1999.
2. 刘衍玲. 接受学习与课堂教学[M]. 北京:人民教育出版社. 2007.
3. 宋秋前. 有效教学的涵义和特征[J]. 教育发展研究,2007(1).
4. 丁大秋,李辉. 情境创设应富有理性[J]. 小学教学研究,2004(10).
5. 吴玲,郭孝文. 有效教学:让课堂生成与课前预设互动共生[J]. 中国教育学刊,2007(11).

6. 李斌辉. 新模式不应否定讲授[J]. 语文建设,2004(10).

7. 李斌辉. 新课程标准下的实践偏差[J]. 辽宁教育研究,2004(5).

8. 崔允漷. 有效教学[M]. 上海：华东师范大学出版社. 2009.

9. 余文森等. 有效备课·上课·听课·评课[M]. 福州：福建教育出版社. 2011.

10. 蔡慧琴,饶玲,叶存红. 有效课堂教学策略[M]. 重庆：重庆大学出版社. 2009.

11. [加]范梅南著,李树英译. 教学机智——教育智慧的意蕴[M]. 北京：教育科学出版社. 2001.

12. 叶澜. 重建课堂教学价值观[J]. 教育研究,2002(5).

13. 文喆. 有效教学的实施策略[J]. 人民教育,2009(5).

14. 杜萍. 有效课堂管理：方法与策略[M]. 北京：教育科学出版社. 2007.

# 第三章　说课：在交流中诠释教学的意义

> 与人交谈一次，往往比多年闭门劳作更能启发心智。思想必定是在与人交往中产生，而在孤独中进行加工和表达。
>
> ——列夫·托尔斯泰

## 第一节　说课的内涵与意义

说课自20世纪80年代末在河南省新乡市红旗区诞生后，便在教育的诸多领域得到广泛应用，成为促进教师专业发展、推动校本教学研究的有效途径。但是在说课的实践中，不少教师对说课活动仍存在一些困惑和误区，例如将说课等同于备课或者上课，认为说课就是说教学过程，等等。因此，深入的分析和把握说课的内涵，是有效开展说课活动的重要前提。

### 案　例

两位教师的说课案例[1]

课题：热力环流

教师甲：各位老师好，今天我们来学习"热力环流"。什么是热力环流呢？热力环流就是由于地面冷热不均而形成的空气环流，它是大气运动的最简单形式……

课题：内外力作用与地表形态的变化

---

[1]　单永. 例谈教师"说课"存在的误区[J]. 中学地理教学参考，2009(12).

教师乙：今天我说课的题目是"内外力作用与地表形态的变化"。本节内容由两部分构成，一是内力作用，内力作用就是由地球内部的能量引起地表形态变化的作用……二是外力作用，即来自地球外部的原因引起……

【评析】 从上面的实例可以看出，这两位教师对"说课"的本质认识不清，以至于不知如何"说课"，也不知说课说什么。教师甲是一位刚毕业的教师，从其表现来看，他混淆了说课与上课的概念，错把说课当作了上课。教师乙则是一位参加基本功竞赛的教师，从其表现可以看出，他没有把握"说课"的实质，只说了教学内容构成，没有说出自己是如何让学生获取这些知识的。

## 一、说课的内涵界定

从上述的案例可以看出，虽然说课活动在中国已经有 20 余年的发展，但是关于什么是说课，人们的认识却存在许多分歧乃至误区。下面我们将首先对说课的种种观点进行梳理，并由此概括出说课的基本特征。

1. 关于说课含义的不同理解

浏览相关的文献，我们不难发现，人们关于说课的界定有许多不同的视角，因而形成了多种不同的界定。概而言之，主要有如下几种理解的方式。

（1）从性质上定义说课

这类定义主要从性质上将说课活动界定为诸种不同的性质，例如"教研活动说"、"师资培训说"、"教学活动说"，等等。

以"教研活动说"为例，这种观点认为说课是一种教研活动，其代表性的定义有："说课是指教师以口头表达的方式，以教育科学理论和教材为依据，针对某节课的具体特点，以教师为对象，在备课和上课之间进行的教学研究活动。"将说课界定为一种教研活动的方式，这种定义突出的是说课之中的"教学研究"成分。按照这样的定义，说课的重点就不是简单地重复教学过程和教学方法，而是重在反思与研讨。由此可见，对说课性质的不同界定，将导致不同的说课实践。

（2）从内容上定义说课

这类定义用列举的方式直接描述说课所涵盖的内容。

代表性的定义如："说课，就是让对教材的某章节有准备的教师，根据课程标准、教学理论，对教材内容、教学目标、教法、学法、教学过程等方面的内容进行全面的设计与阐述，不仅要层次清晰地说明这节课怎样教，而且要简练精辟地揭示这节课为什么要这样教，然后由评委评说，提出改进意见,再由授课教师修改、完善其教学设计的教研形式。"按照这个定义,说课的内容就包括了说教材内容、说教学目标、说教学方法、说学生学法、说教学过程等若干方面。

在课程改革的背景之下,各种新的课程理念正在冲击着我们传统的教育观念,因此说课的内容也随着教育理念的更新而不断地再拓展和重建。

(3)从操作环节上定义说课

这类定义着重说明说课在教学活动中所处的位置,特别是说课与备课、上课等的先后关系。

代表性的定义如:"说课是教师在备课基础上,在授课前面,对领导、同行或评委主要用口头语言讲解具体授课的教学设想及其依据的一种教研活动,它是教师将教材理解、教法及学法设计转化为'教学活动'的一种课前预演。"在这个定义中,说课被视为是备课之后、上课之前进行的一种教学活动。

(4)从组织形式上定义说课

这类定义着重说明说课的活动方式和组织形式,例如说课到底是个体活动,还是集体活动。

将说课视作集体活动的学者倡导采用集体说课的形式,即在说课活动中一人担任主说,余者参与评说。一般认为这样可以调动每个人的积极性,集中大家的智慧,取长补短,多向交流。还可以改变传统的集体备课容易出现的"一言堂"和"走过场"的弊端。

2. 说课的定义与内涵

从上面的分析中我们不难发现,人们关于说课的界定并未形成统一的共识。笔者以为,其中重要的原因在于说课活动是一个历史发展的过程,在不同的历史时期,由于教育改革时代背景的差异,人们对说课的认识也在不断地变化和发展之中。例如,在当前课程改革的背景之下,说课不仅仅强调说教师的教法,更重视说学生的学法;不仅仅关注教学的预设,更重视教学的生成;不仅仅强调课前说课,也重视课后说课,等等。总之,时代在变化,说课的内涵和内容也会随之发生相应的变化。

在梳理相关定义的基础上不难发现,郑金洲教授对说课所下的操作性定义非常值得借鉴。他认为,说课是教师主要用口头语言对自身教学设计、教学实施等情况进行分析和说明的教学行为。它作为教师职业活动中的基本构成,是课堂教学行为的延伸与扩展,是教师总结教学经验、发现教学问题、提升教学智慧的重要手段和桥梁。[①]

这个定义中至少包含着说课的三重内涵。

(1)说课首在交流

说课重在"说",也即是说,重在口头语言的交流。如果没有口头语言的交流,说课就失去了其存在的价值与意义。一些教师认为,我们已经有教案了,为何还要说课?其实教案和说课的最

---

① 郑金洲.说课的变革[M].北京:教育科学出版社.2007,p4.

大不同就在于,教案是教学的依据,而说课则是交流的工具。教案本身不具备交流的功能,它只是我们教学活动的指南,但是当我们把教案的设想用口头语言表达出来的时候,教案就转化为我们说课的内容,就能够成为我们交流与反思的对象。还有一些教师认为,只要写好说课稿就行了,为何一定要教师集体进行口头的说课? 其实,说课稿只是我们交流的基础,写说课稿的目的正是为了更好地交流。

把说课理解为交流活动,是因为只有在交流中,教师的隐性认识才能外显化,即将教学中的思考、设想、假设、理念等外显出来,使听者清楚地理解执教者的设计意图。

**案　例**

用"对话"代替"独白"[①]

在以往的集体备课中我们常常发现,传统的"独白式"说课活动中,听者一般在说者讲完后才作出回应。如果没有专家在场,常常是听者简单地说两句就结束。听者即使是想指导,也因没有分析学生的学习需求、教学条件(含资源设备支持、教师个性特点)等,仅凭借说者提供的说课稿进行"指导",往往收效不大。为了解决这种"独白式"说课存在的问题,增强说课的针对性、实效性,在实践中不少学校也作了改进,用"对话"代替"独白",用"谈"代替"说",进行说问结合的说课。独白式说课后的评价,其缺陷在于不是即时交互,交流较难深入;而采用说问结合的方式,可以边说边问,或者先问后说,说者也可以提出自己的困惑,向听者求教,以得到问题的切实解决。从发现问题、提出问题中,听者可以真实地洞察说者的教学思想和设计理念等,这就赋予了说者更强的指导针对性,以利于说者改进和优化教学设计与课堂教学。这种说问结合的方式,始终把说者和听者置于主体地位,能够消解话语霸权,促进参与、沟通。参与者始终围绕话题展开对话,能够使谈话向纵深推进,提高集体备课的实际效果。

为了使说课能更好地针对课堂教学,我们还可以把说课的内容向更深层次发展。一是可以说疑惑。现在我们的说课只是在说"做什么"、"怎么做"、"为什么这样做",其实还可以说"不知道怎么做",让大家进行研讨。二是可以说对比。在说课中可将自己现在的做法与别人的做法或自己以前的做法相比较,从内容到依据作全方位的对比,以阐明自己这样做的科学性、合理性,并以此引起大家的思考和争论,提高说课的互动交流价值。

**【评析】** 上面的案例表明,真实有效的说课应该在一种合作与交流的文化中展开,而不是"独白"。为了使交流更深入,案例中还拓展了说课的内容,即重视"说疑惑"和"说对比"。

---

① 刘跃夫.把说课引入到集体备课中去[J].中学语文教学,2011(10).

（2）说课重在分析

说课之"说"，不是简单的叙说，更重要的是说明，也即是分析与诠释。因此，说课不应该简单地理解为说说教学设计与教学过程，而是应该说明教学设计与教学过程背后的"道理"，应该从教育教学理论的高度来审视自身的教学活动，对教学设计背后的意图、目的、理论依据、个人立场、文本诠释等进行深度的剖析，这样的说课才具有交流的价值。

把说课理解为分析活动，需要教师在"课"的分析上狠下功夫，否则"说课"就会变成简单的教学过程的叙述，失去了说课的魅力与作用。

**案 例**

《热力环流》说课①

……这一部分，我准备用"城市与郊区间的热力环流"作实例，以探究法进行教学。因为热力环流原理比较抽象，学生理解起来有一定的困难，需要借助实例加以引导。而城市与郊区间的热力环流与学生生活实际比较接近，也容易用图像演示，用起来得心应手。

经过对学生的了解，我认为学生理解这一部分知识困难的关键原因是对"气压"、"等压线"及"等压面"等概念掌握得不好，阻碍了其思维的发展。因此，我认为在学习探究的过程中应及时补充这些内容。

引导学生实例探究的过程设计如下……

【评析】 在这个案例中，教师不是简单地叙说教学行为与教学过程，而是把教学设计背后的种种设想与分析呈现出来，这种说课才具有"分析"的味道，也才能真正体现说课的目的。

（3）说课凸显智慧

我们对"说课"活动展开研究，其目的不在于构建一个"放之四海而皆准"的实施模式，更不是要用这套模式来套住教师们鲜活的教育实践与教育智慧。俗话说，教学有法，但无定法。教学实践是一个充满着个性化的实践智慧的场域，因此，学校组织的说课活动应该关注教师个性化的实践智慧的生成，不要用机械呆板的管理模式来压抑和禁锢教师个性化的说课风格。事实上，我们在上述的分析中之所以没有发现统一的说课的定义，正说明说课是一个充满着复杂性、丰富性、多元性与个性化的领域。在某一具体的案例中，说课活动该说什么、怎么说，这些都可能是灵活多样的。

---

① 单永. 例谈教师"说课"存在的误区[J]. 中学地理教学参考,2009(12).

多样化的说课形式[①]

根据不同的时机和条件,集体备课中的说课也应采取不同的形式。

从说课内容的角度,我们可以借鉴电视选秀节目中"才艺展示"的环节,由备课组的老师选择自己最擅长的体裁、最有心得的篇目进行展示,通过异彩纷呈的展示来互通有无,相互学习,共同提高。也可以指定篇目,让风格迥异、眼光独具的老师就同一篇文章谈自己不同的导学思路和教学设计,来互相碰撞,取长补短。

从说课者的角度,我们可以根据具体的情况,在某一段时间内以某一位老师为主,由他负责说课,其他老师负责出主意、点评、质疑。比如请骨干教师连续示范几篇同类课文的说课,让大家仔细揣摩说课的技巧,再通过回答其他老师的提问、骨干教师的答疑,大家对同类课文的说课就了然于胸了。再比如要求新教师连续尝试几篇不同体裁的课文的说课,由其他老师提出修改意见,对某些不满意的地方甚至还可以要求他们重新来过。通过这样的锻炼,新教师必定能够很快地成长起来,从而达成集体备课集思广益的基本目标。

从说课准备的角度,我们可以采取常规的事先准备的形式,让大家可以充分地占有资料,甚至可以相互切磋,然后再确定自己的说课稿。也可以采取突然袭击的方式,在集体备课活动开始之后,亮出课题,然后或抽签,或指定,或抢答,以此来考查大家快速思考、快速设计的能力。

从说课时间的角度,可采取预设式说课,也可采取总结式说课。预设式在教学时间上是在讲课之前的说,而总结式则是在讲课之后的说。预设式是为了有预见性地处理学习中的各种"教学事件";总结式是为了总结、反馈教学中的得与失。习惯上我们比较注意预设式说课,而忽略了总结式说课,从某种意义上说,总结式说课对促进教师的专业发展、反馈课堂教学结果有着更为深远的意义。

## 二、说课与其他教学活动的关系

教学活动是一个复杂的系统,在这个复杂系统中,说课与备课、上课、评课等其他教学活动有着密切的联系。将说课与其他教学活动的联系与区别进行分析,有利于我们更好地理解说课的内涵特点。

---

① 刘跃夫. 把说课引入到集体备课中去[J]. 中学语文教学,2011(10).

1. 说课与备课

说课与备课既有联系，又有区别。二者的主要联系在于：说课与备课都是为了上好一节课，都要求教师吃透教材、钻研教法、研究学生，都是为了提升教学的有效性。

但是说课与备课也有明显的区别。主要表现在如下三个方面。

首先，内容不同。说课和备课都离不开教材，但是二者的侧重点是不同的。备课主要研究和解决课堂教学中的"教什么"和"怎样教"等教学内容和教学策略问题；说课除了要研究上述问题之外，更要研究"为什么这样教"这样的教学理论问题。也即是说，说课不仅仅是要摆出"做法"，更要形成一套"说法"，这是说课与备课的重要区别。

其次，对象不同。备课的服务对象是学生，在备课中，教师主要考虑的是学生的认识水平、知识经验与意义建构的方式；而说课的对象是教师群体，因此说课需要考虑的是教师同行的认识特点、关注焦点与表达方式。由于二者的对象不同，说课稿与教案也不应混为一谈，不应将说课简单地理解为复述教案。教案是教师备课这个复杂思维过程的结晶，教案展现的主要是教师进行课堂教学的操作性方案，是关于"如何教"的教学设想。而说课稿则要重点说明"为什么要这样教"，说课稿是在备课和撰写教案基础之上的理性反思与系统表达。

第三，活动方式不同。备课往往表现为教师个体的隐性思维活动，而说课则是对备课结果的理性化表达，是教师用生动、清晰的语言把备课过程中的隐性思维过程及其理论根据叙说出来，以便于在教师群体之间进行交流。由此可见，从备课到说课，实质上体现的是教师从个体活动到群体活动、从隐性思维到显性思维的转变。

2. 说课与上课

说课与上课也存在着紧密的联系。通过说课活动，可以促进教师的教学反思，引导教师运用教育教学的理论来分析和研究自身教学活动中存在的问题，从而将教学理论与教学实践结合起来，提升课堂教学的效率与效益。因此，说课的质量与上课的效果存在着一定的关系。

但是，说课不等于上课。二者在对象和内容上都不相同。从对象上看，说课面对的是教师群体，而上课面对的则是学生群体。因此，上课考虑的是教师与学生群体之间的交流，而说课考虑的则是教师群体之间的交流。从内容上看，上课的主要内容是"教什么"、"如何教"，而说课的主要内容则还需包括"为什么这样教"。

在说课实践中，经常会发现一些教师没有理解说课与上课的区别，错误地把说课等同于再现上课过程，说课时向听者详细讲解教材重难点、演示教具、介绍板书、叙说教学流程等，把讲给学生的东西照搬不误地拿来讲给教师同行听。这其实是混淆了说课与上课的区别，值得我们在说课实践中予以关注。

说课与上课也具有不同的能力要求。上课面对的是学生，其效果不仅取决于课堂教学的设计，而且也取决于教学能力的高低，这涉及语言表达、课堂板书、课堂观察、教态、教学媒体的运用等诸多因素。而对说课来说,尽管说课的艺术与说课的效果关系很大,但其侧重点主要还是在对教学活动的理性分析上。由此可见,上课的艺术与说课的艺术是有差别的,企图通过说课来充分展示自己的上课艺术是很难办到的。因此,在说课实践中,我们不能简单地把说课等同于教学基本功比赛或者教学技能比赛。

### 3. 说课与评课

说课与评课都指向课堂教学,都注重对课堂教学的理性分析,但是二者的侧重点不同。

说课重在说"理",也即是说重在阐明教学设想中的"为什么这样做",属于事实描述的范畴;而评课重在对教学行为和教学效果的得与失进行分析评议,作出价值判断,属于价值评判的范畴。说课与评课的这一区分表明:说课活动不应该变成简单地粘贴理论标签或者评价优劣得失,而是应该围绕教学活动展开深度的理性分析。

### 三、说课与教师专业发展

说课自 20 世纪 80 年代产生以来,逐渐成为学校教研领域的一项重要活动,并且对推动教师专业发展发挥着日益重要的作用。但是说课与教师专业发展之间到底是怎样的关系,又是如何促进了教师的专业发展? 这些问题在理论界仍存在许多争鸣。这也说明,说课活动的理论建构仍滞后于说课实践的迅猛发展。教育界亟须从理论层面厘清说课与教师发展之间的内在关联。

我们认为,说课对教师专业发展的促进作用主要表现在如下方面。

### 1. 促进教师的教学反思

对自身教学行为进行持续的反思,是教师专业发展最重要的途径。可以说,离开教学反思,就谈不上教师的专业发展,因为专业领域的发展正是建立在对自身的专业活动进行反省性思考的基础之上的。

关于教师的教学反思,有学者认为应该包括三种成分,即认知成分、批判成分和教师陈述。所谓认知成分,是指教师如何加工信息和作出决策。认知心理学的研究表明,专家教师与新手教师的最大区别之一就在于,专家教师大脑中的知识是有组织的、结构化的,各个知识元素之间存在着非常丰富而多元的联系。这种网络状的知识组织有利于专家教师快速地从记忆中提取相关的信息,这是使得他们能够自动化地处理各种问题的基础。所谓批判成分,是指驱动思维过程的基础,包括经验、信念、社会政治取向,以及教师的目标等,教学反思中的批判成分更强调的是教师的教育价值观以及教学的伦理诉求。所谓教师陈述,是指教学反思要反映教师自己的声音,它包括教师所提出的问题,教师在日常工作中写作、交谈的方式,他们用来解释和改进自己课堂教学的解释系统,这些就是教师陈述的基本成分。

　　教学反思的三种成分都可以借助说课活动清晰而深刻地展现出来。在说课中,教师以自己的课堂教学作为分析对象,对自己的行为及其产生的结果进行理性的审视和分析,将显性课堂行为背后的假设和思路呈现出来,这本身就是一种教学反思形式。因此可以说,说课活动的开展,使教学反思有了具体依托的形式,使教学反思真正落到了实处。

## 案　例

### 《胡同文化》说课稿[①]

#### 一、说教材

　　翻阅《胡同文化》,确有耳目一新之感:作品少了一些正儿八经的说教,多了许多真切自然的情趣;少了一些"庄重",多了许多诙谐;少了一些老调,多了许多雅致。好一幅清淡、脱俗而又紧扣市民生活的风俗画,它让学生感到生活是丰富多彩的,由此而形成的文化也是丰富多彩的。

　　胡同是市民生活的地方,由此也衍生出了市民文化。胡同与市民一起经历了历史的风风雨雨,它见证了历史,像一位时间老人。作者谈胡同实质上谈的是胡同文化,普通百姓的日常生活最能体现文化气息,作者也希望读者能感受到这一份生活文化气息,这是分析这篇文章的重点所在。

　　而作者对于胡同及胡同文化情感的变化,还需联系作者的生平作恰当讲解,让学生了解这一份情感的变化是自然的、伤感的,又是清醒的,这是一个难点,教学中应很好地处理。

#### 二、说教法

（一）课前预习要求

1. 在默读领会的基础上,有感情地朗读全文,把握文章的关键语句。

2. 初步思考两个方面的问题:

（1）胡同文化的总体特点是什么? 主要表现在哪几个方面? 为什么说"忍"是它的"精义"?

（2）胡同文化为什么会衰落? 它的衰落让你产生了什么联想?

（说明:这个"课前预习"的设计,一方面是《胡同文化》一文内涵较深,既有抽象的概括,又有形象的描写;既有悠闲的调侃,又有雅致的表达。安排学生在课前预习,可增强对课文语言的感悟能力。另一方面,本文是一篇自读课文,篇幅也不短小,有了学生的课前预习,可有效地实现"长文短教"。）

---

[①]　王丽萍.《胡同文化》说课稿. 语文教学通讯,2003(11).

(二)课堂教学环节

1. 导入

当今社会瞬息万变,各种文化现象层出不穷,并且渗透到人民的生活当中,文学中的、艺术中的文化是同学们重视并认可的,而围绕在我们身边的生活中的文化现象却容易被忽视。所以,为了更好地进入课文,可利用"词典"了解"文化"的定义,同时设计一个多媒体课件,带着同学们一起走进胡同,走进"胡同文化"。

2. 阅读理解

(1)鼓励学生充分挖掘、利用课文注释,通过分析,明确本文文体。

本文是一篇"序",但是,整篇文章只有"看看这些胡同的照片"几个字,表明这是一篇"序"。作者并没有把这篇文章当作普通的序来写,呈现在我们面前的是一篇充满作者个性风格的散文。

(2)打破从头到尾分析课文的思维格局,紧扣第6—12段,从"中间开花",目的是"突出重点"……

【评析】 在本案例中,说课的教师并没有简单地重复述说自己的教学设计,而是对自身教学活动背后的意图、理解、设想等进行了比较深入的反思。这种说课才能够真正成为教师教学反思的重要抓手。

2. 影响教师知识的建构

教师知识的建构涉及教师隐性知识和显性知识之间的转化过程与机制。有学者指出,教师知识的转化包括四种方式:(1)社会化——将个人的隐性知识"社会化"为团体的隐性知识;(2)外部化——将教师个体的隐性知识"外部化"为显性知识;(3)结合/组合——从分离的显性知识至统整的显性知识;(4)内化——从显性知识至隐性知识,其目的是使团体形成需要解决问题的心智图像。在说课活动中,教师知识的这四种转化方式都可能涉及。①

首先,说课可以促进教师个体隐性知识的社会化。说课活动的本质特点就在于"说",即借助口头的交流,促进教师之间知识与经验的分享。在说课活动中,教师不仅说出了"教什么"、"如何教",而且还说出了"为什么自己要这样教",把自己在教学活动中的种种隐性的认识和信念公开化,使听者能够与其产生共鸣,从而实现了隐性知识间的传递。

其次,说课引导教师将个体的隐性知识"外部化"为显性知识。会上课不一定会说课,这是因为上课主要关涉缄默的、隐性的知识的运作,而说课则需要把这些缄默的、隐性的知识清晰地表达出来。换句话说,说课能够将蕴藏于教师个体实践和经验中的缄默知识符号化,以符合逻辑

---

① 宋萑. 说课与教师知识建构[J]. 课程·教材·教法,2012(4).

的、有理据支持的语言、图形、表格等方式表达出来，来阐明教学设计背后的理论和实际依据。说课活动涉及教师语言表达方式的转换，即从经验性的语言表达到概念性的语言表达的转变。正是借助概念性的语言表达的方式，说课才能够将教师的隐性知识外显化为显性知识。

第三，说课有利于教师将分离的、零散的显性知识进行梳理、组合与重构，从而形成统整的、结构化的显性知识。教学活动原本是一个非常复杂的系统，各种教学活动的要素如教学目标、教材、教学方法、学生、教师、课堂环境等都是相互关联的。在说课活动中，教师需要把对各个教学要素、各个教学环节的认识进行梳理，建构说课的线索，统整说课的内容，这个过程其实就是对分散的显性知识进行梳理与组合的过程。

第四，说课有利于促进教师将思考所形成的显性知识进一步"内化"为隐性知识。说课不同于理论培训。在说课活动中，教师们往往是结合具体的案例来展开反思与阐述的，因而说课的过程其实是将外显的理论知识与生动多元的实践案例相结合的过程，这种结合有利于教师真正地理解和认同抽象的教育理念，并把这些抽象的、外显的教育理念内化为个体隐性的知识与信念。

### 3. 提升教师的教学智慧

教学活动不是简单的知识与技能的叠加，在一节成功的课堂教学背后，一定蕴含着教师丰富的创造力与想象力。换句话说，好的教学一定蕴含着教师独特的人格魅力、思想境界、认识深度与创意诠释，一定是教师教学智慧的结晶。而说课的目的正是要探究教学背后所蕴藏的教师独特的、个性化的教学智慧，因为说课的本质就是"意义"的敞亮。从这个层面上来说，说课就是教师教学智慧生成与表达的重要手段，是智慧型教师成长的重要途径。

在说课中，教师可以展现自己对教材的独特理解，可以阐述自己对教法的思考与建构，可以澄清自己对于学生与学法的思考与探索，可以论证自己对教学程序的选择与设计。总之，说课让教师把自己教学研究中的思考、困惑、顿悟、探索、发现等个性化的生命历程展现出来，让自己在叙说的过程中深化对教学问题的认识与感悟。

尤其需要指出的是，说课不仅使教师的教学智慧得到清晰、系统的表达，说课活动本身也是一个教学智慧生成的过程。在说课活动中，教师可能会对某些教育教学问题形成新的认识、新的感悟、新的理解。因此，说课的过程不是简单的重复和照本宣科，而是富有创造性的生成过程。

---

**案 例**

### 在说课中生成新的教学智慧[①]

一位教师在"百分数的意义"的说课中，回顾了自己的教学过程，描述了教学中出现的一

---

① 郑金洲. 说课的变革[M]. 北京：教育科学出版社. 2007, p16.

些意想不到的片段,并谈到了自己这节课的感受:第一,好的问题能唤起学生学习数学的好奇心和求知欲望,能为学生的学习营造创新的空间,能为学生创造性思维品质和个性品质的培养创造宽松的环境。在这堂课上,摒弃以往教学中"你学会了什么"的总结方式,在新课结束时向学生抛出:"总结刚才学习的过程,有不懂的问题吗? 有新想法吗?"尤其是"我们全班同学一起创造性地设计一个千分号,好不好?"这样更具人文气息,对学生也更有吸引力。第二,学生对千分号的每一种创造性的设计,都是他们依据所具有的知识和经验主动建构的产物,都蕴含着一种极富个性的思维。不管这些设计的含金量是高是低,教师都要善于用"慧眼"与"机智"去辨识、发掘隐藏于其中的"真金",为学生拓展创新思维的空间,使学生具有个性化发展的广阔舞台。第三,每个学生都有被赏识的渴望,教师只有蹲下来看儿童的世界,发自内心地欣赏学生的成长,为学生的进步喝彩,创造一种支持性的课堂环境,共同分享成功的快乐,学生的个性才能得到充分的宣泄和释放。在学生展示、汇报自己"杰作"的过程中,教师要不断地赞赏学生富有独特性和个性化的理解与表达,让学生拥有和体验做人的全部尊严,享受被认可和被欣赏的快乐。师生之间始终弥漫和充盈着一种精神氛围,师生共识、共享、共进,形成一个真正的"学习共同体"。

【评析】 在上述案例中,教师在说课过程中对教学活动进行了反思,生成了许多新的认识、新的感悟,这些新认识与新感悟正是教师教学智慧的鲜明体现。

### 四、说课与校本教学研究

说课本身也是教学研究的一种重要形式。当前人们关于说课的定义,很多都是把说课的性质界定为一种"教研活动",强调说课之中的研究成分,这些观点正表明说课与教学研究的内在关联。具体而言,说课对校本教学研究的作用主要表现在如下两个方面。

1. 说课有利于建构教学研究的抓手

关于教师从事教学研究的途径与方法,过去我们比较重视的是课题研究和理论培训,但是效果并不尽如人意。这是因为无论是课题研究还是理论培训,都有可能偏离教师日常的教学生活。例如许多学校的课题研究往往选择那些前沿性的、概括性的课题,这些课题往往比较抽象,与教师每天都要遭遇的课堂教学并不一定有直接的联系,因而很难让绝大多数教师认同和参与。事实上,在一些学校,课题研究往往是少数骨干教师和课题组成员的任务,绝大多数教师对课题研究是比较陌生乃至心存畏惧的。同样,理论培训也并未真正触动教师日常的教学反思,因为在培训过程中,理论与实践之间始终存在着一定的距离,简单的理论灌输也不可能有效化解教师在认识与实践中的困惑。

与此相比,说课则有可能成为教师从事教学研究的有效抓手。这是因为说课的对象是教师日常工作中每天都要面对的"课",借助于"课"这样一个抓手,教师可以在研究中有效融合理论与实践。晚近以来,关于教师知识的研究更是证明了课、课堂、课例对于教师从事教学研究的重要价值。学术界的研究表明,教师的知识主要是一种实践性知识,这种知识不同于理论家的理论性知识。在教师个人化的实践性知识中,充满着种种生动的案例与隐喻,教师正是借助这些案例与隐喻将教学理论与教学实践有机地融合起来。

在说课活动中,教师围绕着具体的课例展开思考、研究与交流。教师不仅要说清"教什么"和"怎么教",更要说透"为什么这样教"和"这样教有何实效"。因此,说课的过程,其实是教师将教育教学的抽象理论与具体的教学实践案例有机结合的过程。只有这种基于具体课例的研究,才能契合教师群体所特有的实践性知识,才能成为学校教学研究的有效抓手。

### 2. 说课有利于形成教师研究共同体

教师的教学研究需要教师专业社群组织的支撑。只有在教师研究共同体内,才能营建起良好的研究氛围,才能产生有实效的教学研究。传统的教研活动之所以重"教"轻"研",甚至只"教"不"研",最重要的原因在于没有形成教师教学研究的共同体。在传统的教研活动中,往往只是教研人员、学校领导、教研组长"一言堂",多数教师缺乏参与的机会,因而也不可能在学校内部形成良好的研究文化。

教师共同体最重要的特征在于全体成员的广泛参与和民主协商。说课活动作为一种群体活动,正可以为教师们的广泛参与搭建平台。说课活动要求教师群体积极地进行口头的交流与研讨,这就可以增强每个教师在教研活动中的参与意识,使一些习惯于做旁听者、旁观者或评论员的教师转换角色,成为主动思考、勇于表达、积极交流的主角。

**案 例**

　　说课的一个误区是以年龄、教龄的长短,片面地划分课堂教学质量的好坏。认为老教师上了几十年的课,其课堂教学组织、教学模式、教学质量一定是好的,所以不分好坏、专业特点、学生情况,就把这些教师作为示范者来传授经验,强行要求其他教师接受这些授课模式,结果产生了误导。其实作为经验传授型的说课者,一定要经过一套科学合理的评估方法,经同行评议产生。一些老教师上了几十年的课,其课堂教学质量仍有待于提高,其重要原因就是没有把自己的教学意图、教学设计等教学内容拿出来进行横向交流比较,几十年一贯制,没有创新和补充,甚至孤芳自赏,必然导致课堂教学质量低下。说课活动的开展对他们的触动很大,同时也给他们提供了更新观念、重新学习的机会。①

---

① 李琛. 让说课走进教学[J]. 职业技术教育(教科版),2001(28).

【评析】 说课应该破除"一言堂"的误区,应该致力于营建宽容、民主的教师专业共同体文化,引导教师借助说课的活动参与到学校教学研究中来。

## 第二节　说课内容的拓展

说课说什么? 这是说课中教师首先需要考虑的问题。原则上说,凡教学活动的所有要素与环节都可以成为说课的对象,因此,说课的内容可以按照不同的分类标准进行分类。例如,按照课堂流程来区分,说课可以分为说教学设计、说教学实施、说教学收获等;按照课堂教学的要素来区分,说课可以分为说教学目标、说教学过程、说教学内容、说教学方法等。

说课的内容不仅与分类的标准有关,而且也与时代发展紧密相关。在不同的时代,说课的内容也会不断地发生变化。在 20 世纪 90 年代,关于说课内容的界定比较有代表性的是河南省新乡市红旗区教育委员会编写的《说课论》。《说课论》中概括的说课的"基本内容"有四大方面:说教材;说教法;说学法;说教学程序设计。说教材包括的内容要点有:教材的体系与结构;大纲;教学目的要求;教材的"两基三点";对教材的具体处理。说教法包括的内容要点有:选择的方法是什么;选择这样方法的根据是什么;运用这样的方法应该注意哪些问题;对所选择的方法有怎样的改进与创新。说学法包括的内容要点有:本课教学中对学生学习方法主要作了哪些指导;进行这样的学习方法指导的根据是什么。说教学程序设计包括的内容要点有:课型和结构设计;课堂教学设计流程。[①] 进入 21 世纪以来,随着新课程改革的深入推进,课程与教学的理念发生了许多深刻的变化,因而说课的内容也随之不断拓展。例如,从过去重视说教材到现在重视说课程资源开发;从说教学预设到说教学生成,等等。

下面我们将立足当代课程改革的背景,采用要素分类为主,兼顾流程分类的做法,对说课的内容进行分解。

### 一、说教学设计

1. 说教学理念

教学理念是教学设计的原点,任何教学活动其实都是基于某些教学理念而建构起来的。无论教师自身是否意识到教学理念的存在,其教学行为其实都受到了自身所特有的教学理念的深刻影响。例如,一位教师在课后说课时叙说这堂课的最大遗憾是"配合不好",笔者进一步追问她所理解的"配合不好"是什么意思。通过结合课堂教学的实际进行分析,该教师所理解的"配合不

---

① 　河南省新乡市红旗区教育委员会.说课论[M].北京:北京科学技术出版社.1996,p91-100.

好"其实主要是指学生没有配合教师先前预设的教学思路,结果使课堂有些凌乱。从这个案例中我们可以发现,教师的教学行为不是随意的,而是一定有某种教学理念的影响。因此,说课应该关注说教学理念。

在当前课程改革的背景之下,说课程理念更应受到高度的重视。新一轮课程改革同以往课程与教学改革的不同之处,就在于课程教学理念的改革,并在新的课程与教学理念的统领、指导下,对课程与教学进行全方位的改革。在说课过程中,我们不仅要留意教学理念的叙说,更应该有意识地用课改所倡导的新课程理念来审视我们自身的教学活动。具体而言,新课程所倡导的教学理念集中表现在如下四个方面,需要我们在说课过程中予以关注。

首先是生命生成的教学过程观。教学过程不是简单的知识授受过程,而是学生从自身的经验与认识出发进行积极主动的意义建构的过程。在这个过程中,教师与学生将共同经历探索、思考、发现与感悟的历程,共同体验探索过程中的焦虑、困惑、喜悦、兴奋等情感。可以说,教学的过程其实是师生共同书写的成长故事,是师生之间生命质量的丰富、体验和提升的过程。

其次是学生主体的教学方式观。学生是学习的主体,学习的过程只有借助学生主动的内化才是可能的。因此新课程倡导学习方式的转变,要求重视自主学习、合作学习、探究学习等更具主体性的学习方式。将学生视作学习的主体,要求我们在教学设计和教学实施中重视学生的参与,包括参与的深度与广度。

第三是以二次开发为特征的教材观。传统的教学理念强调"教教材",强调教师吃透教材编者的编写意图,忠实于文本作者的理解与解释。这种传统的教材观禁锢了教师的教学个性与教育智慧,使教学过程蜕变为执行教案、例行公事的过程。新课程的教学理念则主张树立"用教材教"的崭新教材观。教材无非是一个"例子",教师完全可以根据具体的教学环境、学生的生活经验以及教师自身对教材的创造性解读来灵活地运用教材。"用教材教"因此也就意味着教师必须超越教材的"忠实执行者"角色,必须创造性地对教材进行二次开发,换句话说,也即是必须树立课程资源与课程开发的意识。

第四是以促进发展为旨趣的教学评价观。新课程倡导改变传统的以筛选、甄别为目的的教学评价观,确立以促进学生发展为目的的教学评价观。根据发展性评价的理念,教学评价的首要目的不是甄别、选拔或者评定等级,而是应该将评价的重心指向教学过程,关注学生在学习过程中的困难、问题、进步和成就,引导学生通过诊断性评价获得更好的发展。

在说教学理念的过程中,教师应该有意识地从这些新课程的教学理念出发来审视自身的教学活动。同时,说教学理念也必须结合具体的教学案例来深入、具体地阐述,不要离开具体的"课"来空洞地"说"教学理念。在说课实践中,教师应该有意识地避免两种偏差:一是忽视说教学理念,不愿意将教学设计与教学实践引向教学理念的深度;二是脱离课例,泛泛而谈,一讲教学理念就是以学生发展为本、一切为了学生、为了一切学生,等等,缺乏对教学理念的细化与分解。

## 《蟋蟀的住宅》说课稿①

在小语教材中入选了不少像本文这样的科学小品文,如《太阳》、《只有一个地球》、《鲸》、《新型玻璃》等。学生通过阅读,认识大千世界,探索自然奥秘,扩大视野,增长智慧,从而学习语言,发展语言,培养阅读能力和良好的阅读习惯。它和科学教材中的知识短文相比,虽然同样表述科普知识,但目的和作用均不相同。前者重形象,后者重理性。由于语文和科学都是人类文化的组成部分,都具有人文性,因此工具性和人文性的统一同样是科学小品文教学的基本特点。那么如何体现呢? 从整体性上来设计,达到三维目标的有效融合是最好的办法。

过去教科学小品文,习惯从知识点切入,然后层层分析,最后得出结论。以学生获得某种知识为目标的做法和科学课几乎没有区别。课标指出:"努力改进课堂教学,整体考虑知识与能力、过程与方法、情感态度与价值观的结合。"我认为语文教材中的科学小品文教学不排斥对基本科学知识的掌握,但其主要目标不在于获取某种知识,而在于通过获取知识,培养学生的阅读能力和良好的阅读习惯,从而学习科学的思想方法,逐步养成实事求是、崇尚真知的科学态度。鉴于此,我认为这篇文章文字浅显易懂,关键是要让学生在了解蟋蟀住宅的特点和修建过程的基础上,进一步去感悟、去体会蟋蟀吃苦耐劳的精神。正如柯孔标老师在第五届青年教师课堂教学观摩活动上针对一青年教师的评课时所说:教师抓住了几个语言训练点,让学生理解文章内容,领会文章的写法,学生也知道了说明事物的几种方法。但这是一篇很有情趣的文章,课文与其说在写蟋蟀的住宅,不如说是在写蟋蟀可爱的性格,写像蟋蟀一样的人勤劳、智慧、会工作、会享受,课文作者仿佛就是蟋蟀的好朋友,对蟋蟀充满了赞美和欣赏,这是课文的人文性所在。老师如果自己体会不深,把握不到位,课堂上就会少一点情致和趣味。我仔细思考着这些话,说到底,其实就是要做到工具性和人文性的和谐统一。

如何让说明文的课堂上充满情致和趣味呢? 我确实了本课的教学目标:

1. 通过交流自学,认识 5 个生字:蟋、蟀、隧、耙、钳。

2. 通过朗读,了解蟋蟀住宅的特点和修建过程,领悟作者的表达方法。

3. 通过小组合作学习,体会作者对蟋蟀的喜爱与赞美,并在此基础上有感情地朗读课文。

---

① 施晓红. 新理念指导下的科学小品文教学[J]. 教学与管理,2006(11).

【评析】 本案例中教师从语文教学理念的高度(即工具性与人文性的统一)来理解教材和进行教学设计。这一教学理念考虑到了案例中文本的特点,显得非常具体,具有较强的针对性。而且教师在说课中也没有抽象地论说教学理念,而是把教学理念具体化为教学设计。

2. 说教学目标

教学目标是课堂教学的出发点和归宿点。教学目标不同,其所选择的教学方法、活动方式、评价手段等都会有所不同。因此,在说教学设计时,说教学目标有着非常重要的位置。教学目标阐述得清楚、具体、合理,教学活动才有可能高效。

在新课程改革的背景之下,说教学目标应该注意体现如下两个要点。

(1) 注重三维目标的阐述

说教学目标应该从知识与技能、过程与方法、情感态度与价值观这样三个维度来展开。过去,我们在说课活动中主要强调的是说知识与技能目标,对于过程与方法目标、情感态度与价值观目标重视不够。新的课程理念则将过程与方法、情感态度与价值观放在十分重要的位置,并且力图实现三维目标在教学活动中的有机融合。可以说,三维目标的提出以及三维目标在教学活动中的有机整合是当代教学改革的重大课题,也是我们在说课过程中需要重点关注的领域。

**案 例**

一位教师在《坚持整体与部分的统一》一课的说课中从三维目标的角度来说教学目标:

1. 知识与技能

(1) 了解整体与部分的内涵以及系统与要素的含义,理解整体与部分的辩证关系原理及其方法论要求。

(2) 初步学会从整体把握事物的方法,并能用它为处理某件比较复杂的事情设计一个方案。

2. 过程与方法

(1) 能主动参与小组的交流和讨论,清楚地表达自己的观点。

(2) 学会运用小组合作探究的方法,获取并处理有关信息。

3. 情感态度与价值观

(1) 保持和增强对社会生活的好奇心和探究欲,增强学习哲学的兴趣,逐步树立马克思主义的世界观。

（2）发展善于合作、勤于思考、严谨求实、勇于创新和实践的科学精神与人文素养。[①]

### （2）注重目标表述的清晰

教学目标是教学中师生通过教学活动预期达到的学习结果和标准，是对学习者通过学习后能做什么的一种明确的、具体的要求。显然，目标陈述的是预期的学生学习的结果。对于学生学习结果的陈述，过去我们往往用比较模糊的心理动词来表述，例如"掌握"、"培养"、"提高"等，这些心理动词并不能够清晰地呈现学习的结果。以"掌握"为例，在学习完某个内容之后，学生到底要"掌握"到什么程度？如何测量学生是否已经达到这种"掌握"的程度？这些问题在传统的目标表述中基本是模糊的。传统的目标表述之所以采用模糊的心理动词，这与传统教学观念中的教师中心观是密切相关的。传统的目标表述往往站在教师中心的立场来进行，例如"培养学生……能力"，这样的目标表述其实反映的就是教师中心、教师主体。

新课程的理念则非常重视用可观察、可测量、可操作的行为目标来进行表述，因此，说教学目标应该注意行为目标的运用。具体而言，需要注意如下几点：① 新课程理念下的教学目标是反映学生通过一段时间的学习后产生的行为变化的最低表现水准或学习水平，因此，目标的陈述必须从学生的角度出发，行为的主体必须是学生，而不是教师；② 目标应该围绕"学生在学习之后能干些什么"，或者"学生将是什么样的"来描述；③ 必须描述通过学习可以预期的具体学习结果，而不是遥远的未来。

### 3. 说学生分析

学生是教学活动中的主体。教学的根本目的是促进学生发展。教师对学生的认识和对学生具体情况的把握，是搞好教学的重要前提。因此，说课必须说学生分析。对学生分析得越全面、透彻、具体，教学活动就越容易取得实效，教学的效益就越高。

学生分析的内容是非常丰富的。例如：对学生学习态度的分析；对学生知识、技能的分析；对学生能力的分析；对教学中学生可能出现的困难、问题的分析；对学生认知风格的分析，等等。其中对学生知识、技能的分析是对学生最基本的分析。这里所说的知识、技能，是指学生对学习新内容所具有的基本的、前提性的知识与技能，这是学生进入新的学习的基础，是教学活动的基本立足点。对学生能力的分析是指对学生学习新内容所具有的学习能力的分析。这些能力主要包括观察判断能力、思维能力、知识迁移能力、知识运用能力、实践能力等。对学生能力的培养是教学的重要目标，同时，学生的能力也是教学活动得以开展的重要因素与资源。正确、准确地分析学生的能力，既是正确、准确地设计教学目标的前提，也是设计教学活动的前提。对学生学习态度的分析是泛指对学生学习新内容的非智力因素的分析，例如学生的学习热情、学习兴趣、价值

---

① 陆晔."坚持整体与部分的统一"说课[J].思想政治课教学，2010(7).

观念,等等。由于学习的过程是学生认知与情感的协同参与过程,因此学生的学习态度对学习的进程与结果都会产生强烈的影响。对学生可能出现的困难和问题的分析,是指随着教学情境的展开,在教学过程中对学生可能出现的学习障碍、认识误区等的分析。对学生认知风格的分析,是指分析学生在认识活动中所表现出来的差异性的学习方式,例如场独立型和场依存型、思索型和冲动型、整体型和分析型,等等。

在说课活动中展开学生分析,需要注意以下几点。一是切忌面面俱到。由于与学生有关的情况非常宽泛,在某一个具体课例的说课之中,我们不可能涉及所有的方面,而是只能选择那些与本节课教学设计有着密切关联的方面加以重点考虑,将其作为说课的对象。二是切忌泛泛而谈。说学生分析要结合具体的课例来展开,不能剥离具体的课例抽象地谈论学生的心理特点、认识规律等。三是关注学生差异。说学生分析不仅要说出学生整体所具有的特点,同时也要具体地分析学生之间可能存在的学习差异。只有关注学生在学习过程中的种种差异,这样的学生分析才显得具体、深入。

**案 例**

## 说学生分析的案例

1.“细胞的衰老和凋亡”一课学生分析

“细胞的衰老和凋亡”一节面向的是高中学生,对其简要分析如下:① 认知特点和学习习惯分析:高中时期青少年认知特点鲜明,思维敏捷、灵活,抽象逻辑思维能力有了一定的发展。在学习过程中,他们自主学习能力得以提高,学习策略和技巧更加完善。对于生物学主题中与实际应用和社会问题相关的内容兴趣浓厚,偏爱发现体验式学习、讨论式学习。② 学习起点分析:经过前几章的学习,他们已经具备了细胞的组成、结构、物质运输和能量代谢等基础知识,并且在前两节的学习后,对细胞的增殖和分化有了一定的认识。此外,社会生活中提供给他们大量与这节课内容息息相关的信息,例如各种与人类健康有关的延缓衰老的知识,所以学生已经有了一定的认知基础,带着好奇心进入课堂……

2.“人生的真正价值在于对社会的贡献”一课学生分析[1]

人生价值观是哲学常识历史唯物主义的重要内容。本节课主要解决人生价值是什么的问题,对此,教材给出了简洁明确的答案,即“人生的真正价值在于对社会的贡献”。要想让学生理解并认同这一观点,必须从学生的思想实际出发,切实做到“用教材教,而不是教教材”,使教学更具有针对性。

新时期学生有很多新的特点,我从三个方面作了概括,即:社会环境、认识误区、发展

---

① 张璇.“人生的真正价值在于对社会的贡献”说课[J].思想政治课教学,2007(9).

需求。

1. 学生身处经济发展、社会转型、价值观多元化的社会环境中。

2. 学生阅历浅,理论水平不高,难免存在一些认识上的误区。

3. 从学生自身的发展需求看,学生要融入社会,学会做人。

我所授课班级的学生对人生价值的认识存在片面性,实践意识较差,在生活中难以做到知行统一。

从课程标准和学生的实际出发,我确定了教学重难点……

4. 说教材处理

对教材的钻研、重组和重构是教师最重要的教学能力之一。新课程的教学理念尤其强调教师对教材的灵活处理与创造性运用的能力。从当代学术思想的角度来审视,教材无非是一个"例子",教师对教材的解读可以是多元的、个性化,在教材解读的过程中,作为"读者"的教师和学生都可以发出自己的声音,都可以结合自己的生命实践进行创造性的诠释与理解。这也就意味着,教师在解读和运用教材的过程中,应该充分发挥自己的教育智慧。

说教材处理,可以从三个方面来展开。

首先是说教学内容的结构。教材知识是一个完整的体系,每一个具体的知识点在教材知识的整体结构之中都具有独特的地位。在分析教学内容时,需要把具体一节课的教学内容与相关的章、节,乃至全部知识结构进行关联考虑,理清课时教学内容在知识整体结构中的位置与作用。

其次是说教学的重点、难点和关键。教学的重点一般是带有共性的知识和概括性、理论性强的知识。如果我们把教材的内容比作一张相互联系、相互制约的知识之网,那么教学的重点就是这张知识之网上面的一个个节点。把握了教学的重点,我们就能以纲带目,纲举目张,举一反三,促进知识的迁移,提高教学的效率。教学的难点是指学生难以理解和掌握的内容,是学生学习困难之所在。需要指出的是,难点是因人而异的,学生的年龄差异、生活经验差异、认识水平差异等都会对学习难点的形成产生影响,因此对教学难点的分析应该尽可能地结合班级学生的特点展开具体的分析。教学的关键点是指教学内容中对顺利学习其他内容起决定作用的知识。关键点的具体处理,要结合教学的重点、难点来展开分析,三者之间的关系既有可能是重叠的,也有可能存在差异。

第三是说课程资源的开发。新课程的理念强调引导教师树立课程意识,课改的创新之处就在于树立了"大课程"的观念,并且将教学与课程有机地统一起来。以新课程的理念来审视教学过程,教学过程可以被看作是课程开发、课程创生与课程建构的过程,是挖掘和利用一切课程资源的过程。教材只是一种课程资源,但却不是课程资源的全部。教师在运用教材的过程中,需要对教材进行重组、补充、拓展,这个过程其实就是课程资源开发的过程。

# 《地球的公转》一课说教材分析①

1. 地位和作用："地球的运动"是高中地理上册第一章的一个非常重要的内容,而"地球公转"又是该节的重要组成部分。本节课讲的是"地球公转"的前半部分:"地球公转的特点",是在介绍完"地球自转运动"之后进行的。从这一点上说,此内容又是"地球自转"内容的一个延伸,同时,也是产生"地球自转地理意义"的理论基础,对后面第二章《地球上大气》的学习,特别是有关气候内容的学习,起着至关重要的作用。

2. 重点和难点:按照《会考纲要》的要求,本节共有三个大的知识点,其中难度最大的是"黄赤交角及其影响",如何把这一问题讲深、讲透、讲活是本堂课的主要任务。

3. 教材的处理:如果按教参的要求,则应把本堂课的内容与"地球自转特点"放在一起,用一课时来完成,这样的好处是便于比较两种运动的特点。但从内容的衔接上则略显不足,时间上也显得比较紧张。如把"地球公转的特点"这一部分内容单独用一课时来完成,则既不用打乱原教材的顺序,使所讲内容前后连贯,又能突出"黄赤交角及其影响"这一重要内容,为下一课时的学习打下良好的基础。

## 5. 说教与学的策略

教与学的策略是教学设计的重要环节,包括教的策略与学的策略。传统的教学理念将教学过程视作教师教的过程,因此过去谈教学方法也主要是指教师教的方法。现代教学理论则认为,教学过程是教与学的双边互动过程,教学具有双边性,因此教学方法的内涵理应包括教的方法与学的方法、教的策略与学的策略。

在说课活动中,说教学策略主要包括说课者预备采取的教学方法、应用的教学媒体等,其中重点是要讲清楚为什么采取这样的策略,其优点有哪些。说学习策略则主要包括学生学习方法的选择、学习方法的指导、良好学习习惯的培养等。

说教与学的策略一定要结合具体的情境展开具体的分析,切勿泛泛而谈、空泛而论。教学有法,但无定法。不同的教学目标、不同的教学内容、不同的学生实际、不同的教师素质、不同的教学环境,教与学的策略也就会有所不同。例如,不同类型的教学目标就需要考虑不同的教学策略。知识性目标往往采用讲解或讲授的方法,动作技能类目标则主要采用实际操作训练为主的方法,能力目标需要以问题解决、问题探究的方法为主,情感态度目标则需要考虑陶冶的方法,等等。又如,教学内容不同,教与学的策略也应不同。以地理学科为例,像"气温水平分布"的教学

---

① 赵焕义. 说课:地球的公转[J]. 中学地理教学参考,1998(7).

就需要考虑教给学生分析、归纳的方法,培养阅读、分析等值线图的能力;"星座"的教学可以教给学生绘制星图的方法,培养其对天文景观图的认识能力;"工业布局"的教学可以让学生掌握分析影响具体工业布局主导因素的方法、思路以及评价的方法,培养其解决具体地理问题的能力。再如,教师自身的素质不同,其对教学策略的选择也会不同。在选择教学策略的过程中,教师可以扬长避短,选择与自己个性特长最适合的教学策略。

## 案 例

### "立定跳远"说课[①]

一、说教法与手段

教法:教师主要采用讲解示范法、完整分解法、游戏竞赛法、提问做题法、预防及纠正错误动作法、表扬鼓励法、分组练习法来达到传授基础知识、技能的目的。

手段:主要有挂图和形象教学、情境教学,用音乐和歌曲来启发和引导学生,让学生建立正确的表象,使学生有直观的理解。例如,在课前5分钟和开始部分前2分钟,可让学生欣赏小黑板上画的图形、挂图,同时结合教师的讲解,介绍立定跳远的动作。目的是培养学生对青蛙跳产生兴趣。然后通过教师提问、学生作答,再切入主题,培养学生的创造性思维能力,让学生在练习之前对所学的内容有一定的印象。

二、说学法

充分体现学生在教学中的主体作用,培养学生创新意识和实践能力,以及自我管理能力。调动学生的思维参与体育学习,让学生通过一看二想三悟的思维活动过程,达到了解动作技术的结构原理、弄清动作技术的实质和规律的目的。可寓身体锻炼于教学和练习之中,结合学生的身心特点,发挥学生主体作用和教师主导作用,调动学生的学习主动性和积极性。例如:活跃身心部分,可让各小组长把队伍带开,由小组长喊口令,自行操练,学生根据自己的爱好和特点,选择适宜的项目锻炼,彻底改变传统的教师"保姆式"教学管理的理念,激发学生的主观能动性,使学生真正成为课的"主人",充分体现健康体育教育所具有的实用价值。

【评析】 这个案例中,教师在说教与学的策略时,考虑到了现代教学理念、体育学科的特点、具体的教学目标等因素,教法与学法的选择比较合理。

---

① 孟凡忠,刘秀云.说课"立定跳远"[J].小学教学研究,2006(9).

## 6. 说教学程序设计

教学是一个过程,教学的精华与意义都在过程之中得以展开和生成,因此,说教学程序设计无疑是说课活动的核心部分。

说教学程序设计,需要考虑教学程序设计的三个特点。

### (1) 教学程序设计具有假设性

所有的教学程序设计都是一种预设,都是在教学活动展开之前所作的种种预先的安排。这种安排由于没有得到教学实践的验证,因此都只是教学之前的假定。之所以称之为"假定",是因为真实教学活动的展开总是充满着不确定性与生成性,或者说真正的教学总是生成的。因此,在说教学程序设计时,我们要考虑到预设的教学程序只是一种"假定",要在程序设计中预留教学生成的空间。

### (2) 教学程序设计具有科学性

我们之所以能够预先设计教学活动的结构,是因为教学活动具有一些内在的规律,因此,教学程序设计不是盲目随意的筹划,而是根据教学理论、教学规律进行的一种比较客观的分析。教学程序设计的科学性要求我们在说教学程序设计时必须说出教学程序设计的理论依据和设计意图,不能把说教学程序设计变成简单的叙述教学过程的。

---

### 案 例

## 《细胞的衰老和凋亡》说课[①]

### 1. 导入

由现实生活引入,展示小孩做操和老人晨练的照片,创设问题情境:与年轻的时候相比,年老后人体有哪些表现?学生很容易回答出白发、眼花等个体衰老的特征,紧接着引发学生思考:个体由细胞组成,人老了是因为细胞也"老"了吗?细胞会"老"吗?

【设计意图】学生对于生活相关的生物学知识兴趣很浓,由现实生活逐步引入本节课的第一个重点内容:"细胞衰老",可以激起他们探索的兴趣。

### 2. 新课:细胞衰老

2.1 介绍细胞衰老的现象、特征和个体衰老与细胞衰老的关系

2.1.1 给出1961年美国学者海尔弗利关于婴儿细胞培养的实验资料,引导学生通过自身的分析得出结论,随后再给出海尔弗利自己的解释,并指出细胞寿命与分裂的次数和周期有关。结合这一结论,教师随之展示一组实验得出的人体细胞寿命的相关数据,加深学生的印象。

---

① 陈亚君,郑晓蕙. 浅析生物学教师的说课思路和技巧[J]. 生物学教学,2007(10).

【设计意图】生物学是一门实验科学,可随时在课堂中渗透这方面的知识,以提高学生的生物科学素养。高中生的问题解决能力正在逐步完善,所以教师可以不急于将答案告诉学生,而是提供一些实验现象,让学生分析,随后再补充科学家的结论,让其在比较中获得提高。

2.1.2 引导学生阅读课本,归纳总结细胞衰老的相关特征,教师提问并补充。

【设计意图】高中生的自学能力很强,阅读后通过适当的概括就可以回答出来。由于教材写得过于概括,可以分别介绍细胞核、细胞膜和细胞器的衰老特征,在回顾前几章知识的同时,补充本节课内容,使学生有更加完整深入的认识。

2.1.3 联系导入时总结的年老特征,举例说明,强调对多细胞个体而言,个体衰老使细胞普遍衰老的过程。比如,老年人骨折后难愈合,是成骨细胞衰老的表现等。

【设计意图】细胞衰老的特征佐证了个体衰老的现象,通过举例可以让学生理解得更深刻。至此,循序渐进地突破了本节课的第一个重点知识。

2.2 简要介绍细胞衰老的原因,讨论如何延缓衰老,并保持健康

先请学生说说他们知道的衰老的原因,然后教师以端粒钟学说为例,介绍细胞衰老的原因之一,鼓励对此感兴趣和学有余力的学生课后自主学习。虽然人们还未解开细胞衰老之谜,但与衰老的抗争却从未停止过。回顾课前提出的问题:问一问身边的人知道延缓衰老的办法吗? 还有哪些方法可以抗衰老? 鼓励学生各抒己见,教师适当引导,指出延缓衰老一方面要依赖科技的进步,另一方面更重要的是自身健康的生活习惯。

【设计意图】高中生好奇心强,对"新奇"的知识特别有兴趣。请他们表达自己看法,可以调动课堂气氛,也是对他们关注生物学知识的鼓励。教师只选择衰老的原因之一来介绍,可以在兼顾各个层次学生的同时留有余地,将更广阔的领域展现在学生面前,供其探索。并且,高中生已经有了一定的辩证思维能力,所以对延缓衰老的话题并不难讨论。教师可以适当补充相关资料供学生讨论,以使学生认同健康的生活方式和态度才是抗衰老的良药。

【评析】 本案例中,教师不仅说出了教学程序的设计,而且还重点阐述了自己的设计意图,解释了教学程序设计背后的理论依据。

(3) 教学程序设计具有可操作性

教学程序反映的是教学过程中教与学的活动结构,它所呈现的是一种操作性很强的活动序列。说教学程序设计不能脱离教学活动的结构从而抽象地谈教学理论,而是必须要结合具体的教学环节、活动结构来阐述教学设计的潜在理念与理论依据。

# 《圆明园的毁灭》说课案例①

《圆明园的毁灭》一课,在预演3、4自然段的教学时,两位老师说课如下:

甲老师:在教学3、4自然段,也就是描写圆明园辉煌的过去这一部分时,我拟用创设情境、读中悟情的教学方法,让学生在情境中感受圆明园的历史地位和文化价值。通过读书,让学生在与文本对话中领略圆明园辉煌灿烂的过去,从而激发学生对祖国的热爱、对侵略者的仇恨;激发学生不忘国耻、振兴中华的责任感和使命感。因为阅读是学生、教师、文本之间对话的过程,是学生的个性化行为,不能以教师的分析来代替学生的阅读实践。应让学生在主动积极的思维和情感活动中,加深理解和体验,有所感悟和思考,从而受到情感熏陶,获得思想启迪,享受审美乐趣。要珍视学生独特的感受、体验和理解。

乙老师:在教学描写圆明园辉煌的过去这一部分时,我准备从"读、说、游、赞、读"几个环节引导学生感悟文本。首先,要求学生默读课文3、4自然段,整体感知圆明园辉煌的过去,然后请学生说说圆明园中哪些景点吸引了自己,接着通过多媒体课件,让学生游览过去的圆明园,再让学生对着定格的画面说说自己心里的感受,最后让学生用读书的方式来表达自己的情感。由于圆明园辉煌的过去离学生的生活实际相去甚远,而且四年级学生的想象能力、抽象思维能力尚未成熟,通过"读、说、游、赞、读",能够帮助学生由境入情、披文入情,能够培养学生感受、理解、欣赏和评价的综合能力。

【评析】 在上述案例中,教师甲在说教学程序设计时过分追求理论依据的华丽和前沿,忽视了教学程序与教学理论的有机融合,说课存在空泛议论的倾向。教师乙则结合具体的课文和教学的程序展开阐述,在教学程序之中去体现教学设计背后的教学理念,做好了"说程序"与"说道理"的有机融合。

## 二、说教学实施

说教学实施,就是课后说课。课后的说课,绝不是简单地重复教学预设的方案,而是要考虑课堂教学的实际情况,以及课堂上产生的一些非预期的变化,对教学实施的实际情况加以说明。在说教学实施时,一般可以从教师引导、学生参与和教学生成等若干方面来说课。

---

① 崔小春."说课"断想[J].人民教育,2005(8).

## 1. 说教师引导

新课程要求教师自觉地转变自身的角色,即从传统的"教书匠"、"讲解员"转变为学生学习的"促进者"、"引导者",从"权威"转变为学生学习的"顾问"和"同伴"。

在传统教学中,教师的角色是"教书匠"和"讲解员",所谓"传道、授业、解惑",正是这一角色的鲜明体现。这种角色定位是把自己知道的书本知识转授给学生,因而,只要教材熟悉,教学结构清晰,语言表达通达,就算尽到了教师的责任,如果再能讲得诙谐风趣和深入浅出,使学生爱听,就是一个好教师了。在传统教学中,双向交流可有可无,极而言之,教师可以无视学生的存在。然而,社会的飞速发展、信息技术的广泛普及、学生接受知识与信息的渠道越来越多,教师和教材不再是学生获取知识的唯一源泉,传统的以知识授受为主的师生关系因此也必然要发生深刻的转型。正是在这一时代背景之下,新课程强调师生关系与教师角色的重建,强调要尊重学生在学习过程中的主动性,要引导学生主动地学习,使学生真正成为学习的主人。因此,说教学实施,必须要重点阐述教师"引导"的智慧和学生参与的实践。

### 案　例

#### 《爱莲说》课后说课与反思[1]

过去,在教文言文时,我往往从讲解课题、作者入手,然后一句一句领读,一字一字翻译,直到文章中心、写作方法,所有该讲的,一句话也不漏掉;所有该做的课后练习,一道题也不放过。我那时所担心的,是考试时千万别因为自己没讲到,而使学生不会做。至于对学生,我那时所关心的,是他们上课记不记笔记,下课复习不复习。有时候考完,自己也纳闷:这道题明明在课堂上已经讲过了,还反复强调一定得注意的,结果还是错得一塌糊涂。到底是什么原因呢?当时更多的是责怪学生,并没有从自身去找原因。后来,我换了一个思路:让学生自己去学习,自己去发现。用这种方法上完课后,我才真正明白了教与学的真谛。

那一课(《爱莲说》)我是这样上的。

开始,我从杨万里的"接天莲叶无穷碧,映日荷花别样红"入手,看似很随意地和同学们展开了漫谈:莲有哪几部分?各有什么特点?你喜欢莲吗?为什么?我把这称之为"漫谈入课"。说是漫谈,其实是我的精心设计。我必须从这一过程中,首先发现学生在学这一课前,哪些已经会了,哪些还不会,从而确定下一步如何去"引导"。

接着是第二步骤:学习课文。先由学生自由朗读,发现不认识的字和拗口难读的句子,就提出来……这一步用的时间稍长,学生的提问也较多。但绝大部分问题,学生都能自己解决,只有极少数问题,需要老师点拨一下。翻译完后,我提了两个问题:作者写莲有哪些特

---

[1] http://wenku.baidu.com/view/f78255c58bd63186bcebbc4d.html.

点?为什么要写这些特点?对于第二问,我原先以为学生回答不出来。结果,学生不仅正确地回答了出来,而且还联系到刚学的《陋室铭》。这不禁使我有些自惭,以前太低估了学生。

再接下来是第三步骤:评价课文。这里有两层含义:课文里值得学习的地方和对课文有疑问的地方。这是让学生发现问题的最关键之处。一开始,学生由于习惯了老师的满堂灌,没人发言。我就引导大家:你自己认为课文哪里写得最好?于是大家你一言,我一语,对《爱莲说》的主旨、结构和写法,一点一点地全"拼"了出来……至于对课文有疑问的地方,一开始,学生确实想不到。选入课本的文章,都是典范文章,哪里敢怀疑?静场片刻之后,我启发大家:作者所处的年代,距离现在近一千年,难道到了现在,大家的思想观念还没有发生变化,还完全同作者的观点一样吗?这几句话拓展了学生的思路,课堂上产生了激烈的争论……

【评析】 上述案例中,教师重点阐述了自己如何改变满堂灌的传统教学方式,引导学生主动探究和发现的过程。正是由于教师的引导,教学才产生了良好的效果。

### 2. 说学生参与

学生参与是新课程的重要理念。新课程所倡导的自主学习、合作学习、探究学习,都需要以学生主动的课堂参与作为前提,没有学生的积极参与,就不可能有真正的自主与探究合作学习。教学实践证明,学生课堂参与的深度与广度,直接影响着教学效果。

说学生参与,必须考虑学生参与的多个维度与多种内涵。

首先,在性质上区分,可以把学生参与区分为被动参与与主动参与。传统的课堂教学也有学生的参与,但是这种参与往往是被动的,主要表现在两个方面。一是参与过程被动,学生的参与主要依赖于教师的发起。在传统的课堂上,教师是参与活动的发起人,学生参与还是不参与、参与多少、以何种形式参与都由教师来决定。二是参与形式单一,学生主要通过回答教师提问来参与课堂。由于教师提问的数量和指名回答的人数非常有限,因此多数学生在课堂上难以表达自己的想法。新课程主张引导学生主动参与,即在课堂上营建宽松、民主的教学氛围,让不同层次的学生都拥有参与和发展的机会。

其次,在表现形式上,学生参与表现为多个维度。概括而言,可分为行为参与、情感参与和思维参与。行为参与一般表现为语言上的参与,如回答教师的提问,或者在小组讨论中发言,这是所有参与形式中最外显、最直观、最易于被评价的。情感参与是指学生对教学内容作出的情感投入,例如对教学内容感兴趣而面带微笑、对课本中描写的故事人物的悲欢离合感同身受,心情激动。这些都是课堂情感参与的表现。课堂上的情感参与反映出学生能够从学习过程中获得积极的情感体验,能够在内在动力的驱使下展开主动的学习。思维参与是指学生能够在学习过程中充分展开自己思维的过程。三种参与方式相互关联,相辅相成。在说课活动中,我们要尽可能说出教学实施过程中学生在三个方面的参与情况。

## 案 例

### 从学生参与的视角透视课堂[①]

一、研究方法

观察样本:苏教版三年级(下册)《吨的认识》教学。

观察工具:自制的观察量表。分别从教师提问范围、学生举手、发言等维度进行课堂观察。

记录方法:采用手工记录方式,记录教师提问范围、学生举手、发言等情况,分别作出标记,以备对观察数据进行统计和分析。

二、观察结果与分析

在本节课中,教师提问的范围较广,一共有77人次发言,有13人发言一次,有21人多次发言。在发言的学生中,优等生有8人,中等生有21人,潜能生有5人,从中可以看出,教师在课堂中关注最多的是中等生的发展。从被叫到学生的座位分布来看,离讲台近的几横排被叫到的次数较多,最后几横排几乎没有人被叫到。

从学生举手情况的记录看,第一个10分钟、第二个10分钟、第四个10分钟学生的参与率较高,第三个10分钟参与率相对较低。在参与率高的环节中,教师提的问题贴近学生的生活实际,问题的内容也是学生比较感兴趣的,设计的活动是适合这个年龄段学生的。

从学生发言情况记录看,教师提出的每一个问题都会有学生回答,大多数问题教师叫了不同的学生回答。但在后面的练习题中,教师没有进行有效的追问,致使每个问题只要有人回答对了,就过去了,没有再多讲。其实,先不妨多问问:其他学生也是这样想的吗? 还有不同意见吗? 你能说说你的理由吗? 还有谁能从这点想到些什么? 或者,还有什么想跟同学们分享的吗? 多进行一些追问,让学生的思维进行碰撞,这样学生参与的积极性会更高,注意力也会更集中。

【评析】 这个案例启示我们,在说课活动中,说学生的参与情况可以采用课堂观察的方法,课堂观察报告反映的正是学生在课堂中真实的参与情况。

---

① 钱黎黎.从学生参与的视角透视课堂[J].教育研究与评论(小学教育教学),2011(12).

3. 说教学生成

教学生成是新课程课堂教学的一个亮点,它体现了课堂教学的丰富性、开放性、多变性和复杂性,激发了师生的创造性和智慧潜能,能够使课堂真正焕发出生命活力。

教学活动原本就是一个复杂的、开放的、不确定的系统。从现代教学理论的角度来说,教学过程不是简单的教师讲、学生听的单向传递过程,而是教与学双边的互动过程,师生双方相互交流、相互沟通、相互启发、相互补充。在这个过程中,教师与学生分享彼此的思考、经验和知识,交流彼此的情感、体验与观念,丰富教学内容,求得新的发现。概而言之,教学本质上是一个发展的、增值的、生成的过程。

对教学生成的重视,需要我们用新的眼光来重新打量"生成"。在传统的课堂教学中,"生成"被视为"意外",被视为需要忽视、排除、摒弃、压抑的对象,过多的"生成"还被看作是教学预设不充分的表现。但是,在现代教学理论的视野之中,"生成"意味着接近教学的真实,反映教学的常态,而且,对"生成"的处理往往还折射出教师的智慧。

由于新课程对教学生成的重视,说课也必然要关注教学生成。说教学生成,可以从如下两个方面来展开。

一是说教学目标的生成。预设的教学目标并不是一成不变的,而是需要在教学实施的过程中,根据具体的教学境况,灵活地修正、补充,乃至拓展。例如,一位历史教师是这样叙说教学目标的生成的:"在教学刘备'三顾茅庐'时,我们一般都会从刘备求贤的角度去考虑,这属于一般的常规思维。但是课堂上有位学生提出了一系列教师事先没有预料到的问题:'诸葛亮为什么要等刘备三次请他才出山呢? 是不是他太清高了呢? 况且,诸葛亮隐居并不是真隐,这有什么深层次的原因吗? 如果没有三顾茅庐,诸葛亮岂不是要一辈子高卧隆中吗?'这些问题超出了我事先的教学预设,我认为这正好是一个训练、发挥、展示学生从多角度分析历史问题能力的好机会,因此,我在课堂中生成了一个新的教学目标:'培养学生多方面分析历史问题的能力。'我让学生分成小组,相互研讨和分析诸葛亮不出山的社会根源。大家的兴趣被调动起来了。我适时地引导他们从动乱的社会状况、道家思想、思想控制等方面去讨论,成功地调动学生参与到课堂的讨论中来,活跃了课堂气氛,学生也从中体会到了探索新知的愉悦。"

二是说教学过程的生成。在教学过程中,由于学生的学情在不断变化,师生互动的状态也在不断变化,教学过程就必然具有生成的特性。更重要的是,真实有效的教学生成往往蕴含着教师的实践智慧与教育机智,因而更应该在说课活动中进行充分的展现。

---

**案　例**

教学过程的生成

在学习"中国近代以来物质生活和社会习俗的变迁"时,我并没有按照教材和参考书上的内容进行讲解,也没有自己去大量搜集有关的学习资源,而是发动学生和我一起开发课程资源:鼓励他们围绕"学习目标"(略),通过各种方式去查阅、搜集学习资源,然后进行课堂展示、交流。学生们的热情非常高,通过多种途径搜集了许多生动、典型的史料。有的同学将近代以来百姓餐桌上菜肴的变化过程、四大菜系背后隐含的文化特征等内容制作成了幻灯片进行展示,有的同学将记录家族先人婚丧嫁娶习俗变迁的老照片拿来交流……我选取了一部分典型的老照片,引导学生对这些照片上的历史信息进行提炼,并分析"照片背后所反映、记载的历史剧变及其成因",还要求他们与教材上的结论进行对照,并提出自己的看法和结论。在这个过程中,学生一直处于积极的学习状态中,不仅开发出了丰富的史料,也能够通过这些史料分析、总结出一些颇具创新性的观点。如有的同学以人们服饰的变化过程为例,总结出了近代以来人们价值观由"西化"到"苏化"再到"多元化"的变化过程;有的同学总结出"衣食住行是一个时代特征的集中折射和高度浓缩";有的同学从近代以来婚俗的变化过程分析出了妇女地位逐渐得以提高的过程,等等。

这节课,我并没有直接呈现给学生结论,也没有将自己开发的学习资源呈现给学生进行学习,而是让学生根据学习需要,独立去搜集学习资源,并对这些资源进行有效选择、合理分类、科学甄别,并考证、处理,作出价值判断,去粗取精,去伪存真,提炼出科学的历史结论和创新性的观点。在这个过程中,学生俨然是一个"研究者"在参与整个活动,他们"亲历"并体验了历史学习和研究的过程与方法,提升了"学力"和素养,培养了开发学习资源、合作探究历史问题的意识和能力,这些都是新课程教学理念中所倡导和要求的。史料的开发和研习不仅是教师的事,也是学生的事。历史学习和研究的"过程与方法"不是教师教出来的,而是在教师指导下学生感悟和体验出来的。[①]

### 三、说教学收获

教学收获主要指教学结束之后对教学过程的反思、分析与评价,包括教学效果的评价、存在问题的分析、教学实施的感悟,等等。在说教学收获时,我们可以结合对教学过程的反思,从说教学效果、说存在问题和说教学感悟等方面来展开。

说教学效果,可以从教师教的侧面和学生学的侧面来展开。传统教学观念比较重视教师"教"的侧面,对课堂教学的评价主要是从教师教学行为的维度来建构的;现代教学理论则更重视学生"学"的维度,强调以学论教,倡导从学生学习的效果和学习的质量来分析评价课堂教学的成效。因此,说教学效果,我们不能忽视学生学习的维度。

说存在问题,可以围绕教学过程中存在的困惑、遗憾、不足等来展开。任何教学都不是完美

---

① 王生. 体验性:"过程与方法"目标的核心[J]. 历史教学问题,2009(4).

的,在教学过程中,我们总是可以发现需要进一步研究的问题,对这些问题展开反思,可以有效地促进教学研究的深化。

说教学感悟,可以结合平时的阅读积累、同行的听课观摩、理论的研修学习来展开。教学感悟本质上是个性化的,没有固定的模式,也没有僵化的思维路径,甚至叙说的语言都可以是个性化的。教学感悟反映的是教师认识的深化,展现的是教师生命成长的心路历程,因此在说课活动中应该给予重视。

**案 例**

### 小学语文第 9 册《赤壁之战》课后反思[①]

一、教材是"例子",教学需要给孩子快乐

长期以来,由于受传统教学观念的束缚,教师经常充当教材的诠释者。教好教材、落实"知识点"几乎成了教师教学工作的全部。在这种观念主导下的教学,要实现学生的"愉快学习"是不可能的。有些教师在说课时说"我如何如何调动学生的学习积极性",只不过是自欺欺人罢了!《赤壁之战》一文选自中国古典小说《三国演义》,文章时代背景复杂,人物性格鲜明,故事情节生动。这样的"经典教材",一般教师在教学时往往囿于文本,放不开手脚,重在引导学生理解教材内容和感受人物性格特点上。我在教学中"一反常态",把课堂营得"谈笑风生"、"神采飞扬"。在导入新课环节,我由小说中的两个"徐姓"人物徐庶和徐晃入手,巧妙地结合自己的"姓氏",并引用"三个臭皮匠——顶个诸葛亮"这句歇后语展开"谈话",打开了学生的"话匣子",激活了学生的思维,调动了学生的学习热情。在整节课的教学中,我注意运用诙谐、幽默和调侃的语言,让学生在几个板块的学习中始终保持昂扬的情绪。整节课下来,学生并未因为这一教材的生涩难读而表现出怠倦之意,相反,课堂成了学生学习的乐园。

二、教材是"例子",文本需要适度地重组

面对篇幅冗长、结构复杂的文学作品或其他经典课文,教学设计的首要问题是如何"长文短教"、"化繁为简"。拿到这样的教材,教师们都知道教材内容不能面面俱到,不能"眉毛胡子一把抓",但在具体教学设计时,却往往又舍不得"忍痛割爱"。产生这一现象的原因,主要在于教师们难以找准教学的"最佳切入点",难以实施"以点带面"的策略。在本课教学中,我对教材内容进行了"删繁就简"的处理,从中提炼出"智慧"这个"核心词",借此重组教材和解读文本。在教学中,我紧紧抓住"交战双方战争形势分析"与"剖析诈降信"两个板块,让学

---

① http://bbs.pep.com.cn/forum.php?mod=viewthread&tid=236482. 作者为浙江省嘉兴市秀洲区洛东中心小学徐如松.

生走进曹操和周瑜两个人物的内心世界,充分感受曹操的"大智大愚、骄傲自大"和周瑜的"雄才大略、迎难而上"。由于教师对教材进行了重组裁剪,教学思路显得更加简洁明朗,学生的学习也变得更加轻松活泼了。

三、教材是"例子",教学需要精心地预设

新课改至今,如何解决"预设"与"生成"这对矛盾渐渐成为"热点"。在提倡语文课要上得"大气、开放、和谐、精致"的当下,我们不得不潜心研究"预设"与"生成"的关系。其实,这二者的关系是互为表里的,弄清这点并不难,关键在于如何实施。课堂教学只有预设得精巧,学生才能生成得精彩。在本课教学中,我从解题入手,两次读题,让学生记住"战争的地点在赤壁"和"双方的统帅分别是曹操和周瑜"这两点,然后学生在教师的引导下阅读课文的第一自然段,从曹操和周瑜两个方面具体感受大战前的紧张气氛。例如第一句的教学,我引导学生想象"率领大军南下,想一举夺取东吴"的曹操在江边望着周瑜区区三万人马会怎么想? 说些什么? 做些什么? 引导学生再现曹操得意洋洋的情形。如此预设,巧妙地将学生引入课文,感受了人物的内心活动。如此预设,学生的思维被激活了。透过文本语言,他们仿佛正在经历 1 700 多年前的这场"战争"。第二句的教学,我以一句精巧的过渡语"知己知彼,才能百战百胜",顺势引导学生再来研究周瑜方面又是如何"调兵遣将"、"运筹帷幄"的。在学生理解了"火攻计"之后,我又提出了这样的问题:"开完了献计会议,周瑜心里有了底气,他再次来到江边,望着对岸的曹操,心里又会想些什么呢?"引导学生想象周瑜"胸有成竹、运筹帷幄"的人物形象,进而感受交战双方在江边的"斗勇更斗智"。我对文本进行了这样的拓展,"由点而面"的精心预设体现了教学的"开放、大气",使学生与文本的沟通和谐自然。

四、教材是"例子",教学需要巧妙地延伸

新课程教学中,一个重要的理念是教师要"用教材教",而不能囿于"教教材",这就是说,教师要充分挖掘教材的"语言训练点",并进行适度的拓展训练,提高学生的语言运用能力,增强学生的语言积累。因为"教材无非是个例了",我们的教学不能仅仅满足于单一的教材理解上,而要让学生灵活地举一反三,"化为己有"。在"诈降信"的教学中,我通过引导学生逐句剖析黄盖"诈降信"的内涵(夸曹操、贬周瑜、表决心),在充分口语训练的基础上,让学生改写"给曹丞相的一封信"。这一环节的设计,不仅训练了学生口头语言转化为书面语言的能力,强化了读写结合,还有助于他们加深对文中人物的理解,增加了学习的趣味性。

## 第三节　说课的实施与评价

说课要取得良好的效果,就必须关注说课的方法和艺术。面对同样一个课例,不同的老师可能有不同的说课思路和表达方式,并且产生不同的说课效果。因此,掌握说课的要求、提升说课的艺术、关注说课的评价、创新说课的形式也应该成为说课研究中的重要领域。

## 一、掌握说课的要求

说课与上课的最根本差别在于：上课主要关注的是"教什么"、"如何教"，而说课不仅要说"教什么"、"如何教"，更重要的是说"为什么要这样教"。由此可见，说课在本质上是一种研究性活动，所谓"说"，就是研究、交流、探讨、分析；所谓"课"，就是具体的案例、实践的情境。说课就是将"说"与"课"合在一起，在具体的课例上展开研究，其优势在于通过具体的课例来整合教学的理论与实践。说课的这个根本特点决定了说课的要求，那就是在说课中将教学理论与教学实践有机地融合起来，既不能泛泛地空谈理论，也不能呆板地叙说实践。

### 1. 凸显理念的引领

有效说课的首要特征是在说课活动中凸显先进理念的引领。说课重在"说"，但是这种"说"不是简单地闲聊、粗浅地议论，而是站在理论的高度进行的分析与诠释。因此，说课的真正生命力不是去构建一些具有可推广性的操作模式，而是与时俱进，敏锐捕捉时代的精神与先进的教学理念，并且用这些先进的教学理念来诠释复杂丰富的课堂实践。这就意味着说课活动需要与时俱进，不断创新。这种创新不仅仅是说课形式的创新，更重要的是在说课的理念指导上的创新。

改革开放以来，教育教学改革发展迅猛，各种新观点、新理念、新视角层出不穷。正是思想理论层面的不断创新，才推动了我国教育教学改革的深入。例如，关于教学的本质，学术界形成了多种不同的观点，诸如"特殊认识说"、"促进发展说"、"教学交往说"、"教学实践说"，等等，每一种观点都具有一定的启发性，都是对传统教学观念的一种冲击与超越。在说课活动中，教师完全可以从具体的案例出发，结合自己的理解和感悟，选择特定的理论视角来展开阐述，以体现说课活动中的理念引领。

### 案例

#### 教师备课要关注学生的阅读期待[①]

以往，我们备课考虑更多的是教学重点的确定及解决，教学难点的设计及突破，却忽视了学生在阅读过程中对阅读需求产生的一些个性化的思考。实践新课程以后，学生在课堂学习的过程中，积极参与学习的愿望非常强烈，主动地去质疑、思考，使语文课堂充满了活力。在这方面，我有着切身体会，下面结合我备人教版小学语文实验教材二年级上册《蓝色

---

① 蔡全会.教师备课要关注学生的阅读期待[J].小学语文，2007(9).

的树叶》一课，谈谈自己的感受。

一、教师备课要在吃透教材的基础上，跳出来站在学生的角度审视教学设计

备课过程中，教师对教材钻研理解得很透彻，感悟也很独特，对教案设计也很满意，但在教学中却经常出现一厢情愿的课堂状态：学生对教师的提问不知所云，思维跟不上教师预设的进程，教与学处于两难的境况……仔细分析不难看出，教师在备课时，忙于备教材、备设计、备过程、备教学方法、备练习，却忽略了一个非常重要的环节——备学情。这是备课中一个严重的缺失。

我在备《蓝色的树叶》一课时，就深刻地体会到了备课还是应该遵循学生的认知规律，分析学情，从学生的实际接受能力出发，做到深入浅出，化难为易。

初备此课时，虽然对教材的理解较为透彻，同时也查找到大量的资料，并对教案进行了多次推敲、修改，但设计出的教案总是不尽如人意。如何把握重点段的切入点？如何能够使学生真实地体会到文本人物的内心世界？……一系列问题的解决方案、设计的一些处理办法自己都不太满意。备课中的种种困扰让我近乎对这课的研究失去了信心……经过一段时间的潜心思考，我感悟到教师备课在吃透教材的基础上，一定要跳出来站在学生的角度，去思考在学习这课时有什么问题、困难，要站在学生的角度去审视自己的教学设计。

二、关注学生的阅读期待，课堂教学会因此而精彩

在教学过程中，学生是学习的主体，教师的主导因学生的学而不断地变化着。学生思维的火花有时能使课堂大放异彩。在备课过程中，一个不容忽视的环节，就是备学情。始终困扰着我、让我百思不得其解的一个关键性的原因，就是我对学情的忽视，这也导致了教案总不令自己满意。与其我自己在这里苦思冥想，无计可施，不如改变思维方式，利用学生这一教育资源，"以学定教"，开启"学生"的心智，使学生真正参与到教学中来。

我放下自己的教学设计，开始进行学情调研。我发给学生每人一张纸，请他们通过自己的阅读，写一写学习此课的体会、建议或问题。学生的积极性很高，他们边读书边思考，有的学生还低声细语地交流，互相启发，气氛极为热烈……一张张写满字的纸回到我的手中。有的说：课文2、3、4自然段都有李丽和林园园的对话，可以重点体会她们两个人之间的对话；有的说：李丽向林园园共借了两次笔，那就一次一次地学呗……其中有一个学生说：课文中先是李丽因找不到笔向林园园借，不好意思地脸红了，到后来林园园也脸红了，这是为什么呢？……看着这一张张用铅笔写得密密麻麻的小纸片，布满了学生针对本课提出的问题与建议，我兴奋不已。"林园园为什么脸红呢？"是啊，明明是李丽向林园园借铅笔，不好意思才脸红的，到了课文的最后，为什么却变成了林园园脸红呢？这是一个多么值得研究的问题啊！不难看出，这也是学生们最不理解的问题，也正是学习这篇课文重点要解决的问题。这既是课文的重难点，又是解决课文重难点的突破口，多么巧妙的切入点啊！

事实让我懂得备学情的重要。学生这一课程资源真是不容忽视！随即一气呵成地完成

了本课的教学设计：先插图导入——体会李丽借笔时的不好意思，以及林园园不愿借笔的种种情景——探究应该李丽脸红，可林园园为什么脸红——感受林园园的后悔，想象她的内心世界——重编故事的结局。这份教学设计，在教学实践中如期所愿，取得了相当不错的教学效果。

课后，看着这份满意的教学设计，我情不自禁地提笔反思：在备课过程中，只有关注到学生的思考，把学生的经验世界、文本知识、教师知识素养融合起来，才能找准教学的起点和重点，在课堂上才会达到教与学双赢的效果，从而培养会学习、会思考、会提问的学生，为学生终身学习奠定基础。

**【评析】** 这个案例中教师结合具体的课例叙说了自己备课的心路历程与教学感悟，读起来很有启发性。而案例之所以生动，不是源于语言的优美，而是因为案例之中反映了当代教育教学的时代理念："以生为本"。

### 2. 聚焦教学的问题

说课需要结合"课"来展开阐述，不能空泛地议论。如果把教学理念比作是说课的"骨架"，那么具体的案例则是说课的"血肉"。仅仅说理念或者仅仅说案例，都是割裂了"骨架"与"血肉"的有机联系，都会减损说课的实际效果。

在说课的准备过程中，教师需要在理论与实践之间不断"穿行"。既要从"具体"的案例上升到"抽象"的教育教学理念，更要从"抽象"的理念再返回到"具体"的实践案例。一般而言，从"具体"到"抽象"相对容易，但是从"抽象"返回"具体"则相对困难。可以说，先进的教育教学理念如何结合和融入到具体的实践案例之中，这仍是当前教育改革之中的一个难点。我们经常可以看到，一些教师说起课改理念来头头是道，但是仔细观察他的课堂教学实践，却总是可以看到传统教学观念的深刻影响。

事实上，理论与实践原本就分属不同的范畴，二者之间的"裂隙"也就自然是一种客观存在。因此，理论联系实际的过程需要发挥教师的教育智慧，需要寻找二者联系的中介和桥梁。教学设计与教学实施中的"问题"，是联接教学理论与教学实践的有效中介。抓住教学活动中的问题来展开分析，就能够有效地消融理论与实践之间的对峙。

以数学学科为例，当代数学教育研究提出了很多崭新的数学教学理念，例如"数学是一种文化"，"生活中的数学"，等等。要将这些数学教学理念贯穿到数学教学实践之中，关键就是要结合具体的教学问题来展开分析。例如，如何在三维目标的设计中体现数学的文化维度？如何在教材处理中体现数学与生活的关联？如何在教学程序的设计中凸显学生的探究？等等。总之，只有聚焦这些具体的教学问题，我们才能以此为"抓手"，将教育理论引向生动的教学实践。

# 初中化学《铁的性质》说课①

一、教学的重点、难点

1. 重点：铁的化学性质。

2. 难点：铁的化学性质实验探究方案的设计。

通过和已有化学知识的联系、比较，理解并得出结论："铁的化学性质比较活泼"。

二、学情分析

在本章前，学生已经学习了镁条、细铁丝分别在空气和氧气中燃烧的实验，以及实验室用金属锌和稀硫酸制氢气等知识，因此，在教师的引导下是可以设计出铁的化学性质的实验方案的。同时，通过引导学生比较镁、铁在不同条件下燃烧，燃烧剧烈程度的差别，锌、铁与酸反应产生氢气的剧烈程度上的差异等，让学生理解并得出"铁的化学性质比较活泼"的结论。

三、教材处理及意图

1. 课前将学生分成小组，分别领取"钢铁在生产、生活中的作用"、"铁在地壳中的储量及在我国的分布情况"、"我国的钢铁史及产量情况"等资料收集任务，每个小组推选一人在课堂上作简短汇报，教师评价总结后转入铁的性质的学习。这样处理能让学生自主认识身边常见物质在社会生产和生活中的应用，了解化学与社会和技术的相互联系，学会收集处理信息并用化学语言进行表述，同时，增强热爱祖国的情感，树立为民族振兴、为社会进步学习化学的志向。

2. 铁的物理性质的教学主要通过引导学生观察生活中的铁制品和纯铁的区别，组织学生动手实验，观察其韧性和硬度，并联系物理知识，帮助学生分析其密度、联想其铁磁性，再由水的三态变化迁移到铁的熔、沸点等。在了解铁的物理性质的基础上，指导学生认识金属物理性质的方法，并建立学科知识渗透的思想，培养学生终身学习的能力。

3. 铁的化学性质的教学则采取"引导——探究"的教学模式。在准备好所需化学药品的前提下，教师引导学生回忆已学知识，让学生提出不同的探究方案，互相评价方案的可行性及优劣，最后确定方案并实验。学生通过观察现象——比较分析——归纳结论——总结规律的过程，获得自主发现的快感，在设计和完成一些简单化学实验的同时，受到了科学方法的教育，发展了学习化学的兴趣。

4. 关于铁生锈及防锈措施等内容，与其泛泛而谈，不如将其调整到研究性学习部分。在本节课约一周前，布置研究性课题："钢铁制品锈蚀条件及防锈措施的探究"。在讨论完铁的

---

① 李雪梅. 初中化学《铁的性质》说课[J]. 化学教学，2003(11).

化学性质后,就请学生汇报探究结果,引导讨论,使学生认识到防锈措施和锈蚀条件间的关系。在此活动过程中,学生树立了珍惜、保护资源,合理、正确使用化学物质的观念,并能做到主动与他人进行交流和讨论,清楚地表达自己的观点,发展善于合作、勤于思考、勇于创新和实践的科学精神。

【评析】 本案例中,教师确立的教学理念是转变学生的学习方式,尤其是引导学生探究学习的理念。这个教学理念需要渗透到教材处理、教学策略选择等许多具体的问题中。上面的案例片断正展现了教师如何把学习方式转变的理念体现在教材的处理之中。由于结合了教材处理这样一个具体的问题,因此理念的阐释就显得非常地具体。

### 3. 增进反思的意识

说课,无论是对"说"的准备,还是对"课"的研究,都需要教师积极地展开自我反思。教学反思是贯穿说课活动的灵魂。说课与备课、上课、评课的差异正是在于说课活动要展示教师教学研究的心路历程,而不是简单地重述教案。简言之,说课不仅要说自己是"如何做"的,更需要说自己是"如何想"的,要把自己的想法、思考、困惑、选择,乃至于立场、观点、兴趣、偏好等都呈现出来。

说课过程中的反思可以包括很多方面的内容。例如从宏观的方面看,反思的内容可以包括:教学理念是否明确?教学方法是否科学?教学程序是否合理?教学设计的理论依据是否恰当?教学手段是否有助于学生的学习?教学组织形式是否有利于学生的发展?等等。从微观的方面看,反思的内容可以包括:哪些提问是有效的?哪些提问显得低效甚至无效?哪些教学细节值得回味?哪些教学细节存在遗憾?哪些教学行为需要改进?等等。

在说课中凸显反思,可以采用"夹叙夹议"的方式,一边叙说"如何教",一边对自己的教学行为展开议论和分析。还可以用表格的方式,编排"设计意图"一栏,在"设计意图"这个栏目中集中阐述自己的教学反思。

### 案 例

《迷人的秋色》(湘教版小学语文第五册)说课对比[①]

教师甲:我的教学程序安排如下:

(一)谈话激趣,出示课题

1. 小朋友,一年当中有几个季节?大家按顺序一起来说。(春、夏、秋、冬)这四个季节各

---

① 李崇爱,孟应周.简单化·虚空化·模式化:中小学说课中的误区及矫正例析[J].当代教育科学,2011(6).

有什么特点呢？（春天百花盛开,夏天绿树成荫,秋天果实累累,冬天雪花飘飘）

2. 是呀,一年四季真是各有特色,那你知道现在是什么季节吗？（秋天）对,今天,我们就来学15课,相信你们会喜欢秋天的景色。

板书课题：迷人的秋色

(二)品读课文,指导学生有感情地朗读课文

1. 学习第1、2自然段。

(1)上节课我们学习了生字,也预习了课文,现在请大家在心里快速默读课文,边读边想：这篇课文的主要内容是什么？

(2)指名让某同学有感情地朗读1、2自然段,再请学生评一评。

(3)学生对这两个自然段提出不理解的问题,师生共同解决。

小黑板出示句子：花木灿烂的春天固然可爱,然而,瓜果遍地的秋色却更加使人欣喜。(指名读句子)理解："固然、然而"的意思。

……

教师乙：本节课我的教学过程设计如下：

(一)谈话激趣,导入新课

我设置了"一年中有几个季节？ 你知道现在是什么季节吗？ 在这个季节里,你看到最多的是什么？"等三个问题,在学生熟悉的生活场景的叙述中,把学生带入秋的世界,导入新课,激起学生学习的兴趣。

(二)品读课文,整体感知

首先,学习1、2自然段。我范读,指名让学生有感情地朗读后,再请学生评一评。接着,我让学生对这一小节中不理解的问题议一议,师生共同探讨解决。在这一小节中,我将围绕"花木灿烂、瓜果遍地"两个词语进行教学,因为这两个词语概括了春天和秋天的特点,是整篇课文的文眼。通过让学生有感情地朗读、看图片、讨论等活动,学生对秋天有了一个整体直观的感受。

备课时,我曾想让学生理解"固然"这个词语的意思,或者是进行换词练习,然后再指导朗读。但考虑到"固然"这个词语对二年级的学生来说也许更多的是意会,不太容易解释清楚,所以我没有制定理解"固然"意思的环节,而是设计了让学生谈读第一小节后的感受,学生基本能说出在作者的心里他更喜欢的是秋天,在这个基础上再指导读好第一小节。

在这个教学版块中,我还设计了读准"灿烂"、复习"火字旁"、指导"灿烂"的书写的教学环节,这不仅是因为课后要求书写"灿烂"这个词语,更重要的是因为"灿烂"都是"火字旁"的字,而这个部首是学生非常容易写错的一个部首……

【评析】 教师甲和教师乙的说课形成了鲜明的对比。教师甲的说课基本上是重复教案，把说课等同于备课，说课过程中看不到教师的教学反思。教师乙的说课则充分凸显了教师在教学设计过程中的种种思考和抉择，这种说课才有利于促进教师专业共同体内的交流，才能真正对其他教师有所启发。

### 二、提升说课的艺术

说课不仅具有科学性，而且具有艺术性。说课的科学性是指说课具有质性的规定，说课的实施有一些基本的要求，说课活动也可以有共通的操作模式。而说课的艺术性可以从艺术的内涵进行推演。所谓艺术，是指"富有创造性地工作方式和方法"。同理，说课的艺术性就是指说课实践中，教师可以创造性地运用说课的原则、技巧与策略，创生出个性化的、审美性的说课境界。

说课之所以具有艺术的属性，是因为说课活动本质上是多元化、个性化的。比如，说课的内容可以千差万别，包罗各个学科、各类主题；说课的教师也可能各有所长、风格迥异；说课的手段也可以丰富多元，包括语言、动作、色彩、课件、音响，等等。最重要的是，即使面对同样的说课内容和说课手段，不同的教师具有不同的思考方式和不同的教育感悟，其说课实践所折射出的教育智慧也必然是多元复杂的。

基于以上的分析，可以给说课艺术做一个简单的界定：说课艺术是指教师在说课活动中遵循说课规律和审美艺术，熟练运用教育智慧所进行的独创性的、个性化的教学研究活动。这个定义包含三个层面的内涵。首先，说课艺术是说课规律和审美艺术的合金，是教师从审美艺术的高度对说课实践进行的"打磨"与"润色"。其次，说课艺术折射出的是教师个性化的实践智慧。说课之所以能够成为艺术，就是因为有教师个性化的教育智慧的参与。第三，提升说课艺术的最终目的，是为了引导教师逐步生成自己独特的、个性化的教学风格。说课是教师自我反思的一种重要方式，在说课中，教师可以对自身的教学行为与教学个性有更深刻的理解，从而推动教师自觉地建构自己个性化的教学风格。

说课的艺术性可以表现在说课的语言、说课的内容（思路）和说课的风格（个性）三个方面，因此，提升说课的艺术，教师可以从这三个方面来着力。

#### 1. 锤炼说课的语言

说课重在"说"，重在口头的表述与交流，因此锤炼说课的语言自然成为提升说课艺术的重要一环。说课时语言生动形象、准确规范、抑扬顿挫、富有感染力，自然能够吸引听者的注意，能够产生良好的说课效果。而相反，如果说课时语言干瘪晦涩、枯燥乏味、生硬苍白，那么即使说课的内容再好,也难以在交流的过程中产生共鸣。

如何提升说课的语言艺术?这里我们从哲学的角度做一些简要的分析。著名的哲学家海德格尔曾经指出,近代以来,随着技术理性的扩张,语言也被技术理性所限定,语言的诗性被凝固,其表现就是语言日益技术化,远离了我们生机盎然的生命实践。近代以来的很多思想家也阐述了同样的观点。例如尼采就曾深刻地指出,几千年来,凡经哲学家处理的一切都变成了概念木乃伊;柏格森也指出,用抽象的概念解剖生命世界,只会把川流不息的活生生的实在肢解成一堆毫无生气的碎片。海德格尔在批判语言技术化的同时,指出语言发展的方向是"返魅",即破除近代以来语言的技术化、形式化和符号化,释放语言原本具有的诗意潜质。简单地说,从技术性语言向诗意性语言的转变,是当代人类思想的一个重大转向。

说课的语言同样应该富于诗意,应该尽可能地运用诗意化的语言,尽可能地避免语言的技术化、抽象化和理论化。例如,在说课过程中,相对于"学生主体"这一理论概念而言,像"教师蹲下去,学生站起来"、"把问题教给学生"等语言表述就更加生动,更富有诗意。

诗歌是诗意语言的典范,说课的语言锤炼可以从诗歌语言之中获得一些启迪。在诗歌之中,诗人发挥自己的想象力,借助比喻、起兴、借代、反衬、象征、通感等艺术手法,使诗歌的语言具有极强的表现性和感染力。例如,"黑夜过去了就是光明"这样一个意思,如果平白地直说出来,会令人觉得淡然无味,著名诗人臧克家反复寻思,把它写成"黑夜的长翼底下/伏着一个光亮的晨曦",这种改写就使语言饱含着诗意的想象。在说课活动中,我们同样可以借用比喻、象征等艺术手法,使说课活动中的思想精髓能够得到更加艺术化的表达。

**案  例**

### 教学,不仅仅是告诉[①]
──《美丽的小兴安岭》教学设计

本课教学设计从"全体性、主体性、共生性"着眼,探索体现新理念的教学过程,即紧紧围绕领悟小兴安岭的"美丽"、"富饶"展开,运用看、读、悟、议、说等方式,引导全体学生积极与文本作者进行心灵对话,以理解内容,体会情感,积累知识。

1. 情景导入,感知美

新课开始,在舒缓的《回家》的动听乐曲中,出示四幅美丽的小兴安岭的风光图片让学生欣赏,这一情景导入,很好地吸引了学生的注意力,使他们产生了强烈的求知欲望。紧接着,教师配图配乐诵读课文,并让学生"圈出最能表现美景的一个词",让学生进一步体会小兴安岭的美,同时,达到使学生整体感知课文内容的目的。"看到这里,你想说什么?"这一开放性

---

① 叶月兰.教学,不仅仅是告诉[J].语文教学通讯,2005(34).

问题,又创设了积极的思维氛围。这样,在课始,学生就带着一种高涨、激动的情绪进入学习状态,为学习课文内容打下了基础。

2. 品词品句,理解美

本课教学中,我比较重视在语言环境中理解词语,让学生体会美。如:阅读第四自然段时,我是这样引导学生的:"这里的'郁郁葱葱'、'密密层层'、'严严实实'该怎样理解呢? 你认真读读课文,再仔细想一想,就会找到答案的。"果然,学生从课文生动的描写中找到了答案,尤其是对动词"长、封、挡、遮、浸、穿、照射"的理解比较准确,有的同学还能谈出自己独到的见解。如果让学生去查字典,理解的只是抽象的词义,很难留下深刻的印象。让学生根据经验理解,也只能说到树多、叶茂,至于究竟多到什么程度,是搞不清楚的,而让学生联系上下文理解,以文解文,学生所获得的就不是抽象的意思,而是具体的形象。

3. 以读代讲,深化美

朗读是引导学生还原语言形象、感受语言情景、体味语言情感、理解语言所蕴含的哲理的重要方法,是培养学生语言的感受力、品评力的有效手段。本课教学中,我努力运用多种朗读方法,把朗读与语言感知、理解、运用、积累结合起来,让学生在听读、看读、轻声读中感受美;在默读、合作读、引读中探究美;在表情朗读、读中想象、读读背背中深化美……

4. 练中拓展,提升美

为了进一步提升美,我在课末设计了两个环节。一是让师生讨论总结本课的写作方法,二是设计了一道弹性、开放性比较大的课后作业:现在有许多人想去小兴安岭进行生态旅游,如果你是导游,准备用什么方法介绍这个景点来吸引更多的游客呢? (可以画画、设计旅游线路、写广告词等)这道作业学生可以用自己喜欢的方法来完成,为学生拓展了学习空间,学生的积极性很高。

【评析】 上述案例中,教师在说自己的教学设计时,对说课的语言进行了锤炼。首先是标题的锤炼,对于"学生主体"、"课堂参与"、"探究学习"等这样一些教学理念,教师用"教学,不仅仅是告诉"这样生动的语言来进行阐释。其次,是观点的锤炼,教师将教学设计的思路用"发现语文之美"贯穿起来,引导学生从"感知美",到"理解美"、"深化美"、"提升美"。

2. 创新说课的思路

说课不仅要注重语言的润饰,更应该重视说课内容的挖掘与建构。如果缺乏有价值的说课内容,说课的语言就只能是"无源之水,无本之木"。因此,提升说课的艺术性,也需要在说课内容上进行更深度的挖掘。具体而言,需要尽可能做到条理清晰、构思新颖、挖掘深度。

首先,说课的内容应该做到条理清晰。只有逻辑严密、思路清晰的说课才容易被听者理解,才能激起有效的交流。说课要做到有条理,就需要对说课的内容进行整体建构、通盘考虑,使整体与部分之间协调配合、层次分明。同时,还需要突出说课的重点,做到详略得当,不要面面俱到、平均用力。

其次,说课的思路应该尽可能有新意。说课不是简单地讲解操作流程,而是要把教学的设计与教学实施的情况整理成一个完整的"故事",因此建构"故事"的线索或思路就成了说课之前必须要重视的基础性工作。教学活动纷繁复杂,说课过程中说什么,应该从哪个角度来说,这些问题都需要说课的教师事先进行创造性的构思。在说课实践中,一些教师的说课比较机械、程式化,例如总是从说教材开始,然后依次说教法、说学法、说教学过程。这种程式化的说课模式不容易吸引听者的注意,难以在听众之中产生共鸣。事实上,说课的模式是可以多样化的,比如微格说课(即说教学中的某一点或某一部分)、答辩式说课、专题式说课,等等。在说课活动中,教师应该结合具体的课例,选取最有价值的部分,建构有创意的说课思路,而不要被程式化的说课模式禁锢了自身的创造力和想象力。

第三,说课要在内容上进行深度挖掘。说课要有新意,不仅仅需要灵活设计说课的程序,更需要不断地学习和思考,在先进的教育教学理论和具体的教学案例之间找到生长点、挂钩点。只有用先进的教育理念来审视具体的课例,这种说课才具有思想的深度。一些教师在说课时之所以将说课稿与教案混同,就是因为缺乏教学的理论素养,对时代精神的走向与当代教学改革的前沿不甚了解,所以在说课中难以将教学活动提升到理论的高度。因此,加强理论修养,是深度挖掘说课内容的重要前提。

**案 例**

### 告诉·指导·引导[①]
#### ——三次作文教学比较

教学写人物类的作文,如"我的××",如何进行有效的教学呢? 下面对比一下前后的三次教学,方法不同,效果也不一样。

教学设计一:

1. 教师直接告诉学生这是一篇写人的习作。我们首先要把习作题目补充完整,可以写成"我的老师"、"我的妈妈"、"我的小妹"等。

---

① 向守万.告诉·指导·引导[J].小学教学,2012(1).

2. 写"我的妈妈",一般要先写妈妈的年龄、外貌、身材等特点,然后写与妈妈有关的三件事,如下雨天给我送雨伞、晚上给我补书包、同情叫花子,而三件事中要重点写下雨天妈妈给我送伞。写送伞,要把时间、地点、人物(妈妈),事情的起因、经过、结果写清楚,中间要重点写妈妈送伞的动作、语言、神态和心理活动,这样才能突出重点。

……

5. 学生按教师要求写作文。


教学设计二:

1. 这是一次写人的习作,我们可以写哪些人呢? 请大家想一想写谁,想好了就把题目补充完整,再思考怎么写。

2. 写人物类的习作,主要写人所做的事。一般来说,写人物要重点写好一件事,用一件事来表现人物的品质。如写"我的妈妈",可以写的事情很多,要选择最能表现妈妈某一性格特点的事来写,如下雨天给我送伞、晚上给我补书包、同情叫花子。写的时候要注意详略得当,不能平铺直叙。比如写第一件事,下雨天妈妈送伞,雨很大,妈妈冒雨给我送雨伞,而自己却淋雨回家。这件事很感人,就应该详写,要写妈妈送伞时的情景、动作、语言、神态、心理活动等,并且要写具体,至于其他两件事就可以略写。

3. 学生按提示进行习作。


教学设计三:

1. 这次习作的主题是什么? 根据提示语,你打算写谁? 写些什么?

2. 如写"我的妈妈",你打算怎么写? 要表现妈妈什么特点和品质? 如果要写妈妈的几件事,你认为要写哪些事? 重点应该写什么? 哪些内容应该详写,哪些内容应该略写? 详写的地方怎样写才能写详细、写具体?

3. 学生讨论交流。

4. 学生自由作文。


教学反思:

1. 三种教学,三种层次

课堂习作指导,一般有上述三种方法。第一种方法,是教师直接告诉学生,这次习作要怎么写,该怎么写。教学停留在告诉——知道层面上。学生只要把习作的要求听清楚了,并按照教师的要求写,就能完成本次习作。第二种方法,也是我们课堂教学中用得最多的方法。教师围绕习作要求,引导学生审题、选材、安排材料、注意详略等,教师耐心指导,而且都讲得很具体,学生根据教师的讲解,知道怎样审题、怎样选材,从哪些地方把习作写具体。这显然是讲解——指导层面上的教学。第三种方法,教师没有具体说要怎样写、应该怎样写,更没有示范,而是通过暗示、提示、启发、讨论,让学生自己去感悟该怎样写。这种教学,思维是开放的,课堂也是开放的,学生没有条条框框的限制,学生习作的自由空间大,教学是处于引导层面上的。

2. 三种教学,三种效果

比对三种教学不难看出,第一种方法是教师直接告诉习作方法,比较简洁,省时省力,当时有效果,学生虽能简单地完成习作,但对习作的内容、方法的理解则较少,学生思维是封闭的,没有达到三维目标的要求,学生被动接受,没有真正地理解和掌握。第二种方法是讲解指导。教师的讲解有明确的指向,教学应该走向哪里,应该教学生写什么,都一一指出,有时还作现场示范。第三种方法是教师没有具体说要怎样写、应该怎样写,而是给予提示、讨论,学生根据提示确定主题和中心,然后根据主题和中心选择材料、组织材料。教师没有限制学生,而是充分地发挥了学生的主动性,只要学生感悟到了,教学效果就显现出来了……

【评析】 上述案例中,说课的教师对三个教学设计的情况进行了对比分析,从中建构起生动、新颖的说课思路,即围绕"告诉"、"指导"、"引导",把三次教学设计的核心特点提炼出来。说课思路清晰,视角独特,富有启发性。

3. 凸显说课的个性

说课的艺术性还体现在教师说课风格的个性化层面。每个教师在思想观念、文化修养、审美情趣、教学阅历、性情习惯、气质风貌、专业特长等方面都有自己的特点,这些特点决定了说课艺术风格的独特性。例如,在说课的内容处理上,有的教师善于整体把握,有的教师长于细节分析;在说课的内容分析上,有的教师善于归纳概括,有的则长于演绎推理;在说课的语言上,有的教师语言生动形象,富于感染力,有的教师语言则富于逻辑性,论证有力,等等。总之,每个教师都可以结合自身的实际和说课的具体内容,创造出符合自身特点的独特的说课艺术。而且,正是因为教师个性化的说课实践,说课活动才显得异彩纷呈、千姿百态。

在说课活动中凸显教师的个性,就是要引导教师自觉地展开自我反思,从自身素质的实际出发,有意识地探索和生成适合自己的说课风格。有学者根据教师在品德修养、知识结构、思维特点、教学追求等方面的不同,将教师的说课艺术风格划分为四种类型,即理智型、情感型、幽默型、求美型,这些观点值得我们在说课实践中予以借鉴。①

———————————

① 李兴良,马爱玲.教学智慧的生成与表达[M].北京:教育科学出版社.2006,p187.

理智型说课艺术风格在说课时表现为知识的系统性强,逻辑严密,偏重抽象思维,善于概括和推理。这种类型的说课风格应该强化理性分析,加强说课的论证力和说服力,重在以理服人。情感型说课艺术风格则侧重于以情感人,其语言具有形象性、鼓动性和感染力。幽默型说课艺术风格就是以幽默的语言取胜,无论是教学的语言还是说课反思的语言,都带有幽默的气质,这种类型的教师善于创设悬念和运用风趣幽默的语言。求美型说课艺术风格则注重审美法则的运用,例如追求说课的仪态美、语言美、情境美,倾向于说课方法的多样性和艺术性。

## 案　例

### 说课比赛感想[①]

通过这次说课比赛,我对说课有了新的认识。说课是一种不同于备课和上课的展现自己教学思想和教学能力的特殊的形式。说课不是"背课",也不是"读课",要突出"说"字,即不能按教案一字不差地背下来,也不能按说课稿一字不差地读下来。听完这几节课后,我深刻地体会到,一节成功的说课,一定是按自己的教学设计思路,有重点、有层次、有理有据地进行的,而且教师要口齿清楚。

在说课中,角色定位一定要准确。说课者的身份定位应该是一个交流者、一个探讨者、一个平等的对话者。说的过程不是先知在布道,也不是专家在培训,更不是学生在求教。魏洁在说《唱脸谱》时就在这一点上作了很好的诠释。她先说了这节课以前是怎样设计的,为什么要借助视频动画音乐,借助视频的好处在哪里。她介绍了自己对教材的理解和教学设想,唤起了听者的兴趣,激发了听课老师的思维,探索出了更合理的教学设计。

说课语言要富于变化。一个人的语言表达能力在很大程度上决定着说课的成败。说课语言可以分为两类,一类是独白,这类语言是说课中用到最多的,比如:教材的分析、教学方法的选择、教学目标与重难点、概括介绍的教学环节、说课中阐述的教学理念,等等,都要用独白式的语言;另一种是教学语言,这类语言主要用在模拟情境的时候,说课者以课堂上教师的身份说出来,仿佛面对的是学生。要尽量真实地呈现教学难点的学习过程,这样,语言的变化不仅会缓解听众的疲劳感,而且能清晰地呈现教学流程,突出教学的重难点,给听者以深刻的印象。王兰敏老师在说《翠鸟》这一课时,就充分运用了语言的多变性。比如她说设计理念时,说到"在琅琅书声中,让学生用心灵去拥抱语言,触摸文字,想象情境,这样不仅能体验语言的节奏感、崇高感,还能培养对文字的敏感性,感受和再现文章的情思美感,使学生在思维与情感的强烈震颤中体验到美",在说教学过程时也有很多优美的词句,比如"新课伊始,不作任何繁复的导入,心中只有一句话:简简单单教语文,于是就让琅琅

① http://blog.sina.com.cn/s/blog_5f8fd3a80100qga4.html.

的书声和着优美的音乐唤醒情感的积累,开启新课的大门"、"回顾整个教学板块,我引领着孩子们在语词的丛林中游历,从提炼词句到还原丰富文本,从扣词析句到指导朗读",等等,这些富于变化的语言让我不再是一个单调的听众,而是能从中一起体会到这节课的独特之处。

这次说课,有很多人在说课中仅仅把自己定位于一个汇报者的角色,所以,说得过于理性,让听者感到单调乏味。其实,虽然说课的过程不同于上课,没有师生的双边活动,但是,好的说课可以让听者从说者的表现预见教师上课的神情和效果。比如刘珂老师在说课的时候,她的语音、语调、教态都在根据她说课的内容进行着不断的变化,效果很好。

此外,我对说课有了更深的理解。要说好课应该有一个简明扼要的课件,重点突出,忌烦琐。孙静丽老师和智亚平老师的课件就给我留下了非常深刻的印象,虽然对于数学和科学学科我都是一个门外汉,但是他们生动而明确的课件,也让我体会到了这些学科的趣味性和精华。

通过这次说课,我发现了自己身上存在着许多不足。在我自己的说课过程中,我觉得条理不是很清晰,虽然自己在准备时将每一个环节的思路都写出来了,但在实际说课中却存在着明显的漏说现象,语言不流畅。这些说明了自己的教学基本功还不到位,我必须要从多方面去努力学习。

【评析】 在上面的案例中,教师通过参加说课比赛,感受到说课的艺术力量,认识到每个教师的说课都可以结合自身的优势和特长形成不同的说课风格。高质量的说课往往都凸显着教师的个人魅力,折射出教师独特的说课艺术风格。

### 三、关注说课的评价

说课活动自产生以来,在教学实践中产生了深远的影响,并且已经成为学校教学研究活动与教师专业培训活动中的一种重要形式。为进一步提高说课的质量,近年来教育界围绕说课的评价问题展开了不少有益的探讨。

#### 1. 说课评价的基本原则

说课的评价虽然重要,但是在说课实践中要真正对说课活动作出恰当而合理的评价,则是一件难以把握的事情。个中原因是多方面的。

首先,是价值取向的多元性。评价的本质就是作出价值判断,而教育价值判断的正确与否又与评价者自身的教育理念直接相关。也就是说,在不同的教育理念的支配下,就可能产生不同的评价标准导向。尤其是在后现代思想的推波助澜之下，价值取向更是有多元化的趋向，说课评价的标准也就越难以形成共识。

其次，是教学活动的复杂性。教学活动是一个多因素参与的复杂过程，诸如教学目标、教材、学生、教师、教法、学法、教学程序、教学环境等都会对具体的教学效果产生重要的影响。而且这些教学要素之间又是相互关联、相互渗透的。例如，谈教学目标就必然会牵涉教材的处理和教法的选择；同样，谈教的策略就必然会牵涉学的策略，等等。

第三，是说课形式的多样性。说课活动根据其说课的目的、内容、情境等的不同，可以有多种不同的组织形式和操作程序。而且随着教学改革的深入，说课的组织形式还在不断地创新发展。由于每一种说课形式都有其特定的目的指向，因而评价就应该有不同的侧重点，甚至评价的方式也应该有相应的变化。因此，如果要试图构建一个普适性的、共通性的评价模式和评价标准，就必然会与说课活动的个性化特征相违背。

基于上述的思考，因此，说课评价的基本原则是坚持共识性、简洁性和针对性。

所谓共识性，是指说课的评价标准应该尽可能地反映当前教育改革的主要趋势，例如关于以学生发展为本、关于课堂学生参与、关于学生学习方式的转变，等等，这些正是当前教育改革的主要趋势，是教育界在学术争鸣基础上形式的基本的共识。这些共识就应该反映在说课的评价之中。

所谓简洁性，是指说课的评价标准应该尽可能简要，应该抓住教学活动中最基本、最关键的要素展开评价，达到以简驭繁的目的。上面我们谈到，教学活动的诸多复杂要素之间原本就是相互关联的，我们没有必要针对这些复杂的要素一一展开评价。只要我们能够从这些要素中抓住最关键的几个要素，就可能基本反映教学活动的全貌。

所谓针对性，是指说课的评价要考虑说课活动的多样性，评价的标准灵活多样，应该根据说课活动的不同目的，设计有针对性的评价指标。

### 2. 说课评价的基本内容

说课评价的具体内容会因说课形式和说课目的的不同而不同。在这里，我们主要介绍一些比较有代表性的评价内容。

（1）对说课者教学理论素养的评价

从说课内涵看，教学理念是整个说课的灵魂所在。没有教学理念，说课便没了分量。因此，说课者必须具有一定的教育理论素养，并且还必须结合具体的课堂案例把抽象的教学理论演绎为具体的说课实践。因此，在说课评价中，我们应该关注说课教师对教学思想的诠释与理解。下面的案例中，教师用生动的语言对探究学习进行了深刻的诠释，可以看出教师具有比较好的教育理论素养。

**案　例**

课堂因"尝试"而精彩①

"请不要告诉我,让我先试一试。"多么熟悉的声音,这与"等等,快出来了"同样反映出学生尝试活动带来的幸福。"实践出真知,尝试是先导"这一教育理念已植根于我的教学活动中……

在传统的课堂教学中,教师教什么,学生学什么,学生对教师教的内容毫不怀疑,完全接受——这样的教学不利于学生思维的发展。而要让课堂成为学生自主学习、个性形成、自主发展的课堂,就要改变由教师牵着学生鼻子走的注入式的教学方式,把课堂还给学生,做到以学生为主,完成由"师教生学、师讲生练"到"生学师导、生练师辅"教学模式的转变,为此,我在物理课中常常用"讨论发现"的教学模式。

"讨论发现"教学模式的特点是:学生在学习活动中有明确的探究目标,并积极主动地参与到讨论和辩论活动中,据理力争,在相互辩驳中使潜在的问题完全暴露出来,更深刻地认识、理解了物理知识。学生直接参与到探究活动中,将自己的智慧发挥到极致,经过讨论,思路更为清晰,语言表达更为准确,真正成为学习活动的主人……

(2) 对说课者贯彻落实教学目标的评价

新课程提出了知识与技能、过程与方法、情感态度与价值观的三维目标,并且要求在教学活动中有机地整合这三维目标。目前,三维目标的落实仍是教学实践中的一个难点,因此对说课教师的评价可以关注其是否意识到了三维目标的设计,以及说课教师如何在教学设计和教学实施中落实三维目标。

在对说课者说教学目标进行评价时,要同时考虑说课者对学习方式的设计。这是因为落实三维目标,关键是将多种学习方式进行有机结合。如果说传授式教学更有利于知识与技能的获得,探究式学习更有利于过程与方法的实现,体验式学习更有利于情感态度与价值观的养成,那么不同的学习方式,对于三维目标实现的作用也不一样。因此,说课过程中,要关注说课者是否在教学活动中将这些学习方式进行了有效的整合。

(3) 对说课者理解和把握教材情况的评价

包括说课者是否全面深刻地理解和领会了学科课程标准;是否理解和把握了该课内容在教材体系中的地位和作用;是否恰如其分地把握了教材的重点、难点和关键点;是否结合教学的实际自觉地开发了相应的课程资源;是否对教材内容进行了创造性的处理,等等。

---

① 朱贤贤. 课堂因"尝试"而精彩[J]. 人民教育,2011(21).

（4）对说课者选择教与学的策略的评价

重点是考虑：说课者对教学策略的选择是否围绕教学目标展开？所安排的各项学习活动能否有效地达成了既定的教学目标？教学策略的选择是否有效地调动了学生学习的积极性，是否体现了课堂之中学生的主动参与？是否把教法和学法巧妙地结合了起来？设计教学活动的理论依据是否恰当？等等。

---

**案 例**

## "种子的萌发"说课片段（说教法与学法）[①]

根据初一学生参与意识强、思维积极主动的特点，采用启发、探究、创新等教学方法。在探究过程中，通过各小组展示实验成果，让学生进行发散思维，从多角度提出不同的观点与看法。特别要明确探究课不能是教师"讲科学"、学生"学科学"，而应该是学生在教师的指导下"做科学"。学生是学习的主体，学生对科学知识的学习始于他们在生活中对自然界的认识，而不是单纯地对书本知识的记忆和接受。因此，在进行种子萌发外界条件的教学过程中，要特别关注学生的知识储备，动用学生已有的生活经验（如农民总是在天气暖和的季节里播种、种子萌发前总要充分吸水膨胀等），指导学生提出问题，鼓励学生作出大胆的假设，引导学生对各种假设进行分析。另外，由于种子萌发的活动需要几天的时间才能完成，要注意处理好课堂内外的关系，即课内进行探究活动的设计计划、分工等，而在课后去完成管理、观察、记录、得出结论等工作。还要借助各种教育资源，引导学生构建科学知识、学习科学方法、发展科学探究能力，通过师生双向交流、观察与探究、讨论等多种方法，鼓励每一个学生充分参与整个教学过程，重视师生、生生间的交流与合作，让学生在学习过程中获得真实的体验，提高学生的科学素养。

【评析】 案例中，教师围绕"做科学"的理念来阐述教法和学法的设计。通过这个说课稿可以看出，教师选择的教学策略能够调动学生的学习积极性，能够引导学生积极参与课堂教学，因此我们可以对这个说课给予积极的评价。

（5）对说课者教学智慧的评价

高质量的教学活动需要发挥教师的教学智慧，说课的评价同样也需要关注教师的教学智慧。教师的教学智慧表现为教学活动中教师的创造力、想象力和教学机智。在说课活动中，我们可以从说课者对教学活动是否有准确而独到的见解、对教学环节是否有独具一格的安排、对教学策略

---

① 丁玉凤."种子的萌发"说课设计[J].生物学教学，2005(5).

是否有独具匠心的运用、对课堂突发事件是否有机敏有效的应对等方面来展开评判。

## 四、创新说课的形式

说课的类型或者形式,也是说课实践中的一个重要问题。为了更好地发挥说课在教师专业成长和学校校本教研中的重要作用,说课的形式需要与时俱进、不断创新。传统的以检查性说课、示范性说课、评价性说课、整体性说课为主的说课形式已经难以适应当前教学改革的发展趋势,需要我们结合课程改革与学校组织变革的实际积极地进行创新。下面介绍几种比较有代表性的新的说课形式。

### 1. 专题研究型说课

专题研究型说课有着明确的问题取向,常常是围绕某个特定的问题或专题(例如学生的课堂参与、课程资源开发、教师提问设计,等等)展开说课活动。这种类型的说课由于其目标明确、主题集中,因而说课活动中的分析能够比较深入。由于专题研究型说课聚焦于具体的教学问题,而这些教学问题又可能是校本教学研究的主题,因此,专题研究型说课最容易融入到学校日常的教学研究活动中,并成为推动校本教学研究的重要中介。

专题说课是与整体说课相对而言的。过去,说课的实践更多的是整体说课,例如从说教学目标,再到说教材处理、说教学方法、说教学程序,等等。整体说课虽然比较全面,但是由于整体说课没有把教学反思的重点聚焦到某个具体的教育教学问题之上,加之教师日常的教学工作往往比较繁忙,因而整体说课所能达到的研究深度往往是有限的。相比而言,专题说课由于主题集中,反而能够在有限的时间之内生成更有深度的思考。

在教育教学中,可选择作为说课对象的专题是很多的,例如三维目标的整合、课堂学生的参与、学习方式的转变、教师课堂的引导、课程与生活的联系、信息技术与课程的整合、课程资源的开发,等等。专题说课由于切口细小、主题多样、简便易行,因而受到了教师们的欢迎,是说课形式创新的一个重要方向。

#### 案 例

《故乡》教学难点说课①

一、难点的确定

鲁迅的小说内涵深刻,哲理丰富,在《故乡》中则主要体现在关于希望的阐述上。《故乡》

---

① http://www.cn-teacher.com/sp/yw/cz3/201209/486396.html.

中关于希望的阐述,是一段寓意深长的独白,是十九世纪二十年代一位心情沉重、感觉悲凉的成年知识分子,对前途、对未来难以确知的希冀的表露。要恰当理解话中的含义,对老师来讲也需凝神一思,对初二学生来讲,更不是件易事了。

另外,"少年不知愁滋味",十三四岁的少年还是生活与社会的门外看客,他们对近距离的师长、父母的心情、性格都很难体会,要他们把握半个多世纪前作品中人物的性格,恐怕不是件易事。文中三个人物:"闰土"、"杨二嫂"、"我",若说有差别的话,那就是"闰土"了,这个人物在小学教材中已出现过,而且鲁迅在刻画这个人物时浓墨重彩,前后对比鲜明,所以把握起来还较容易。"杨二嫂"及"我"则是当时特定历史时期的产物,他们的性格成因相当复杂,且文中介绍不多,但能否准确掌握两个人物形象所蕴含的意义却与把握好主题有较大关系,因此,我们确定本文的教学难点为:第一,如何引导学生把握"我"和"杨二嫂"这两个人物形象所代表的意义及在作品中的作用。第二,准确理解文中关于"希望"的含义。

二、难点的突破

教育的主体是学生,设定难点时是以学生的理解能力为依据的,所以要突破难点,也就必须设计出学生易于接受的方法。

根据初二学生的认知特点,我们可以从以下几个方面入手:首先,娓娓叙述,介绍背景,激发学生学习的兴趣;接着,通读课文,进行联想,引导学生分析人物形象;最后,联系实际,引人入胜,深究作品表现的哲理。

在实施过程中,则采用教师引导、总结与学生课内讨论相结合的教学方法,具体可以分三步走。第一步:引导……第二步:启发……第三步:深化……

【评析】 上面的说课案例主要围绕教学难点的确立和突破展开,由于说课的主题集中,说课中的认识与思考就容易深入。

2. 小组互动型说课

小组互动型说课是指说课者和听评者之间互换角色,双方对说课内容进行交流探讨的一种动态说课形式。小组互动型说课强调的是说课活动中小组成员之间的角色互动和小组成员之间信息的多向交流。

小组互动型说课本质上是集体说课,它是针对传统的个体说课的不足而创生出来的一种新的说课形式。个体说课的主要弊端是信息的单向传递。在个体说课活动中,常常是一人说课,多人听课,说课者承担着繁重的说课准备工作,其他教师则只是被动的听众。由于信息单向传递,说课者越是滔滔不绝,听课者却有可能越是被动消极。总之,个体说课的这种"灌输型"的说课模式很难培养听课者的主体精神,最终也会影响说课的实际效果。而小组互动型说课由于强调小组成员的广泛参与,强调信息的多向的交流,因此能够调动小组成员参与说课和思考研究的积极性,能够取得比较理想的效果。

小组互动型说课的基本活动形式一般分两步进行。首先是确定课题,分头备课。教研组根据教研计划确定每次说课活动的具体课题,教师根据课题分头备课,各自写出说课提纲,在此基础上确定中心说课人,其他教师作补充。这样由千篇一律要求写详尽的说课讲稿,到面向实际有重点地写说课提纲,大大减轻了教师的备课负担。

其次是现场说课,多向交流。在说课过程中,教师之间的说、问、答可以交替进行。说课者在说某一内容时可以就值得研讨的问题向听者提问,由听者当场答辩;听说课者也可就说课者的述说或值得研讨的问题提问,由说课者当场答辩。通过多向交流,说课活动真正变成了研究、交流和解决问题的过程。

### 3. 理论研修型说课

这种说课形式是在新课程教师培训中逐渐发展起来的,它是以"读(读学习资料)——写(写学习体会)——议(小组讨论)——说(大会交流)"的程序来组织教师的课改理论学习的。

理论研修型说课弥补了传统理论培训的不足。传统的理论培训仅仅注重教师教育理论的灌输,忽视了教育理论与教师教学案例的有机联系,没有看到教师的知识是一种实践性知识,因而培训的效果往往不太理想。理论研修型说课则将理论学习与具体的课堂案例结合起来,要求教师一边学习新的教育理论,一边结合自己身边的教学课例展开研讨,并且通过写作、讨论和交流,使先进的教育思想能够在教师的教育观念之中扎根。

---

**案 例**

## 还"方法"教学以方法[①]

语文课上,我们经常会发现这样的"教给方法"的课堂片段:

如一位老师在上《慈母情深》时,确立了这样一个教学目标:以"发现母亲"为线索展开阅读,重点品读环境描写和人物描写片段,在体会作者表达的同时感悟慈母情深。应该说这一目标的指向性相当明确,即在体会与学习写作方法的同时,领悟思想感情。接下来的教学中,他让学生找出了描写环境的几个句子,然后让学生读一读。之后问:"这里的环境描写有什么作用?"学生们基本上是围绕着"用环境描写突出母亲工作环境的恶劣与艰辛"来谈。接着,老师肯定地说这就是环境描写的作用。

观摩完这个教学片段之后,我就开始思考:教学后,学生可能明白了环境描写是什么,而

---

① 林高明. 还"方法"教学以方法[J]. 人民教育,2012(20).

怎样进行环境描写则基本上是毫无意识的。这样一来,日后的写作中,学生只能模模糊糊地记住环境描写这一抽象概念,尽管脱口而出,却很难产生有用的"作文知识"。

诸如此类的"方法教学"大量充斥于语文课堂。这种所谓的方法教学,仍然是以孤立的方式来进行简单的授受。主要是"贴标签",既没有对方法的实用情境的考察与探究,也没有对方法效果的考量与把握,更没有对方法运用的实践训练和对运用中的核心知识的阐释……一切都置身于混沌含糊之中,用传授"陈述性知识"的方法来教学"程序性知识",其后果必然是学生一知半解,"知其然不知其所以然"。这种"掐头去尾烧中段"的做法,"去掉过程,去掉情境,去掉运用",把教学变成了干巴巴、硬生生的概念堆积。它是"短命"的,必然会造成学生"心智的梗塞"。

那么,到底如何进行方法的教学呢?我个人认为,必须让学生理解为什么要运用这种方法,这种方法适用于什么情境,它的运作程序是什么,尤其要设置情境让学生来练习这种方法……

……只有引导学生去探索"方法"的内核,让学生明白"写作方法"的来龙去脉,清楚为什么用,用在哪里,如何用,才能真正体现出语文是"学习语言文字运用的综合性、实践性"的课程理念,让语文教学真正从知识本位走向能力本位。

【评析】 这个案例诠释了教师对新课程"过程与方法"目标的理解。教师将新课程的理念与具体的教学案例结合起来进行思考和分析,深化了对于新课程理念的认识,这比单纯的理论培训更能产生实际的效果。

## [本章主要参考文献]

1. 郑金洲.说课的变革[M].北京:教育科学出版社.2007.
2. 李兴良,马爱玲.教学智慧的生成与表达[M].北京:教育科学出版社.2006.
3. 周勇,赵宪宇.说课、听课与评课[M].北京:教育科学出版社.2004.
4. 河南省新乡市红旗区教育委员会.说课论[M].北京:北京科学技术出版社.1996.
5. 刘跃夫.把说课引入到集体备课中去[J].中学语文教学,2011(10).
6. 单永.例谈教师"说课"存在的误区[J].中学地理教学参考,2009(12).
7. 刘跃夫.把说课引入到集体备课中去[J].中学语文教学,2011(10).
8. 宋崔.说课与教师知识建构[J].课程·教材·教法,2012(4).
9. 崔小春."说课"断想[J].人民教育,2005(8).
10. 叶月兰.教学,不仅仅是告诉[J].语文教学通讯,2005(34).
11. 林高明.还"方法"教学以方法[J].人民教育,2012(20).
12. 王家军,王云鹏."说课"评价标准的构建[J].黑龙江高教研究,2003(2).
13. 许佳.说课——一种有效的教研活动形式[J].中国教育学刊,2002(6).
14. 鲁献蓉.新课程改革理念下的说课[J].课程·教材·教法,2003(7).
15. 张志安.新课程改革与说课内容的扩展[J].课程·教材·教法,2006(4).
16. 李崇爱,孟应周.简单化·虚空化·模式化:中小学说课中的误区及矫正例析[J].当代教育科学,2011(6).
17. 郭根福."说课"是大面积提高教师素质的有效途径[J].小学教学参考,1996(4).

# 第四章 听课：在观察中把握课堂的真实

> 除非教师能了解如何搜集班级资料、知道探索什么样的行为，并且拥有一个分析教室行为的概念架构或理论架构，否则无法真正理解教室行为的意义。
>
> ——古德和布鲁菲(Good & Brophy)

听课的素养既是教师最重要的基本教学技能之一，同时也是教师从事教育教学研究的最重要、最有效的方法与技术。在课堂教学变革和校本教学研究的多种改革浪潮的推动之下，听课或者说课堂观察将日益受到教育界的高度重视。

## 第一节 听课的内涵与意义

听课活动可以说是教师们最经常、最熟悉的日常工作，但是对于"为什么要听课?""听课到底该听些什么?""听课对于教师专业发展到底有怎样的价值?"等等这些问题，很多教师的认识却是十分模糊的。

尤其需要指出的是，传统的听课活动主要是在常规教研活动中展开的，而很多学校的教研活动都存在着"重教轻研"，甚至"只教不研"的现象，这些都容易使听课活动流于形式，不能有效地发挥听课活动的巨大作用。

在倡导课堂教学改革和教师教育研究的今天，听课活动应该放到"科学研究"的视野之下来重新审视，通过增加听课活动中的研究成分，使听课成为教师专业研究的一种有效工具，使听课活动成为教师的一种专业活动。

# 一、"科学研究"视野下的听课

## 1. 课堂观察的历史发展

从科学研究的视野来打量听课,听课可以被称为"课堂观察研究"。课堂观察就是指研究者或观察者带着明确的目的,凭借自身感官(如眼、耳等)以及有关辅助工具(观察表、录音录像设备等),直接或间接地(主要是直接)从课堂情境中收集资料,并依据资料做相应研究的一种教育科学研究方法。在中小学教育工作中,课堂观察是教师们在课堂研究中使用最广泛、最有效的一种研究方法。

在人类社会科学研究的历史上,观察很早就已经成为一种重要的研究方法,并被学者们从不同的理论视角进行了审视和诠释。美国著名社会学家韦伯就曾指出,所有的社会研究都始于观察并且止于观察,无论从何处开始对任何一个社会机构进行研究,其必不可少的部分便是细致与长期的个体观察。

20世纪五六十年代,由于受到自然科学量化思想的影响以及社会学中关于群体互动观点的影响,西方教育界将课堂观察的重点聚焦于课堂中的师生互动,并由此开发出许多可以量化的课堂观察量表,其中最著名的是美国课堂研究专家弗兰德斯(Flanders)提出的"弗兰德斯互动分类系统"(Flanders' Interaction Analysis System,简称FIAS),它标志着现代意义的课堂观察的开始。

到了20世纪70年代,西方社会学研究开始转向话语分析,课堂观察研究也开始从话语分析的理论视角转向对课堂之中的师生语言展开研究。例如,卡兹登(Cazden)从话语分析的视角展开课堂研究,并著有《教室言谈:教与学的语言》等著作。

20世纪70年代以后,人种志研究开始成为课堂研究的一种新的取向。课堂人种志研究重视"参与观察"和"深度访谈",强调课堂观察的重点不是行为发生的频次与数量,而是课堂行为所构成的事件,以及事件意义的阐释。

可以预见,随着社会科学领域研究范式和研究方法的不断发展,课堂观察研究也必将日趋多元和丰富。

## 2. 课堂观察的内涵与特征

把课堂观察纳入科学研究的视野之中,这本身就意味着教师的课堂观察不同于传统意义上的听评课。传统的听评课制度存在着简单处理、任务取向、不合而作等诸多"去专业"的问题,[①]而作为科学研究的课堂观察则力图将教师日常的听课活动提升为专业活动,并赋予课堂观察更丰富的内涵与意义。

---

① 崔允漷. 听评课:一种新的范式[J]. 教育发展研究,2007(9B).

具体而言,科学研究视野下的课堂观察具有四个方面的内涵。

(1)课堂观察重在研究与诊断

在科学研究的视野之中,课堂观察是一种研究性活动,而不是评价性活动。传统的听评课活动大多具有评价的取向,听课的目的往往是要对执教教师的教学行为进行一个定性的评价。在这种以评价为导向的传统听课活动中,教师的教学行为往往容易形式化,听课活动中也就很难呈现出常态化的课堂,而听课之后的研讨交流也就更容易流于形式。与此相反,我们所理解的课堂观察更多的是一种诊断性观察,听课的目的不是为了筛选、评价,而是为了诊断、研究、改进。

---

**案 例**

### 从传统的"听课评课"到"观课议课"新文化①

一、传统的"听课评课"及其弊端

传统的听课评课,"听"是师生在教学活动中的有声语言往来;"评"是对课的好坏下结论、作判断。"评"有"被评"和下结论的对象。评课活动主要将"表现"、"展示"作为献课取向,执教者重在展示教学长处。评课是把教师看成等待帮助的客体,它蕴藏了我们习焉不察的文化假定。

传统的听课评课,目标指向为献课者。有时,献课教师在听课评课中得不到尊重。更有甚者,在大型教研活动中,听课评课参与面广,耗时多,效益不高,浪费了时间和金钱,还包括宝贵的热情和积极性。

因此,看听课评课活动是否有效,主要看是否对教学实践产生影响以及影响程度。教师是否用于实践,并不取决于评课者说了什么,而取决于他们认同了什么,接受了什么。这样,用他们接受的方式,围绕他们更容易认同的内容和话题,讨论一堂课就成了解决问题的关键。

二、"观课议课"新文化及其实质

从"听课评课"到"观课议课",不只是换了一个词语,一种说法,实际上"词的变化就是文化和灵魂的变化"。(列奥·施皮泽语)

所谓"观",强调用人的多种感官以及一定的观察工具收集课堂信息,特别是透过眼睛的观察,师生的语言和行动、课堂的情境与故事、师生的状态与精神都会成为感受的对象。它更追求用心灵感受课堂、体味课堂。

所谓"议",是围绕观课所获得的信息提出问题、发表意见,是一个展开对话、促进反思的过程。"议"要改变教师在评课中的"被评"地位,以"改进、发展"为献课取向,鼓励教师主动

---

① 李和平. 打开一个敞亮的教研窗口[J]. 教育科学论坛,2007(10).

暴露问题以获得帮助、改进,求得发展,强调集中话题,深入对话,目的是把教师培养成具有批判精神的思想者和行动者。

可见,观课议课是参与者相互提供教学信息,共同收集和感悟课堂信息,围绕共同话题进行对话和反思的活动,目的是改进课堂教学、促进教师专业成长。观课议课的目的,是帮助教师认识教育观念、教学设计、教的行为、学的行为、学的效果之间的具体联系,拓展更多的可能性空间,促进教师对日常教学行为进行反思,从而发展自己。

【评析】 在上述案例中,传统的"听课评课"与"观课议课"最大的区别在于听课的目的指向。传统听课评课的目的重在"评",而观课议课的目的重在"议"。可以说,从传统的听课评课到观课议课,其实质是学校研究性文化的构建。

(2)课堂观察是一种系统性研究

在科学研究的视野中,课堂观察是一种有系统的活动,而不是随意化的行为。研究工作与日常活动的最大不同就在于:研究工作是一个有计划、有系统的活动,从研究问题的拟定、研究框架的生成、研究数据的收集一直到研究数据的分析与解释等,构成了一个有序的工作程序。同样,课堂观察需要按照科学研究的程序来展开,教师在课堂观察的实践中需要经历课前准备、课中观察与课后研讨等三个基本环节,由此才能构成一个完整的课堂观察活动。在整个观察活动中,教师们经历了多种研究的活动,例如明确观察目的、选择观察对象、确定观察行为、制定观察量表、记录观察情况、处理观察数据、解释观察结果等。与这种专业研究取向的课堂观察相比,传统的听评课活动更多是随意的、主观的。例如传统的听课活动并没有事先规划观察的主题,也没有制定客观可靠的观察工具,很多观察的记录也仅仅是粗线条的对教学过程进行简单的描述,缺乏对课堂信息的深度挖掘,等等。

**案 例**

### 团队观察的行动与感悟①

为了这次观察活动,我们确实是花了不少心思,从文献的阅读,到方案的思考;从主题的确定,到理论培训,对于可能会遇到的问题也作了一定的估计,但对课堂观察始终心中没底。我们紧锣密鼓地准备着,既兴奋又焦虑地期待着课堂观察的到来。

2006年10月10日,全体数学教师拿着前后测试题和学生学习行为观察表走进了403班教室,在对学生进行了繁忙的前测后,开始了对陈惠老师执教的《两位数乘一位数的口算

---

① http://xbyx.cersp.com/jyyd/glpgyjk/200704/1380.html.

乘法》一课的课堂观察。与此同时，摄像机、照相机作为课堂观察的辅助工具，作为忠实的"观察者"也进入了紧张的工作之中。课中，老师们按照预先指定的观察对象进行观察和记录。只见老师们时而看表计时，时而侧头倾听学生交流，时而奋笔疾书。40分钟悄然而逝。紧接着，又是对学生的后测。一阵忙碌之后，老师们直言好累。学生学习行为观察表其实就是一种改良的听课记录单，应该记录什么，怎样记录，完全取决于观察者对观察视点的理解。为了完成这张表，一节课下来，有的听课老师竟不知道上课老师讲了一些什么，期间偶尔想听听讲课内容，又忘了不少本该在规定的时间里做的观察和记录。余歆彦老师指出，作为组长的她，由于这节课事先听过一次，对整个教学流程比较熟悉，才不至于手忙脚乱。不管怎样，我们多多少少开始了不一样的听课活动。因为参与而忙，因为思考而累。

（3）课堂观察注重收集客观数据

在科学研究的视野中，课堂观察是一种客观性研究，而不是主观性评判。专业研究取向的听课活动要求教师在听课过程中收集和记录客观、详实、可靠、有效的数据，并且利用这些数据来解释课堂的教学事件。也就是说，观察不是一个简单的"看"的过程，而是必须要事先思考"怎么看"、"看什么"、"我如何保证我看到的东西是我想研究的问题"、"我如何把我看到的现象或事件客观准确地记录下来"、"我如何保证我的记录是准确、全面的"，等等。把课堂观察看作是客观性研究，就意味着课堂观察的直接对象不是那些内隐的思维过程与教育观念，而是一些可以行为化、可以操作、可以测量的行为样本。例如，假设我们要观察课堂中学生主动学习的情况，主动学习作为一种内隐的心理过程是我们不能直接观察的，我们不可能从学生的脸庞上直接"看到"他们有没有主动学习，而是必须事先设计一些观察的视角和具体的观察点，比如，课堂中有多少学生举手发言？学生的提问是属于哪个认知层次的问题？教师是如何回应学生的提问的？等等。只有借助这些具体的观察点（或者说"行为样本"），我们才可以由此去"推测"学生主动学习的状况。对于这种强调客观数据的研究模式，许多教师在开始课堂观察之初往往不太适应，而是习惯于传统的主观随意的听课模式，因此，专业研究取向的课堂观察是需要教师自觉地学习和修炼的，换句话说，课堂观察是一种复杂的专业能力，需要教师长期的训练和实践。

**案　例**

二十世纪五六十年代，美国公众普遍对学校教育的质量和效率表示不满，人们纷纷质问：学校教育特别是课堂教学的质量是否令人放心？在这种背景下，人们急需一种能够科学考察、评估课堂教学质量的工具，弗兰德斯的互动分析（interaction analysis）便应运而生。互动分析能够客观地记录和分析课堂中师生语言互动的过程及影响，而课堂互动又能够比较客观地反映课堂教学的质量和效益，因此，课堂互动分析就成为一种能够客观收集课堂信息的有效工具。

弗兰德斯利用他开发的课堂互动系统分析技术,调查发现了所谓的三分之二规则:在课堂教学中,大约有三分之二的课堂时间要用来讲话;这其中,大约三分之二的讲话时间是教师在讲话;教师的讲话中,大约有三分之二是直接影响学生的(如讲授、指导、控制、批评等都是教师对学生的直接影响);这些想影响学生的教师讲话中,大约有三分之二无法起到其应有的作用。

(4)课堂观察倡导团队合作的文化

在科学研究的视野之中,课堂观察是一种合作性活动,而不是个体式行为。课堂观察需要收集大量的数据,并且需要对这些数据进行深入的分析,这些工作都不是一个教师所能够胜任的,因此课堂观察研究倡导教师之间的合作,并致力于营建合作的教师文化。事实上,对于教师个体而言,其教学的反思往往需要借助于同事的参与和信息的反馈。可以说,只有在合作交流的文化氛围之中,教师的自我反思才会更加真实有效。在课堂观察研究中,教师们借助于合作共同体,开展分工合作、专业对话与自我反思,促使合作共同体的每一位成员都能得到应有的发展。

## 二、课堂观察与教师专业发展

### 1. 课堂观察与教师发展的理论检视

国内外大量的文献探讨了课堂观察对教师专业发展的重要价值。例如,韦克斯曼(Waxman)指出,教室观察具有统整理论与实践的功能,使在职教师透过系统性的教室观察回馈,增进教学的自我知觉,进而形成改变教学行为与态度的动力。同时,对于正在学习教学的师范生,也能提供整合、对照所学理论的机会。

布瓦洛(Boileau)以及韦克斯曼等学者认为,教室观察对于教师专业发展具有几项重要的价值,包括:提升教师的专业反省知觉;促进班级互动品质;发现教室内教学不公平的事实;反省课程设计的成效,等等。教室观察可以帮助教师检视个人的专业行为,可以引导教师反思教学行为中的盲点,或是自身的教学行为与所持理论的不一致之处。在课堂观察中,教师可以透过第三者的局外人观点,或是将自己的观察距离拉远,立于一较理性而客观的立场,甚至从学生的观察角度,重新检视自身的实际作为是否能有效地达成教学目标。

富勒顿(Fullerton)指出,教室观察不管对于职前或是在职教师,都能发挥促进专业成长的价值,其原因是教室观察能够提供一种有别于教师个人内在声音的专业回馈,这种专业回馈也是一种外在的反省性刺激。尤其当此种刺激是来自其他同事的集体讨论,以及相互支持与关怀的专业回馈时,则更具有激励教师专业成长的功能。

埃弗森(Evertson)以及格林(Green)认为,观察是:(1)一种探究及决定的过程,(2)一种描述教学现实(reality)的方法,(3)也是一个将事件意义脉络化的过程。换句话说,教室观察对于教师的专业发展而言,其价值是多元的,包括具有探究教学现象、协助作出有效的专业决定之功能。而且,教师能够透过教室观察的训练,极大化地将教学现场所发生的微妙变化,作更有系统的描述,并加以意义化。再者,教师能够极快速地将所观察到的现象与特殊事件,进行脉络化的意义诠释与理解。

台湾学者陈美玉综合上述观点,认为教室观察不仅是提供有效的教学回馈、促进教师专业发展的重要途径,而且也是教师用以诠释、理解其所面对的教学情境所不可或缺的方法。一位有经验的专业教师,必然拥有比较精致的观察技巧,能够在短时间内敏锐而精确的解读教室内事件的发生,并有能力预防及处理各种教与学的问题。[①]

综合上述学者的论述,因此,对于教师的专业发展而言,课堂观察具有多方面的价值与意义,并具体表现为促进教师教学行为的转变、提升课堂教学诊断的质量和促进学校教研方式的变革等三个方面。

### 2. 课堂观察与教师的行为转变

教师积极地从事课堂观察,有利于推动教师自觉地变革自身的教学行为。在教育改革的背景下,新理论、新观念已经被许多教师所熟悉,但是,许多教师的教学行为却没有发生深刻的改变,导致新理念仅仅停留于口头上,而没有转化为具体的实践。例如,关于主体性教育,很多教师都知道学生主体的概念,但是什么是学生主体性,学生主体性体现在哪里,对这些问题的认识,教师们往往是模糊的。一些教师"看不到"学生在课堂上的各种主体性、能动性、创造性表现,因而对主题性教育的理论总是缺乏内在的认同感。如果教师们能够借助课堂观察的方法,"看到"学生在课堂上的种种生动的表现,就有利于教师自觉地转变自身保守的教学行为。

阿吉里斯(Chris Argyris)和舍恩关于信奉理论与使用理论的区分非常值得我们借鉴。他们二人认为,我们每个人都具有两种理论:第一种是信奉理论(espoused theory),即人们宣称自己的行为所遵循的支撑理论,这种理论通常是以一种固定的信仰和价值观的形式表现出来的,甚至自己也信以为然的理论;第二种是使用理论(theory-in-use),即人们实际运用的行动理论,这种行动理论只有通过观察人们的实际行动才能够推断出来。阿吉里斯和舍恩发现,人们的信奉理论和使用理论之间并不是一致的,实际上存在着很大的差距,但人们一般很难意识到这种差距的存在。例如,一个教师可能认为学生参与是重要的(信奉理论),但是他的教学行为却有可能是灌输式的(使用理论)。通过课堂观察与研究,我们就可以让教师"看到"自己教学行为的某些不足,从而认识到自身使用理论与信奉理论之间的差距,并自觉地进行教学行为的转变。

课堂观察还可以促进教师将理念与行动结合起来,用理念来自觉地诠释自己的行动、改进自己的行动。课堂观察中呈现的现象与细节,常常会给人以"刺痛感"、"震动感"。"怎么会这样

---

① 陈美玉. 教室观察:一项被遗漏的教师专业能力. http://www.sqedu.net/newsInfo.aspx? pkId=27746.

的?""真的是这样啊!"之类的感叹常常会出现在教师们的感言中,在这样的感言中,真正深层次的理念就会发生革命性的变化。

"拿到光盘,回家就看了起来。开始看时,还没什么,越看到后面,越觉得不对劲,怎么全是我的声音?看着自己是越讲越起劲,可学生呢,就只有干坐在那儿听了。想想自己也不是口才很好的人,怎么课堂上的口才就那么厉害啊?"

2006年11月1日,我们以"课堂提问的有效性"为主题观察了张老师的一节课。在这节40分钟的课上,老师提了56个问题,平均每分钟提了1.4个问题。在某个提问"高峰期"的5分钟内,提了12个问题,平均每分钟2.4个问题!围绕着某个教学内容,老师一下子问了8个问题。可是,当观课者把统计结果公布的时候,上课的张老师却并不"承认":"没有吧,我提了3个问题。"观课者把自己的记录逐一说出后,张老师才相信了,并表示出一种惊讶。

3. 听课与课堂教学诊断

听课的重要目的就是帮助教师进行教学诊断。但是,传统的听评课活动主要局限于听课者主观的感受和粗略的观察,其所收集的课堂信息是非常有限的,而且根据这些有限的课堂信息所作出的判断与解释也往往比较片面。在科学研究的视野之中,我们把听课提升为一种系统的研究程序,要求在听课活动中增加研究的成分,这样的听课活动就能够真正提升课堂教学诊断的质量。

首先,研究性听课是有明确的观察对象和观察目的的,其观察点比较集中,因而能够深入地收集课堂中教与学方面的信息。而传统的听评课活动往往主观随意、面面俱到、浅尝辄止,不利于课堂的深度观察。其次,研究性听课强调基于一定的理论框架对课堂事件进行深度诠释,重视揭示课堂教学行为背后的观念,从而有利于对课堂教学进行深度诊断。

课堂观察诊断案例[①]

教学片段:《面积和面积单位》一课教学中,教师在介绍了什么是物体的表面后问道:"请同学们比一比,黑板面和桌面,哪个表面大,哪个表面小?"一生答:"黑板面大,桌面小。"教师表扬道:"你真聪明,大家为他鼓掌!"众生边鼓掌边说:"嗨、嗨、嗨,你真棒!"接着,教师

---

① 孔志芳. 小学数学课堂教学问题行为的诊断与纠正[J]. 浙江教育科学,2006(4).

又问："数学书的封面和文具盒盖的面,哪个表面大,哪个表面小?"另一生答:"数学书的封面大,文具盒盖的面小。""说得不错,表扬他!""嗨、嗨、嗨,你真棒!"

【评析】 上述片段中,对于学生能轻而易举回答出来的问题,教师也都给予了过多、过高的赞赏和鼓励,而且是千篇一律的"你真棒!""真聪明!"这样的赞赏和鼓励容易丧失公正性,缺乏激励感,久而久之,会造成学生对教师的赞赏和鼓励变得麻木,这是我们研究发现的第三种教学问题行为……

4. 课堂观察与校本教学研究

在教师专业化与新课程改革的背景之下,校本教学研究日益受到教育界的高度重视。而基于科学研究视野的课堂观察,则可以为教师的校本教学研究提供有力的支撑。

首先,课堂观察为教师的教学反思提供了有效的工具。课堂观察给了教师一面观察自我、反思自我的镜子。过去我们经常讲教师要自觉地进行教学反思,但是由于没有找到一条切实可行的途径,结果使教学反思成为一句空洞的口号。近年来,随着课程改革的不断深入和课堂研究的逐渐兴起,课堂观察作为研究课堂的一种方法开始受到学界的关注与中小学教师的青睐,西方关于课堂观察的研究成果也大量输入,教育界开始认识到,课堂观察不仅仅是教师最常用的研究方法,同时也是促进教师教学反思的重要工具。透过课堂观察,教师可以清晰地看到自己的教学行为,积极地对自身的教学行为展开分析与诠释,并由此加深对教育教学活动的理解。

其次,课堂观察可以推动学校教研方式的变革。传统的教研方式逐渐显露出三个严重的不足:一是离散化,缺少基于主题的研究,所谓的研究没有聚焦的内容,呈现出"脚踩西瓜皮,滑到哪里是哪里"的现象;二是粗放化,缺少精细化的描述与分析,因此,"好像"、"感觉"、"似乎"这类的模糊词汇充塞在课堂教学研究的过程中,"不痛不痒",没有"冲击性";三是范式化,以种种先验性的评课套路与话语诠释千变万化的课堂,这种教研方式在生动的教学现象情境中常常会"捉襟见肘",无法取得实质性的、针对性的效果。开展课堂观察有利于这三个问题的解决。

**案 例**

《性别决定和伴性遗传》课堂观察与分析报告[1]
——教师对个别回答的理答方式

观 察 人:彭小妹(浙江省余杭高级中学)

---

[1] http://wenku.baidu.com/view/5877790df12d2af90242e688.html.

观察维度：教师•活动•理答

研究问题：从教师的理答方式看课堂达成

观察工具及观察结果如下表：

| 理 答 方 式 | 次　数 | 所占百分比 |
|---|---|---|
| 重复学生答案 | 4 | 40％ |
| 追　问 | 2 | 20％ |
| 整理答案 | 2 | 20％ |
| 简单评价 | 1 | 10％ |
| 不作回应 | 1 | 10％ |

分析与反思：

1. 在本堂课中，教师对学生的发言以重复学生答案的方式为主，共4次，占40％。

重复学生答案有两种情况，一是让其他同学听清楚学生的回答，或教师再次强调答案；二是教师下意识的语言，留时间给自己思考，并无太多意义。一般在这种情况下，教师紧接着会对学生的回答作出简单评价。

在本课中，教师重复学生答案的目的属于第一种情况居多。教师重复或学生说教师重复板书，主要是为了让其他学生明确答案的确切意思。如教师提问"人类男女性别比为什么是1∶1?"在教师的提示下，学生的答案已经全面而准确了，这时候教师又把学生的答案重复了2遍，这样易造成课堂教学时间不能集中地分配到重难点的突破上。课堂中如果学生清楚响亮地表达了自己的答案，教师应该尽可能地不要重复学生的答案，这样既可以培养学生的倾听能力，又可以培养学生大声表达自己观点的能力。

2. 其次是教师的追问，共2次，占20％。

追问在教学中毫无疑问有很重要的作用。……本节课的2个追问都很精彩，如教师问"你认为温度在某些动物的性别分化中发挥重要作用的原因最有可能是什么?"学生的回答是"温度影响了酶的活性。"教师追问"最可能是哪种酶?"学生感觉很难回答，原因是可能的酶种类太多了，若追问能改为"这种酶是干什么用的?"问题的指向将更明确，追问的效果将更好。

3. 整理学生答案的方式一般是在学生知道答案但意思表述不清，表达不完善，或者学生表达出现问题需要教师帮助其完成等的情况下出现，从这一点上可以了解学生的认知水平和教师对知识的理解。

本课中教师整理学生答案2次，对整理时机、整理内容的把握都比较理想。如在阅读完材料"三伴性遗传实验"后教师问"根据这一实验结果，可以提出哪些假设?"某生答"可能是常染色体遗传"。教师通过"能不能判断是显性遗传还是隐性遗传?"的提问,引导并帮助学生完善了答案。

4. 不作回应的情况看起来似乎是不应该的,但课堂上确实有其出现的可能。一是由于学生的回答太离谱、离题,教师不知从何回应;二是教师不能很好地理解学生的意思,又不想太浪费时间,于是不了了之;三是学生的回答确实无关紧要,遂不作回应。

本课中不作回应出现了一次,是在设计实验验证假设并预测实验结果的教学环节中,某生表达了自己的方法,他的方法的缺陷是不能区分验证细胞质遗传,于是教师提示"如何验证细胞质遗传呢?"该生答"未考虑",教师便不再追问,不是说"坐下"。课堂中出现学生答案考虑不全面时,教师应该怎么做呢? 不同的教学理念下,教师可能有不同的做法。新课程提倡关注每个学生的发展,在课堂教学中给学生成功的心理体验。如果教师本着"以生为本"的理念,在学生答"未考虑"后,教师应帮助他意识到自己答案的缺陷在哪里,并引导他去完善自己的答案,最终获得成功的体验。

【评析】 在上述案例中,我们可以看到课堂观察在营建研究性的学校文化、推动学校教研方式转型之中的重要作用。这个案例与传统的听评课活动相比最大的不同在于:它是一个有主题的、客观化的观察活动。教师们通过聚焦研究的主题(本案例中是"教师理答的方式")、收集和分析客观的观察数据,生成了深刻的教学反思。

## 第二节　课堂观察的基本类型

课堂观察可以从不同的视角出发,依据不同的标准,进行多元化的分类。由于教育实践的复杂性,我们往往需要在多样化的类别之中进行有目的的选择。本节首先简要探讨课堂观察的多种不同分类,在此基础上就教育理论与教育实践中涉及最多的三种类型展开深入的分析。

### 一、课堂观察的多元分类

1. 参与性观察与非参与性观察

按照观察者是否直接参与被观察者所从事的活动,可以将观察活动分为参与性观察与非参与性观察。

所谓参与性观察,就是研究者参与到观察对象的活动之中,通过与观察对象共同进行的活动从内部进行观察。参与性观察在教育学、社会学、人类学研究中都有广泛的运用。例如,在教育社会学的研究中,研究者参加学校、班级的活动,在参与研究对象的各项活动的过程中观察教师期望、师生关系、学生伙伴关系,以及班级文化等。又如,在人类学研究中,人类学家深入某个特定的社区,并常年累月地住在该社区,将自己融入所要观察的社区的生活中,尽量地精通当地的语言,在与当地人的密切接触中,通过观察描述、样本记录或系统地做素材笔录,获取各种有价值的研究资料,以观察他们的生活情境、文化因素、行为方式、观念态度,了解人们的基本信念与观点、喜欢与害怕、期望与失落,从而寻找与其社会、文化、传统等相关的成因与对策。再如,在社会学研究中,曾经有一名早期的社会学家为获得监狱的第一手资料,不惜被当作一名犯人关进监狱,观察犯人生活,了解监狱里的种种内幕,最后写出调查报告。这些研究都是参与式观察法运用的典型案例。参与性观察要求研究者不只是被动地去"观看"别人的活动,而是要研究者与研究对象有长期的、密切的联系与接触。因此,参与性观察的优点在于其材料的深度,而其不足则是如何避免观察中的主观偏见。

所谓非参与性观察,就是指研究者不参加观察对象的任何活动,而是以"旁观者"、"局外人"的身份进行观察。在参与性观察中,研究者可以采取公开的方式或者隐蔽的方式对研究对象展开观察。例如,美国社会学家贝尔斯曾经对小群体的互动行动进行观察研究,他设立了隔离观察室,列出了 12 种行为,每当其中一种行为发生时,观察者就及时地进行观察记录。这种在"隔离观察室"进行的隐蔽式观察就是一种非参与式观察。非参与性观察的优点是观察结论可能比较客观,但其缺点则是观察结论容易表面化,不易获得深层次的材料。

参与性观察与非参与性观察并不是决然对立的,事实上二者之间存在着很多连续的中间环节。例如,台湾学者黄瑞琴根据研究者参与研究对象活动的程度,把研究者参与的方式区分为若干种连续的过程:

(1) 不参与、不介入的方式——完全不参与所要观察和研究的人们的活动。

(2) 被动消极的、参与和介入程度低的方式——观察者虽然在现场,但并不积极地与活动场内的人们互动,只是找一个点去观察和记录;或与人们有偶尔的交谈;现场活动的人并不认识观察者,也不知道他在干什么。

(3) 中度参与的方式——观察者寻求一种能维持自己在现场活动中"局内人"和"局外人"角色之间的平衡关系,也就是维持"参与"和"观察"两种活动之间的平衡关系。

(4) 主动积极参与的方式——观察者与现场的人们一样,积极主动地参与活动,以此来亲身体验和充分了解人们的行为规则。

(5) 完全参与、介入程度最高的方式——观察者已经是现场活动的日常参与者,是在观察和研究自己的日常生活和工作。

在观察活动中,研究者参与程度与参与方式的多元性,意味着我们需要根据具体的观察目的和特定的观察对象,灵活地选择自己的观察方式。例如,假设我们要观察学生在课堂上的认知过程,我们可能要采取参与性观察的方式,有意识地和学生进行一些必要的交谈、对话,以便更深入地了解学生内在的思维活动。但是,如果我们要观察的是学生在课堂中的互动状况,那我们可能只需要非参与式观察即可。

### 2. 结构式观察与非结构式观察

按照观察实施的方法不同,可以分为结构式观察与非结构式观察。

结构式观察是有明确目标、问题和范围,有详细的观察计划、步骤和合理设计的可控性观察,能获得翔实的材料,并能对观察资料进行定量分析和对比研究。结构式观察常用于对研究对象有较充分了解的情况下。

非结构式观察则对研究问题的范围采取弹性态度,观察的内容、项目以及观察步骤不预先确定,观察记录也无需事先规定具体的要求,是一种非控制性的、弹性化的观察。非结构式观察的优点是方法灵活,但缺点在于获取的材料往往不够系统完整,因而多用于探索性研究,或者用于对观察对象不甚了解的情况之下。

**案 例**

#### 非结构式观察的案例
——一份关于课堂纪律研究的非结构性观案记录
（括号内是研究者的简评）

音乐课许多学生没带口琴。这是上午最后一节课。下课后,教师说:"带口琴的先走,不带口琴的留下。"教师让留下的学生写检查,写完检查写保证(此时的规范是:不带口琴的学生要留下写检查、保证)。学生们起哄、怪叫。教师说:"我们上的不仅仅是音乐课,还要对你们的品德进行教育!"学生们说:"我们没带笔!"教师让其中一位女生去办公室拿笔。过了几分钟,去办公室拿笔的学生仍未回来,学生们叫逆:"她自己逃走了!"并一起起哄。教师说:"不要发声音!"在学生们的吵闹声中,教师边记录学生的学号,边不断地说:"不要起哄!"6分钟后,拿笔的学生回来了,报告说办公室里面没有老师。学生们高兴地喊:"噢——"教师仍在记学号。学生们大吵大闹,哄笑。教师似乎不再有兴趣批评他们了。学号记录完毕,教师让没有参与吵闹的9位学生先走(此时的规范是:虽然不带口琴,但没有参加吵闹的学生可以不必受到惩罚),并质问留下来的学生为什么吵个不停。学生们揭发是一个男生在说笑话。教师让其他学生都离开,只留下了这个讲笑话的男生(此时的规范是:虽然不带口琴,还参与了吵闹,只要不是主犯,就可以离开)。教师问:"你讲过笑话吗?"男生说:"讲过的,但是他们先骂我的。"教师问:"难道你没有别的办法了吗?"(最后的规范是:虽然不带口琴,虽然参与吵闹,并且是主犯,但只要教训一下就行了)。

### 3. 定性观察与定量观察

根据观察资料本身的属性和特点,可以把课堂观察分为定量观察和定性观察。

所谓定量观察,就是运用一套量化的、结构化的观察量表来进行观察记录,并对观察记录进行量化的统计分析。例如,假设我们要观察课堂中教师提问的次数,那么我们可以采取定量观察的方式,在一节课中对教师的提问进行频次记录。如果我们进一步将提问按照认知水平区分为若干层次(比如记忆性问题、理解性问题、探究性问题,等等),那么我们又可以统计出该教师在每个认知水平上的问题数量。定量观察的核心特点是量化,因此它对于观察量表的设计、观察对象的选择都有严格的要求。

所谓定性观察,就是观察者依据粗线条的观察纲要,通过细节描述的方式收集课堂教学的相关信息材料,并依据一定的理论框架对课堂事件的意义展开阐释。定性观察的特点是事先不预设固定的观察框架,而是随着观察过程的展开灵活地生成具体的观察路径。在定性观察中,观察资料的记录往往是采用事件描述的方式,强调对课堂事件进行细致的"深描"。

### 4. 团队观察与独立观察

根据观察者之间的合作关系,可以分为团队观察与独立观察。

团队观察是将观察的任务进行分解,并分配给多个观察者,每个观察者负责观察一部分观察的任务。例如,在对一个班的学生课堂互动进行观察时,可以安排每个参与观察的教师分别负责一个学生小组的观察记录。又如,在观察学生参与情况时,可以把"学生参与"区分为若干个观察的子维度,并安排不同的教师分别就各个子维度的观察点展开观察记录。

独立观察则是指研究者以个人为单位,独立地就某个研究主题或研究对象展开课堂观察。与团队观察相比,独立观察更适合教师对学生进行深入的、长期的、持续的观察,以深入了解班级学生的学习情况。

### 5. 诊断性观察与提炼性观察

根据观察的目的与作用不同,可以把课堂观察分为诊断性观察和提炼性观察。

诊断性观察指对执教教师的教学情况进行现场诊断,通过收集课堂教学的信息,分析教学中存在的问题,给出教学改进的建议。提炼性观察则主要用于提炼优秀教师的教学风格与教学特色。诊断性观察重在发现课堂教学的问题,而提炼性观察则重在发现课堂教学的个性与特色。

上面我们列举了种种课堂观察的分类,但是从学理的层面探讨,课堂观察主要还是受到三种不同的理论取向的影响,并且在不同的理论视野中具有不同的内涵与特征。具体而言,主要是三种理论的取向,即量化研究取向、质性研究取向与行动研究取向。下面我们就这三种不同的理论取向及其对课堂观察的影响进行简要的阐述。

## 二、量化研究取向的课堂观察

量化研究取向的课堂观察强调的是量化观察。量化观察在西方有着悠久的传统。所谓"量化",就是指用标准化的课堂观察编码系统来收集课堂数据。在国外,量化取向的课堂观察已经被大量地运用于跨文化的课堂比较研究。

### 1. 量化观察的理论基础

量化观察的理论基础是社会科学研究领域"量的研究范式"。量的研究范式渊源于自然科学的研究范式,强调对事物可以量化的部分进行测量和分析,借以检验研究者自己关于该事物的某些理论假设。

量的研究范式认为,真正科学有效的研究必须坚持客观性、可测性、可重复性的原则。在量的研究范式看来,观察的客观性是我们从事科学研究必须坚持的首要原则。所谓观察的客观性,就是指观察活动要尽可能地避免观察者的背景理论、生活经历、兴趣爱好、立场观点等主观因素的干扰。例如,一个人心里感觉很快乐,在量的研究者看来,"快乐"就是一个主观的范畴,如果要对"快乐"展开"科学"的研究,就必须把"快乐"这种主观的范畴外化为可以观察、可以测量的客观指标,例如肌肉的运动,等等。量化观察就是建立在对客观性、可测性的追求之中。

为了达到客观、可测的目的,量的研究范式形成了一套完备的操作技术,包括抽样方法(如随机抽样、分层抽样、系统抽样、整群抽样)、资料收集方法(如观察法、问卷法、实验法)、数字统计方法(如描述性统计,推断性统计)等。其基本研究步骤是:研究者事先建立可以测量的研究假设,然后通过概率抽样的方式选择样本,使用经过检测的标准化工具和程序采集数据,最后对数据进行量化分析,并借助统计学的方法解释这些量化的数据。

### 2. 量化观察的基本特征

基于量的研究范式的视野,量化观察主要有三个典型特征。

（1）预设的分析框架

量的研究采用的是假设——演绎的思维模式,也就是说,研究之前必须清晰地界定研究的问题和分析的框架,并以"研究假设"的形式表现出来。同样,在量化观察中,每一份有较高信度和效度的课堂观察表都蕴含着研究者对于研究问题的前提假设与分析框架。例如,假设我们要观察课堂教学的有效性,并由此制定出课堂教学有效性的观察表,那么这一份观察表之中一定蕴含着研究者对什么是有效教学的理论思考。研究者对于有效教学的理解不同,就会形成不同的分析框架,并由此开发出不同的观察量表。

以弗兰德斯的互动分析法（FIAS）为例。弗兰德斯研发课堂互动观察表的目的是要调查研究和评估学校课堂教学的质量。弗兰德斯研究发现，课堂互动最能反映课堂教学的状况，因为语言行为是课堂中主要的教学行为，占所有教学行为的80%左右。因此，评价一堂课的最佳方法是对课堂内的师生语言行为进行互动分析。从某种意义上说，把握了课堂教学中师生的语言行为，也就把握了课堂教学的实质。基于上述的理论假设，弗兰德斯把课堂的互动分为三类：教师的语言、学生的语言、沉默，然后又把这三类具体细分为十个维度，由此形成了观察课堂互动的量表（见表4-1）。可以说，在这个量表中，蕴含着的是弗兰德斯对课堂教学质量以及课堂互动的理论假设。

**表4-1 弗兰德斯课堂互动观察类目系统**

| 分　类 | | 编　码 | 内　容 |
|---|---|---|---|
| 教师语言 | 间接影响 | 1 | 表达情感 |
| | | 2 | 鼓励表扬 |
| | | 3 | 采纳意见 |
| | | 4 | 提　问 |
| | 直接影响 | 5 | 讲　授 |
| | | 6 | 指　令 |
| | | 7 | 批　评 |
| 学生语言 | | 8 | 学生反应 |
| | | 9 | 学生主动讲话 |
| 沉默 | | 10 | 无有效语言 |

**案　例**

### 美术教师专业知识的行动研究[①]
#### ——关于S市四个课堂教学案例的课堂观察与调查

美术教师的专业知识是其从事美术教学实践及研究的基本条件，因此它是美术教育研究的一个重要课题。本研究选取S市四个课堂教学案例（小学和中学各两节），以教学模式作为探讨四位美术教师专业知识的切入点，通过研究者的课堂观察和对教师的课后访谈两种研究途径，分析这四位教师原有的专业知识状态对他们教学模式的选择、课堂情境中的实际运用，以及课后反思等的影响程度。目的是通过这种方式实现研究者与被研究者之间的互动，促进教师专业成长。

……

---

① 吴非.美术教师专业知识的行动研究——关于S市四个课堂教学案例的课堂观察与调查[J].中国美术教育,2008(3).

一、课堂观察内容

教学模式是本次课堂观察的重点。美术教师事先考虑了什么样的教学模式与其教师专业知识背景相关。选择教学模式视角进行课堂观察只是研究教师专业知识课堂运用的一个切入点。

我们主要从两个方面来进行课堂观察：教学组织与结构，教学过程与形式。前者包括教师运用自己的专业知识在教学内容、教学目标、教学过程设计，以及教学策略选择等方面的体现与运用；后者包括在课堂情境中，教师的教学方法运用、师生互动情况，以及突发事件处理中所反映出的专业知识状况。

在教学组织和结构环节部分，观察教师对教学内容的选择和目标的确定，从中可以看出该教师原有的教学观念和所具备的美术本体方面的知识。而从课程资源的选择、教学设计实施与评价和有效教学策略的选择中，可以看出教师所具备的课程知识和教学技能。在教学过程与形式部分，主要观察在课堂情境下，美术教师实践性知识的掌握与运用程度。

……

【评析】　在本案例中，研究者要研究的是美术教师的专业知识，然而专业知识是一种内隐的对象，因此研究者假设专业知识与教学模式之间存在紧密联系，并由此出发，对教学模式的结构进行分析，形成了课堂观察的分析框架。

(2) 量化的数据分析

量化观察强调对观察数据进行量化，包括以定量的方式进行的观察记录和以统计学方式进行的数据分析。

例如，弗兰德斯课堂互动观察表的使用就反映出量化的数据分析的特征。首先，他选择了量化的取样方法。在观察对象的取样上，弗兰德斯互动分析法采用时间抽样的办法，一般每间隔 3 秒钟，观察者就依据观察表记录下相应的编码，这样一节 40 至 50 分钟的课大约可以生成 800 至 1 000 个编码，这些编码反映了课堂中按时间顺序发生的一系列事件，这些编码序列又能呈现出课堂教学的结构、模式和风格。也就是说，弗兰德斯的课堂观察表通过时间取样的方法，把生动、复杂的课堂事件和教学活动量化为一个个抽象的数学符号，从而为后续的量化分析奠定了坚实的基础。

其次，弗兰德斯观察表采用了量化的观察记录方法。根据其编码系统，课堂师生的每一个语言行为都被编码为 1 到 10 这样几个数字。例如，教师在课堂上提问学生，这个行为就被编码为数字"4"。为了帮助观察者准确判断出师生语言行为的类别，弗兰德斯还为那些复杂的师生语言行为制定了量化记录的规则。比如：(1) 当不能确定某一种语言行为究竟属于两个或多个类别中的哪一类时，选择远离"5"的类别，但不能选择类别"10"；(2) 当教师叫某一位学生名字时，属于类别"4"；(3) 当教师重复学生的正确回答时，属于类别"2"；(4) 如果观察者不能确定某一种语言行为具体归属哪一类别时,就归属于"10",等等。通过这种量化的编码规则,所有的课堂语言行为都被抽象为统计学上的数字。

第三,弗兰德斯观察表不仅坚持量化的观察记录,而且还主张对这些量化的观察记录进行统计学上的定量分析,包括描述统计和推断统计。

## 案 例

### 弗兰德斯互动分析法及其应用研究[①]
#### 黄 涵

本文从概念教学、命题教学和问题解决教学三个方面,选取了六位学科带头人(G1,G2,M1,M2,Q 1,Q2)的公开课视频,下面将运用弗兰德斯互动分析法及其改进法,对六节录像课的师生互动进行分析。

……

为了更为系统、直观地观察到各种主要参数在课堂教学中的动态变化,在这里约定:以一分钟为单位,对弗兰德斯互动分析的主要参数分别做计算,根据计算结果,绘制各主要参数的动态特征曲线。

(1)教师语言百分比的动态特征曲线

在这里,横坐标:时间 t,单位刻度为 1 分钟,范围从 0——T(T=一节课的时间长度,约为 46 分钟)。

纵坐标:教师语言百分比 TT。

根据规定,计算出教师在各分钟的语言百分比,再利用 Microsoft Excel 绘制出图 2-1。

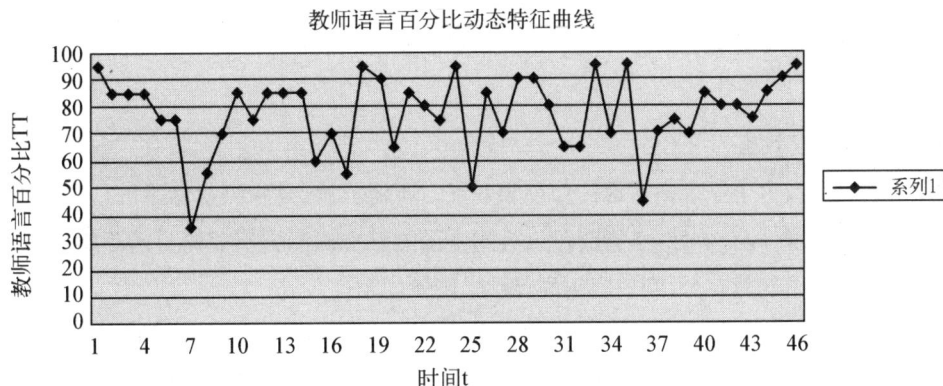

图 2-1

---

① http://wenku.baidu.com/view/39a48d2fbd64783e09122b09.html.

（2）学生语言百分比的动态特征曲线

在这里，横坐标：时间 t，单位刻度为 1 分钟，范围从 0——T（T＝一节课的时间长度，约为 44 分钟）。

纵坐标：学生语言百分比 PT。

根据规定，计算出学生在各分钟的语言百分比，再利用 Microsoft Excel 绘制出图 2-2：

学生语言百分比动态特征曲线

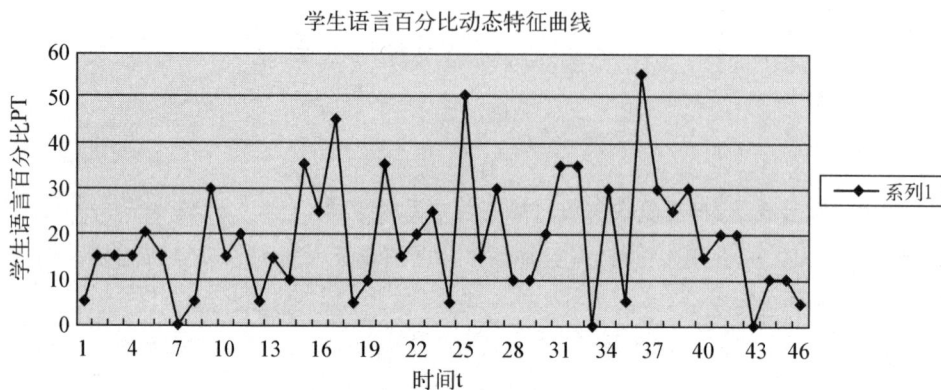

图 2-2

从上面两个图我们可以清晰、直观地看到课堂上教师和学生语言的起伏波动和节奏。

观察图 2-1 我们可以发现，在这节课上，教师语言比率接近或超过 80％，形成了 12 次高峰。观察图 2-2 可以发现，学生在课堂上的发言机会还是比较多的，只有 3 次完全没有学生的参与，但每次不超过 1 分钟。其中第一次空白是学生按照教师要求在动手操作，第三次是教师在展示题目，学生在思考问题。在这堂课上，学生参与率接近或超过 20％的有 21 次，其中参与率最高的时候达到了 55％。从两条曲线此起彼伏的交错中可以看出，课堂上教师与学生的互动关系是：在每一分钟的时间片段里，多数是教师语言，教师通过提问、做题的方式让学生参与课堂教学，"教师问、学生答"这样的互动关系构成了这节课的基本过程。

（3）良好的信度效度

量化观察往往致力于追求高水准的信度和效度。所谓信度，是指测量结果的一致性、稳定性和可靠性。所谓效度，即有效性，是指测量工具或手段能够准确测出所需测量的事物的程度。测量结果与要考察的内容越吻合，则效度越高；反之，则效度越低。

量化观察之所以能够具有比较高的信度和效度，首先是由于它具有结构化的理论前设。也即是说，量化观察在观察之前对于需要观察什么、怎么观察都已经有具体、明确的安排，因此量化观察可通过理论研究和逻辑分析，保证观察的内容能够反映所要研究的问题。例如，如果我们要设计有效教学的量化观察表，那么我们一定会首先进行理论研究，对有效教学的内涵与结构有相当准确的把握，然后在此基础上去制定观察的量表，这样的研究程序就可以保证观察量表的效度。

其次是量化观察的观察点设计往往强调可观察、可测量的外显行为,对这些外显行为进行观察记录,可以尽可能地避免主观因素的干扰。例如,面对同一份课堂录像,如果用量化观察的方式进行观察记录,那么不同的观察者所做的记录应该是一致的,这就可以保证量化观察的信度。

### 三、质性研究取向的课堂观察

质性研究与量性研究具有不同的理论基础,因而质性观察也有着与量化观察不同的理论风格与行动策略。20 世纪 70 年代以来,随着现象学、解释学在社会科学研究中的不断发展,质性课堂观察研究也开始受到教育界的重视。

1. 质性观察的理论基础

质性观察的理论基础是社会科学领域"质的研究范式"。关于质的研究,陈向明教授的界定是:"质的研究是以研究者本人作为研究工具,在自然情境下采用多种资料收集方法对社会现象进行整体性探究,使用归纳法分析资料和形成理论,通过与研究对象互动对其行为和意义建构获得解释性理解的一种活动。"在这个定义中,质的研究最关注的是对意义的"解释性理解"。即质的研究的主要目的是对被研究者的个人经验和意义建构作"解释性理解"或"领会",研究者通过自己亲身的体验,对被研究者的生活故事和意义建构作出解释。[①]

质的研究的兴起,主要是针对自然科学研究范式的弊端提出的。社会科学曾经机械地模仿自然科学的研究范式,并以自然科学的研究范式作为"科学研究"的典范。但是,社会科学毕竟不同于自然科学,作为活生生的生命体,人是不能够像自然科学那样被完全"物化"的,因为人是有思想、有情感的生命个体,社会科学所研究的"人"不同于自然科学所研究的"物"。因此,自然科学对"物"的研究结论并不能简单地移植到"人"的身上。晚近以来,社会科学研究开始自觉地探索更具个性化的研究范式,而质性研究正是社会科学研究范式的重要走向。

质的研究范式起源于现象学——解释学的传统。现象学认为,社会现实不是与我们无关的、外在于我们的存在,恰恰相反,现实是由我们主观建构起来的,并被我们的意义世界赋予了特定的意义。打个比方来说,我们看到一幅画"端正"地挂在墙壁上,我们之所以认为它是"端正"的,是因为我们事先假设某事物与水平面成直角即为"端正"。如果我们把对"端正"的理解界定为与水平面成特定斜角,那我们看到的这幅画就可能被认为挂得不"端正"。又比如,同样是 80 分的学习成绩,两个学生可能会有完全不同的情绪反应,这是因为他们具有不同的认识世

---

① 陈向明. 质的研究方法与社会科学研究[M]. 北京:教育科学出版社. 2000,p7 - 12.

界的意义框架。现象学强调"从被研究者自己的观点",了解被研究者所建构的主观的意义世界。

总之,在现象学、解释学的视野之中,质性研究更专注"意义的诠释",而不是"规律的发现"或者"量化的分析"。正如19世纪伟大的思想家狄尔泰所说:"自然需要说明,而人类需要理解。"

2. 质性观察的主要特征

(1) 参与式的深度观察

质性观察与量化观察对"观察"活动具有不同的理论取向。量化观察认为,在观察活动中,研究者可以通过自己的感官或者技术手段,直接观察到"客观"、"真实"的"事实",也即是说,"知识"是可以直接感知和观察到的。

但是,质性观察则不认同这种经验主义的认识,而是倾向于从现象学、解释学的理论视野来重新打量"观察"的本质。质性观察认为,研究者必须与被观察者进行互动才能获知被观察者真实的意义建构。因为任何一个文化群体都有自己的一些假设,而该群体的成员通常对这些假设习以为常,很难用语言表达出来。因此,如果我们仅仅是旁观性地"看",并不能看出被观察者行为背后的理论假设。基于以上的认识,质性研究者认为,人类的"知识"产生于人与人之间互动的过程和情境脉络之中,理解只有通过人与人之间的互动才可能呈现。[①]

例如,观察一节课,我们能够看到的只是教师教的行为和学生学的行为,但是这些行为背后的真实意义却不可能直接"呈现"给我们。我们可能"看到"某个学生一直盯着黑板,但我们并不能由此知道这个学生是否真的在专心学习,也并不能由此判断这个学生是否真正理解了上课的内容。只有通过与被观察者的互动,我们才有可能深入了解课堂教学行为背后的意义建构。

---

**案 例**

### 广州市中学英语教师教学观的质性研究[②]

教学观,是指教师对于教学内涵、教学模式和教学控制方式等的总体认识、理解与看法。受学科知识发展、社会形态变迁、教育理论更新的影响,教学观呈现出一种动态发展的历史,因而有传统教学观和现代教学观之分。教师的教学观一经形成,就会在他们的头脑中形成一个框架,影响他们教学的各个方面的实践和表现,如教学内容的确定和教材的编写、教学方法的选择和设计、教学的实施过程和对教学效果的评价,进而影响到学生的学习。因此,

---

① 陈向明. 质的研究方法与社会科学研究[M].北京:教育科学出版社. 2000,p234.
② 张丽冰.广州市中学英语教师教学观的质性研究[J].教育导刊,2007(8).

要提高教学质量和效果,首先需要教师具有一个正确的教学观……

本研究采用质性研究方法,对广州市28位中学英语教师的教学观进行了研究。

研究采用高凌飚(2003)在广东中学物理教师教学观研究中界定的六个维度作为预设维度,每个维度预设若干访谈问题。

研究主要采用访谈和课堂观察的方式来收集资料。访谈时间与课堂观察同步,大多数访谈一般在听课后立即进行(便于教师回忆课堂的行为)。如果不能立即进行访谈,则根据教师方便的原则,请教师确定时间进行访谈。地点在被访者的学校,每位教师的访谈大约持续30到40分钟。本次研究对多数访谈进行了录音,对所有访谈的主要内容进行了记录。访谈结束后,根据录音和记录进行录入整理。课堂观察中主要记录课堂教学中教师和学生的各种具体行为(如提问或回答)所占用的时间、教学内容以及观察感想。课堂观察的记录可作为访谈内容的切入点,同时可以和访谈的内容互相印证。

通过分析,归纳出广州市中学英语教师的四类教学观:传授知识教学观、应付考试教学观、促进学习教学观和促进成长教学观。

【评析】 本研究中,研究者将课堂观察与深度访谈结合起来,体现了质性研究对"互动"的追求。也正是在人际互动之中,研究者才能够阐释被观察者教学行为背后的"教学观"。

(2)基于深描的观察记录

质性观察强调"原汁原味"地呈现观察对象的全貌,反对将具体的人抽象为一个个数学符号,因此,质性观察更倾向于用文字描述的方式来记录观察的结果。不过文字也有抽象和具体之分,质性观察反对用抽象的词汇来记录观察结果,主张用具体、清晰、实在的语言来对观察的对象进行"深描"。例如,在描述学生学习情况的课堂观察记录中,像"专心听课"、"认真学习"、"聚精会神"等词汇,在质性观察看来都是不具体的,都有可能带有一定的主观偏见。如果一定要描述学生专心致志的神情,那么就必须用具体的课堂行为来详细地描述,比如"没有学生交头接耳"、"学生们的眼睛一直盯着教师,没有人东张西望",等等。

**案 例**

《水的组成》课堂观察及反思[①]

这节课是我校一位上岗6年的老师在校内上的一节公开课,时间是2010年3月28日,

---

① 朱玉林.《水的组成》课堂观察及反思[J].青年教师,2011(5).

地点在本班教室,学生来自该老师自己任教的班级,共49人,学生基础较好。

本节课主要复习了有关水的知识。从水的结构入手到水的性质,最后是水的存在和净化,将水的有关知识结成线、连成网,脉络清晰,有利于学生的融会贯通。

一、主题的确定

本节课观察的内容是"学生学习行为的有效性"。

二、观察方案的制定

我们听课教师共4人,分别坐在教室的前面和后面,以3排为界,每人观察两组前面或者两组后面学生的学习行为,主要看学生上课情绪是否饱满,以及听课、笔记、回答、观察、思考、实验、练习、讨论、表达等方面的学习行为。全面观察与个别观察相结合。

三、细节描述与分析

具体观察了2名学生的学习行为:

A男生:坐在第一组第5排,表情丰富,刚开始上课时没有记笔记,到第二点化学性质的时候才开始记笔记,上课时眼睛有时看着老师,但大多数时候看着桌子,偶尔还玩玩笔,常处于一种半游离状态。当老师提出问题让大家思考时,他马上抬起头,而且常主动和后面另一个男生很兴奋地小声讨论两句。当老师提问别的同学,而别的同学回答不对时,他坐得笔直,而且头还一个劲儿地向上窜,但当别的同学回答正确时,他马上又恢复原状:头低下,身子弯着,看着桌子。站起来回答问题一次,声音响亮,语速较快,问题回答准确。

从他的举动上看,他可能是个胆汁质的学生,学习热情很高,勤于思考,表现欲强,以前可能经常在其他同学回答问题时插嘴,在解题时,可能难题、活题都能做出来,基础题上容易失分,可能经常会顾此失彼。

B女生:坐在第二组第2排,自始至终一直坐得很端正,老师讲课时盯着老师看,笔记记得很勤,老师提出思考题时,她盯着黑板或者笔记,有时还将笔记往前翻翻,似乎在寻找答案。上黑板写方程式一个,字迹工整,速度适中,准确无误。回答问题一次,但未答出。

从她的表现看,这可能是个粘液质的学生,学习认真、刻苦、踏实,学习上有主动性,对字迹要求严格,但可能在思维的变通性上还不够。

(3)情境关联的分析策略

质性观察认为,课堂发生的每一个行为都不是孤立的,而是相互联系、相互影响的,因此,质性观察不主张简单地将课堂教学分解为若干孤立的变量或者元素,而是强调系统考察课堂场域中教师与学生的互动关系、认知过程、课堂文化,等等。也即是说,质性观察主张把课堂观察的对象或者事件置入整体的情境脉络之中来进行考察和研究。

例如,在一次与某小学合作研究的过程中,一位数学教师反映学生的学习兴趣不浓,课堂观察也证实了这位教师的判断,但是学生为何对数学学习不感兴趣呢?我们围绕这个问题,采用情境关联的整体分析策略,再一次对这位教师的课堂进行了全方位的分析,发现主要的原因是教学中教师的讲解没有紧扣学生生活的实际,没有引导学生在生活中发现数学的乐趣与价值。

### 四、行动研究取向的课堂观察

量化观察与质性观察各有自己的优点,同时也都存在自身的缺陷。在课堂教学研究的实践中,我们往往是在行动研究中将二者有机地融合,并具体表现为课例研究。

与量化观察和质性观察相比,行动研究取向的课堂观察更重视"行为改进"。也即是说,课堂观察的目的,并不局限于获得某些描述性的结论,而是借助课堂观察的工具,促进教师教学行为的改进。因此,行动研究取向的课堂观察更强调"磨课",在多次上课的过程中,不断收集、整理和对比分析课堂教学的信息,从而不断改进课堂教学的实践。

**案 例**

行动研究取向的课堂观察案例:如何引导学生进行有效的交流[①]
——小学数学"两位数减两位数"课例研究

为什么要让学生交流? 不同的教师有不同的理解:

学生的交流可以使课堂气氛活跃;

学生的交流便于教师了解学生的实际情况;

学生的交流不仅是为了教师的了解,更重要的是通过多元的思考,让学生相互学习、启发和取长补短……

我们教研组决定围绕"如何引导学生进行有效的交流"展开研究。沈老师的一堂公开课成为我们研究的开始。

沈老师课的内容是"两位数减两位数"(100 以内不退位和退位,上海"一期教材"三年级第一册)。

我们教研组的全体老师和区教研员何老师一起听了沈老师的课。

第一次授课:"谁来再说一遍"

师:小朋友,今天我们学习 100 以内的口算减法。

(教师揭题"两位数减两位数"后,呈现春游情境图。)

师:请小朋友回忆一下上次春游你花了多少钱?

(根据学生的回答,教师在黑板边上板书 86、42、36、49、28。)

---

① http://www.dlteacher.com/blog/user1/2771/archives/2008/78138.html.

师：根据黑板上的这些数据,能不能提出一些减法问题,并列出算式?

(根据学生的回答,教师板书了一些算式,比如:86—42,49—28,86—49,42—36 等,并且按退位和不退位的情况分类板书。)

师：我们选"86—49"来算一算答案是多少?

(学生回答:47,37。)

师：到底是47,还是37? 谁来说说理由?

生：是37。因为86减40等于46,46减9等于37,所以86减49等于37。

教师露出赞许的目光,要求大家齐声拍手表扬他,然后接着问:"听懂他的意思了吗? 谁再来说一遍?"

三名学生依次模仿着说了一遍,而后沈老师进行了归纳小结并进行了大量的巩固练习。

第一次课后教研组讨论

沈老师自己对课不满意而且困惑:这堂课学生学得比较被动,课堂交流也不活跃,有什么办法能使学生学得积极主动起来?

教研组教师的看法是:沈老师教的还是扎实的,只是在培养学生思维能力上还明显不够,没能体现新课程理念。

教研员何老师向我们介绍了国家和上海市中小学数学课程标准中关于计算教学要"提倡计算方法的多样化",让学生"积累四则运算的感性认识,探究计算方法"的新要求。

传统的计算教学,教师关注的重点是:学生对基本算法的熟练掌握,注重如何才能正确迅速地完成计算。教师在教授了计算规则后,一般会让学生反复地操练,有的教师还要求学生对100以内的加减法等简便运算要达到"脱口而出"的自动化程度。

这种注重计算结果和算法一统的教学,对培育和发展学生的思维有多大价值?

我们在集体反思与讨论的基础上,得到了一个共同认识:教师应尊重和鼓励学生独立思考;"交流"不意味着让学生重复别人的正确算法,更应尊重学生探索计算过程中多种方法的机会,并让学生表达出来。

第二次授课:"还有不同的方法吗?"

在春游情境下产生例题"76—19"后,教师揭题并展开了以下的教学过程。

师：动脑筋想一想、算一算,"76—19"的差是多少? 怎么想的? 然后在小组内说给大家听。看谁的方法多?

(在学生充分交流的基础上进行了全班交流。)

师：谁能把自己的方法说一下?

生1:我是先算76—10=66,再算66—9=57。所以76—19=57。

生2:我是先算76—20=56,再算56+1=57。所以76—19=57。

生 3：我是先把 76 看成 79，79－19＝60，60－3＝57。所以 76－19＝57。

生 4：我是想竖式算的。

生 5：我是这样算的：先 76－9＝67，再 67－10＝57。所以 76－19＝57。

生 6：我把 76 看成 80，把 19 看成 20，80－20＝60，60－4＝56，56＋1＝57，所以 76－19＝57。

生 7：我把 19 看成 16 和 3，76－16＝60，60－3＝57。所以 76－19＝57。

生 8：我是这样算的：76 看成 80，80－19＝61，61－4＝57。所以 76－19＝57。

在学生交流的过程中，教师边板书边反复用"还有不同意见吗？""真行！"的课堂语言来组织交流；用"你怎么想的？""为什么？"来引导发言者表述自己的思维过程。

整个交流过程教师流露出满意的神态，最后教师说："小朋友，你们的办法真多！以后大家就用自己喜欢的办法来进行口算。"

第二次课后讨论

我们教研组的所有教师观课后，一起坐了下来。

对于这堂课，教师们感到很兴奋。有教师说：沈老师让学生独立地尝试、探索，这样就可以使不同的学生有不同的口算方法，交流得很充分！

也有教师认为，沈老师让学生在小组内、向全班交流自己的口算方法，这样可以使全体学生共享智慧。

还有教师觉得沈老师的"自主尝试——小组交流——全班反馈"的教学策略起到了很好的作用。

不过，也有教师提出质疑：学生交流得似乎很热闹，教师理解了各个学生的发言，问题是学生之间是否相互也都听懂了呢？ 热烈的赞扬突然陷入了平静……

我们马上对学生进行了访谈，并对教学效果进行了检测。

结果出乎意料：85％的学生表示只知道自己的口算办法，而不明白其他同学的；在对"47－18＝？"的测试中，仅有12％的学生会用两种或三种口算方法。

困惑、疑问再一次流露在教师们的脸上。

通过仔细观看课堂录像发现：教师的教学语言中几乎没有一句引导学生相互沟通的话，板书中也没有用归类来引导学生对各种算法进行整理的暗示。

大家觉得在交流中教师要适时介入，引导学生比较各种算法的异同，以达到相互沟通和理解，并在比较中让学生寻找合理、简便的算法，以培养优化算法的意识。

看来"交流"不仅仅意味着让学生讲出不同的算法给他人听，更要在理解他人算法中做出比较和判断。授课教师也觉得很有必要借班再上一次，对什么是"交流"作出改进。

第三次授课："听懂他的意思了吗？ 你的办法与他不同在哪里？"

学生在春游情境图下生成的算式还是"76－19"。

生1：我是这样算的：76-10=66,66-9=57。所以76-19=57。

师：谁听懂他的意思了？谁能解释一下？

生2：他的意思是先把19分成10和9,先76减10等于66,66再减9等于57,所以76减19等于57。

师：与他的方法一样的还有吗？（许多小朋友举手示意相同。）与他的方法差不多（相近）的有吗？

生3：我的办法与他的差不多,我也是把19分成10和9的,不过我是先减9,再减10的,答案也是57。

师：你们的方法相同,只是先减哪一个数的次序不同。还有与他的方法不一样的吗？

生4：我是这样算的：76-20=56,56+1=57。所以76-19=57。

师：谁听懂了？能不能解释呢？

生5：他把减数19看成20,先76减20,因为多减了1,所以要再加1。

师：没有听懂的小朋友还有吗？能不能提提自己的疑问？

生6：明明是减法,为什么要加1？

师：谁再来解释一下？……

学生又交流了几种算法,教师一一介入引导。

课结束后,教研组的教师们再一次进行了讨论。

反馈会议上教师们说了许多,各人表达的共同意思是：原来还以为课堂中只要让学生充分交流就行了,现在知道了,仅仅充分交流还是不够的,交流中还要引导学生彼此沟通和相互理解,还要培养学生的优化思想。

其中不少教师这样说："听了沈老师的课,我知道如何引导学生进行有效的交流了。"

教师们感到很兴奋,恍然大悟：交流中有很多学问！

反思：课堂教学中的有效交流究竟是什么？

在《两位数减两位数》的三次授课中,教师们的研究主题是如何促进学生的有效交流。在不同阶段,教师对此有不同的理解,表现出不同的教学行为：

① 交流就是让学生充分"说话",尽可能地给学生表达的机会。

② 交流还要让学生表达不同的、多样化的算法,并相互启发。

③ 交流更要让学生之间沟通和理解不同的算法,并通过比较,分析并寻找相对合理和最优的算法。

【评析】 在上述案例中,教师们采用课堂实录的方式,对三次课堂教学进行观察记录,并对比、分析教学改进的轨迹,最终生成了关于课堂有效交流的深度理解。

## 第三节　课堂观察的方法与策略

**一、课堂观察的基本原则**

过去,听课仅仅是教师日常工作中的一项重要活动,但并不具备"专业"的意义。今天,教育界更强调用专业的理念来重新诠释"听课"行为,并且愈来愈多地用课堂观察来取代传统的听课概念。作为专业取向的研究活动,课堂观察应该坚持如下的基本原则。

1. 观察的目的性

观察要有明确的目的,研究者必须知道每次观察的重点和方式,特别是要按照研究目的认真选择典型的观察对象、环境条件和工具。也就是说,要以研究课题确定的目的作为标准,撇开那些暂时无关的内容和次要的过程,排除干扰的因素,使研究的主要对象及其主要过程得到充分的暴露。这种典型对象具有较好的代表性,能为研究提供足够的观察材料。要善于抓住最主要的东西,同时又要注意捕捉那些意外的偶然现象。

要确保观察的目的性,最关键的是要使观察活动有明确的主题。传统的听评课往往是随意观察,最后泛泛议论,虽然有些教师的评论也不乏道理,但是这种泛泛而论式的评论不利于教学问题的解决,也不利于教师更快速地专业成长。教师的专业发展需要聚焦问题,并且在聚焦问题和深化问题的过程中,才会有实实在在的进步。因此,科学的课堂观察应该聚焦某一具体的主题,透过主题的聚焦,使课堂观察得以深入。

下面是一些观察主题的案例,这些案例由于有主题,因此容易构建观察的分析框架,便于将观察的焦点锁定在主题上。

**案　例**

### 观察主题：学生学习的投入状态

| 投入水平 | 课堂表现 | 细节记录 |
|---|---|---|
| 非投入 | 做小动作、说话、开小差 | |
| 一般性投入 | 一般性地倾听 | |
| 非常投入 | 深度倾听、回答问题、完成任务、质疑 | |

## 观察主题：师生课堂对话

| 类 型 | | 次 数 | 时 间 | 百 分 比 |
|---|---|---|---|---|
| 对话内容 | 游离性对话 | | | |
| | 灌输式对话 | | | |
| | 了解性对话 | | | |
| | 探究性对话 | | | |
| | 争鸣性对话 | | | |
| 对话范围 | 个别对话 | | | |
| | 多人对话 | | | |

### 2. 观察的客观性

观察中，常会因以下主观因素而影响观察的客观性：① 先入为主的偏见。往往表现为只收集某些似乎能证明自己研究假设的观察材料，或用自己的假设去修正观察结果，甚至用某种理论框架牵强附会地解释观察结果，从而歪曲了事物的本来面目。② 无意过失。往往表现为研究者利用自己已有的知识经验去修正、填补观察中的空白，从而作出错误的分析。③ 假象与错觉。

## 案　例

据《吕氏春秋》记载，孔子周游列国，潦倒在半路上，七天没吃饭。他的学生颜回出去弄回了一点米来煮给他吃，等到饭刚要煮熟时，孔子看见颜回从锅里抓起一把饭吃了，孔子假装没看见。过了一会儿，饭煮熟了，颜回端着饭给孔子吃，孔子站起来说："今天我梦见我死去的父亲，饭是干净的话，我来祭奠他。"颜回说："不行，我刚才见有烟灰掉进锅里，觉得扔掉可惜，就把它抓起来吃了，这饭不干净了。"孔子听了感叹地说："我所相信的是眼睛呀，可是眼睛也不是完全可以待赖的。我所依靠的是心呀，可是心也还不是完全依靠的。弟子们要记住：认识了解一个人真是不容易呀！"这个例子说明，观察法虽然有直接性和可靠性，但有时却往往具有表面性、片面性和偶然性。在教育研究中进行观察时，应特别注意这一点。

为了确保观察的客观性，在进行观察记录时，需要注意将观察到的"现象"与观察之后的"判断"进行区分。例如，看到学生课堂举手，举手是一个课堂现象，但是课堂举手和主动学习并不是一回事，因此，我们需要在课堂观察记录中详细地记录课堂发生的事件，而不是用简单的主观判断来记录。

3. 观察的自觉性

所谓观察的自觉性,是指观察者应该自觉认识到观察背后的理论指导。作为研究性的有目的的观察,理论观点、理性思维总是会渗透于观察过程的始终。对同一教育现象,由于各人的认识、经验、理论、背景知识和思维方式的不同,观察得出的结论往往有异,这正是观察自觉性的不同表现。

现代科学哲学的发展证明,观察总是渗透着理论,因为我们不仅仅是"观",更重要的是"察",我们能够"察觉"到什么,这不是简单的眼球运动,而是大脑在特定理论框架之下的有意识的选择。在《发现的模式》一书中,汉森指出,"看是一件'渗透着理论'的事情。X的先前知识形成对X的观察。表达我们知道什么所使用的语言或符号也影响着观察,没有这些语言和符号也就没有我们能认作知识的东西。"[1]汉森认为,观察过程是一个物理过程和心理过程融为一体的过程。眼睛从观察对象获得的光刺激而形成的视网膜映象,这是物理过程。这时,还不是真正的看到,看到是一种视觉经验,这属于心理过程。观察者根据先前的理论,把外界刺激物按一定的模式组织起来,在一定的语境中,用语言把观察到的东西呈现出来,这就形成了我们看到的东西。这就是说,观察不仅仅是渗透着理论,而且是理论影响和支配着观察。因此,在课堂观察过程中,我们需要自觉地对自己的理论前设进行反省。

例如,过去我们在听课活动中,主要关注的是教师的教学行为,相对忽视学生的学习行为。这是因为传统的教学理论将教学过程视为教师单边的教的过程,而忽视了教学过程中教与学的双边性。而现代教学理论则尤为强调学生学的过程,因此课堂观察研究也围绕学生学的过程展开了深入研究。由此可见,课堂观察绝不是简单的"观看",其背后是有潜在的理论支撑的,需要观察者对自己所持有的潜在信念进行自觉的反省与检视。

## 二、课堂观察的主要程序

课堂观察是一个系统性活动,从事课堂观察还需投入大量的时间,因此,为提升课堂观察的效率,让更多的教师能够掌握课堂观察的技能,我们有必要梳理出一套基本的课堂观察程序,借以规范教师的听课行为,提高课堂观察的效率。

我们认为,课堂观察的基本程序可以分为如下的五个步骤。

(1)明确观察目的

课堂观察作为一种系统性研究,首先需要明确观察的目的、主题和对象。针对不同的观察目的和对象,就有可能设计不同的观察框架,采用不同的数据收集方法。例如,如果观察的目的是改进课堂的语言交流,那么我们可能会采用课堂实录的方式来收集课堂观察的资料;但是,如果

---

① ［美］汉森,邢新力.发现的模式[M].北京:中国国际广播出版社,1988. p22.

我们观察的目的是了解课堂中学生的交往和互动情况,那么座位表可能就成为课堂观察的主要工具。总之,不同的观察目的和观察对象,对后续的观察活动会有决定性的影响。传统的听课活动正是由于没有明确的观察目的,所以才会出现随意化、主观性等弊端。

---

**案 例**

### 课堂观察主题的聚焦①

我们的实验学校是青岛宁夏路第二小学,规划课题是《教研组合作提升学科教学质量的实践研究》。从 2008 年开始,学校组织教研组合作,尝试通过开展课堂观察,引领教师扎根课堂,在教学中成长。学校坚持采用了量表观察的方式,但观察点的选择和量表的设计走过了三个阶段。第一阶段,课堂观察围绕研究课的"亮点与不足"展开,观察点不聚焦,观察量表笼统地分为亮点、不足、改进建议三部分,漫谈式的研讨与普通教研没有什么本质的区别。第二阶段,量表开始针对重点教学行为进行分类和细化,注重对教学行为原始数据的采集,但涉及课堂的方方面面,研究目的不清晰。第三阶段,学校聚焦"师生问答行为",以语文课《特殊的葬礼》《金子》等为例,开发了一组"师生问答行为"的课堂观察量表,对"教师提问类型"、"教师理答方式"、"教师叫答方式与范围"、"教师候答时间"、"学生回答类型"五类教与学行为进行课堂观察和研讨,形成了 10 份课堂改进报告。

---

(2) 进行文献整理

观察总是渗透着理论,这是科学研究最重要的信念。在观察之前,我们需要围绕观察主题进行文献研究,即通过检索资料、专家访谈等,搜集有关观察对象的文献资料,并进行阅读分析,对所要研究的问题有一个比较深入的理论认识,为观察做好充分准备。虽然量化观察与质性观察对于观察框架的清晰度有不同的要求,但是二者都主张在观察之前对研究的问题有深入的理解。比如课堂教学有效性的观察,我们首先必须对有效教学的概念有深入的理解,然后才可能建构出有效度的课堂观察框架。因此,在课堂观察过程中,文献研究是保证观察科学性的重要基石。

(3) 设计观察框架

观察框架包括与观察主题相关的具体的观察维度以及相应的观察点。观察框架可以引导教师们把观察的视线聚焦在与观察主题相关的对象之上,减少观察的盲目性和随意性。同时,观察框架往往体现了研究者对某个研究问题的理性认识,其背后有着深刻的理论分析,因此观察框架还可以为教师理解课堂提供一个有效的支架。例如,什么是有效教学? 什么是学生主体? 什么是学生参与? 什么是探究学习? 等等。这些问题都可以通过某个观察框架清晰地展现出来,以

---

① 姜作新,李莹.以课堂观察技术推动问题探究型教学文化的建设[J].当代教育科学,2010(10).

便教师们理解和把握研究问题的本质。

在不同的研究范式之中,观察框架的清晰度、精确度是可以不同的。量化观察往往强调事先预设精确的、可量化的观察框架;而质性观察则往往是粗线条式的观察提纲,并强调观察提纲的灵活性和可变通性,防止在观察中遗漏重要的细节。

**案 例**

### 课堂观察框架的案例

**教师终止课堂问题行为的有效方式**

| |
|---|
| 1. 信号暗示: |
| 2. 幽默调侃: |
| 3. 创设情境: |
| 4. 有意忽视: |
| 5. 转移注意: |
| 6. 移除媒介: |
| 7. 正面批评: |
| 8. 劝其暂离教室: |
| 9. 利用惩罚: |
| 10. 其他: |

(4)制定观察计划并实施观察

课堂发生的事件是复杂多元的,同时,课堂观察活动也需要教师群体的团队参与与团队合作,这些都体现出课堂观察活动的复杂性,因此需要我们事先做好观察的计划。观察计划包括确定观察对象、观察的时间与地点、观察内容、观察方法、人员分工,等等。有了明确的观察计划,才能做到有计划有步骤、全面而系统地观察。

课堂观察的实施本身也是一个复杂的系统工程。观察者进入现场之后,要按照一定的观察技术要求,根据事先制定的观察量表,选择恰当的观察位置、观察角度,迅速进入观察状态,通过不同的记录方式,采用录音、摄像、笔录等技术手段,将定量观察和定性观察方法结合起来,记录观察到的典型行为或事件,做好课堂实录,并记下自己的思考。这一系列的活动都要在短短的一节课的时间之中有序地完成。因此,课堂观察是一种专业技能,需要教师们在实践中不断探索。

## 课堂观察的计划与实施[①]

"课堂观察"的实施主要分为三个阶段：课前会议阶段、课中观察阶段、课后反思阶段。课前会议阶段主要是听取开课教师的课堂教学设计思路，这样可以保证青年教师有足够的时间参悟其教学设计，并构思自己的教学设计。此阶段还要明确观察的主要目的以及每个人的观察任务。课中观察阶段是观察教师根据自身任务运用量表进行观察、记录的过程。观察教师选择的座位、记录的方法都会影响到观察的效果。在某些课上，观察教师不应该固定在某一个位置上，而要适时而动，变换观察角度，这样才能对课堂有个客观的认识。除了传统的纸笔记录之外，也可以借助现代教育技术来记录课堂，如拍摄录像。课后反思阶段包括以下内容：听一听开课教师的教后感和学生的学习心得，整理好课堂观察记录，通过分析撰写观察报告……

(5) 观察资料的分析与解释

课堂观察不仅仅是收集课堂信息，更重要的是要对这些课堂观察数据进行合理的分析和解释，从而发现这些数据背后所隐藏的教育意义。需要指出的是，观察数据背后所隐藏的意义往往不会直接呈现出来，而是需要教师们运用特定的理论框架去进行深度分析。因此，观察数据的分析能力同样需要在观察实践中不断地修炼。

## 课堂观察程序的探索[②]

我们的实验学校是青岛天山小学，规划课题是《创造性使用教材与教师专业化发展的研究》，学校选择数学教研组，确定"练习设计的有效性"这一观察主题，以《比的基本性质》、《小数除法》、《分数乘除混合运算》等课为例，探讨了课堂观察的实用流程。

在《比的基本性质》课堂观察中，学校研究后认为，有效练习应当体现三个统一：练习内容和形式的统一；练习量、练习时间和练习效率的统一；掌握知识和培养能力的统一。观察前，学校召开会议，安排执教者将《比的基本性质》一课的教学目标、练习设计的内容与意图告知每一位观察者，并设计了定量观察的要点，进行了人员安排。随后，全校 11 位数学教师走进课堂，有意识地坐在选择好的目标学生周边，手执量表，开始了对教学过程的量化数据

---

① 朱一平. 走向"课堂观察"的听评课[J]. 教学月刊，2012(10).
② 姜作新，李莹. 以课堂观察技术推动问题探究型教学文化的建设[J]. 当代教育科学，2010(10).

记录和随机文字标注。其中,3位教师进行"学生课堂学习行为"的随机观察、3位教师进行"学困生个体"的跟踪观察、3位教师对学生练习时间进行统计、2位教师对全体学生进行当堂检测。教师们有组织地通过运用事先设计好的量化记录表,记录和有效练习相关的课堂事件的频次、时间容量等客观数量,尽量减低观察者个人偏见的影响,获得第一手资料;通过随机性地标注听课感受,发现什么记录什么,对课堂教学做比较详尽的原始记录,捕捉课前预料之外的亮点或问题。课后,参与观察的教师们再次坐到一起,以观察所得为依据,从练习设计的优点、问题和改进建议三个方面进行了深入探讨。这次研讨使全体教师形成了三点结论,帮助教师进一步明确了下一阶段教学改进的主要方向与任务。

【评析】 本案例展现了课堂观察的基本程序,首先是确定观察的目的和主题,在案例中是"练习设计的有效性"这一观察主题;其次是进行理论研究,对什么是"有效练习"进行了集体研讨,建立了科学的理论框架,在案例中,教师们把有效练习理解为"三个统一";第三是设计量化的观察框架;第四是制定计划并组织实施,全校11位数学教师走进课堂,进行团队合作观察;第五是对观察的数据进行分析和解释。

### 三、课堂观察工具的开发

科学研究离不开工具。俗话说:"工欲善其事,必先利其器。"科学研究的飞跃发展是与研究工具的创新密不可分的。正如17世纪的伟大思想家培根在其名著《新工具》中所说:"在机械力的事物方面,如果人们赤手从事而不借助于工具的力量,同样,在智力的事物方面,如果人们也一无凭借而仅靠赤裸裸的理解力去进行工作,那么,纵使他们联合起来尽其最大的努力,他们所能试和所能成就的东西恐怕总是很有限的。"

同样,课堂观察也需要教师有意识地去开发多元化的观察工具。观察工具的开发体现了课堂观察的专业性,而且不同的观察主题还需要开发不同的观察工具。但是,在传统的教研活动中,教师们进行课堂观察的工具却仅仅限于一本听课笔记和一支笔,甚至连这些也没有,只是为听而听,不知道要听什么,也不知道怎样去听,听完课后只是三言两语地就课论课,潦草结束。这一方面表明传统教研活动太过随意,缺乏规范;另一方面也说明有效的课堂观察需要多样的观察工具。

听课笔记作为一种传统的观察工具很明显是有局限的。虽然听课笔记也能记下一些课堂现象,但是面对多样化的研究主题,仅仅依靠简单的听课笔记是远远不够的。事实上,课堂观察可以开发出很多有效的工具,例如行为检核表、观察量表、座位表、课堂实录、轶事记录,等等。

### 1. 行为检核表
行为检核表本质上是一种记号体系或核查清单。它要求观察者预先列出一些需要观察并且可能发生的行为,观察者在每一种要观察的时间或行为发生时做个记号,其作用就是核查所要观察的行为有无发生。它只记录单位时间内发生了需要观察的多少种行为。简单说,行为检核表是一种频次记录。比如,对一名学生每分钟具体活动进行观察。设计出可能发生的行为后,研究者只需要在对应某一时刻的行为后作出标记即可。

设计行为检核表,研制出与观察主题相关的编码体系。所谓编码体系,就是预先对课堂中的要素进行解构、分类,设置结构化的行为类目,并且每一种类目都用对应的代码表示。例如,弗兰德斯编码体系将课堂语言活动分为十个种类,每一个分类都对应一个代码。

**案 例**

## 课堂提问行为的频次记录

下表是一份典型的课堂行为检核表。该表调查的是一节课中教师课堂提问的类型与频次。量表中首先将教师的提问分为五种不同的类型,即建立结构化的行为类目,然后统计一节课中教师的各种提问行为发生的频次。例如,关于"无效性问题",本节课中在知识梳理环节共出现8次,在知识检测环节共出现6次。

| 环　节 | 知 识 梳 理 | 知 识 检 测 | 知 识 总 结 |
| --- | --- | --- | --- |
| 无效性问题 | 正下　8 | 正一　6 | |
| 管理性问题 | 正　4 | 一　1 | |
| 记忆性问题 | 正正　9 | 丁　2 | 正　5 |
| 理解性问题 | 正正正　14 | 正　4 | |
| 创造性问题 | 丁　2 | 丁　2 | |
| 合　计 | 37 | 15 | 5 |

**案 例**

## 课堂提问观察量表[①]

说明:

1. 把教师问过的所有问题记录下来,然后进行多种角度的再分析,能为教学改进提供建议。(建议用电子稿记录)

2. 问题分析可以从定量和定性两个角度结合起来考虑。

---

① http://wenku.baidu.com/view/75c0dcd3b9f3f90f76c61bc3.html.

3. 其中问题的大小、问题的思维跨度和思维空间、问题的结构关系能够为教学设计提供最直接的建议。

4. 各环节的关键性问题记为一级问题,为深入研究一级问题而追问的问题记为二级问题,其他师生互动等问题记为三级问题。

5. 本观察记录由小组合作完成,2人记录所有问题,2—3人填写下表。

课题:　　　　　　　　授课人:　　　　　　　　授课时间:

**问题的思维水平**

| 问 题 水 平 | 频　次 | 百 分 比 |
|---|---|---|
| 记　忆 | | |
| 推　理 | | |
| 创　造 | | |
| 批　判 | | |

**学生应答方式**

| 学生回答方式 | 频　次 | 百 分 比 |
|---|---|---|
| 集体回答 | | |
| 讨论后汇报 | | |
| 个别回答 | | |
| 自由答 | | |

**学生回答类型**

| 学生回答类型 | 频　次 | 百 分 比 |
|---|---|---|
| 无回答 | | |
| 机械判断是否 | | |
| 认知记忆性回答 | | |
| 推理性回答 | | |
| 创造评价性回答 | | |

**教师理答的方式**

| 教师理答方式 | 频　次 | 百 分 比 |
|---|---|---|
| 打断学生回答,或自己代答 | | |
| 对学生回答不理睬,或消极批评 | | |
| 重复自己的题或学生答案 | | |
| 追　问 | | |

| 教师理答方式 | 频　次 | 百　分　比 |
|---|---|---|
| 对学生回答鼓励、称赞 | | |
| 鼓励学生提出问题 | | |

## 2. 等级量表

等级量表(rating scale),是指事先根据观察目的编制合理的量表。在课堂观察中,观察者依据对象的行为表现在量表上评以相应的等级。等级量表重在评定等级,因此它需要观察者作出更多的权衡和判断。

**案　例**

### 学生学习活动等级量表[①]

| 执教者资料 | 姓名 | | 单位 | 南京五中 | 课题 | 《地球的运动》 |
|---|---|---|---|---|---|---|
| 观察者资料 | 姓名 | | 单位 | 南京五中 | 课时 | 第一课时 |
| 观察中心 | 课程背景下学生学习方式的转变——自主学习、探究学习、合作学习 | | | | | |

| | 学　生　表　现 | 评分 | 备　注 |
|---|---|---|---|
| 观察记录 | 1. 课前有否准备,准备得怎么样? | 5 | |
| | 2. 学习兴趣是否浓厚,情绪是否高昂? | 3 | |
| | 3. 有否倾听老师的讲课,有辅助行为(记笔记/查阅/回应)吗? | 3 | |
| | 4. 有否倾听同学的发言,有辅助行为(记笔记/查阅/回应)吗? | 3 | |
| | 5. 参与提问/回答的人数、时间、对象、过程、质量如何? | 2 | |
| | 6. 参与小组讨论的人数、时间、对象、过程、质量如何? | 2 | |
| | 7. 学生自主学习的质量如何,自主学习形式(探究/记笔记/阅读/思考)有哪些? | 2 | |
| | 8. 学习中,能否对师生提出的观点大胆质疑,提出不同意见? | 3 | |
| | 9. 学习中,能否应用已经掌握的知识与技能,解决新问题? | 3 | |
| | 10. 预设的目标达成如何,有什么证据(观点/作业/表情/板演/演示)? | 2 | |
| 总结 | 整节课总体印象还是以教师讲解、学生倾听为主,教师虽有课改意识,但给予学生探究、合作学习的时间不多,还是以传统教学为主。 | | |

注:评分为5分制:优—5分,良—4分,好—3分,一般—2分,尚可—1分。

---

① http://wenku.baidu.com/view/ec896cd584254b35eefd348e.html.

### 3. 座位表

座位表也是课堂观察的重要工具。在听课前,观摩教学的教师可以向任课教师要一份班级学生的座位表,以便在课堂观察中利用座位表记录班级中不同学生的学习情况。

使用座位表作为观察工具,必须同时设计各种容易标识的简要符号,这样就可以让座位表充分发挥课堂活动记录的功能。例如,为了了解不同程度学生的学习情况和困难所在,在座位表上可以用相应的符号来标识不同学习情况的学生,比如学优生可以用"★"标识,学困生可以用"▲"标识,等等。又如,假设我们要了解的是学生课堂提问的情况,那么可以用向上的箭头"↑"表示该生主动的提出问题,而用向下的箭头"↓"表示该名学生回答了老师提出的一个问题。如果同一个学生多次提问,就用多个箭头表示。

---

**案 例**

## 运用座位表观察学生课堂活动[①]

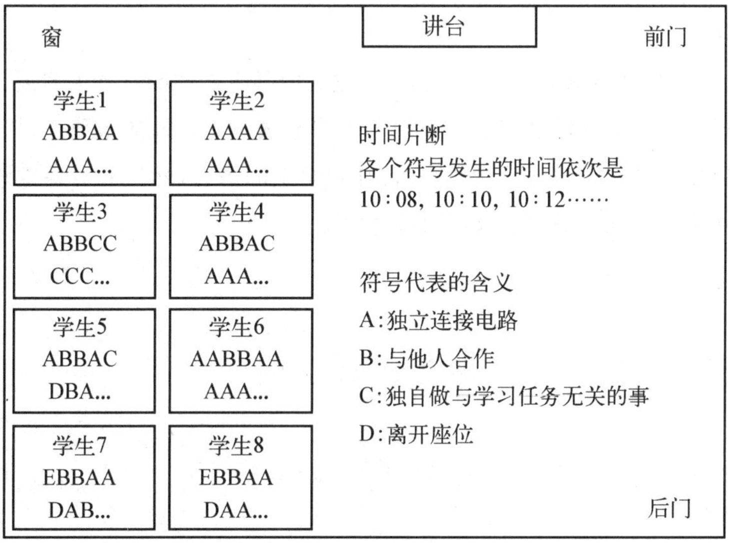

**图 1 学生物理课活动情况**

图1中,观察者利用座位表对学生在一节物理课上的活动情况进行观察记录。记录方式是采用时间取样法,即每隔一定时间就对学生在课堂上的学习行为进行观察记录。为方便记录,观察者事先对物理课堂中学生的行为进行了分类,并且将每一类行为用特定的符号进行了标识。

---

① 刘云生. 课堂观察:现象、诊释与建构[J]. 中国教育学刊,2007(2).

## 运用座位表观察学生参与度[1]

说明:

1. 用箭头表示语言互动的流向,箭头的起始点代表发问者;箭头的方向表示回答这一问题者。在图中,向上箭头表示学生提出问题,向下表示来自教师的问题或反馈。其中问号表示教师提出问题,加号表示教师正面反馈,负号表示教师负面反馈。

2. 可以在学生出发的语言箭头上方加上字母或符号表示更多的含义,如

A:学生主动提出相关主题的问题　　　　B:学生正确回答

C:学生提出无关主题的问题　　　　　　D:学生错误回答

?:学生主动表示疑问或不懂　　　　　　～:学生直接对全班发表见解

3. 本记录由 1 人完成。

4. 课堂实录

课堂实录也是课堂观察的常用工具。由于课堂之中师生之间的互动大多通过语言交流的形式展开,因此教师与学生的课堂语言成为我们分析课堂教学有效性的重要工具。课堂实录的使用方式是:听课教师首先详实地记录课堂中教师和学生的语言,然后针对课堂语言记录进行分析,在分析过程中需要不断反省自己潜在的理论框架。

## 课堂实录的案例

### 小学科学课课例:《压缩空气》

引入课题

师:篮球为什么会压瘪?

生:球里气没装满。(其他学生发言略。)

(收集事实,整理事实,得出结论。)

师:现在我们做实验,用手压注射器活塞,看有何现象,有何感觉。

师:为什么会出现这样的现象?

生:活塞压下去时把没空气的地方堵住了,再按,没处跑,一放就弹起来。(其他学生发

---

[1] http://wenku.baidu.com/view/75c0dcd3b9f3f90f76c61bc3.html.

言略。)

师:(总结)通过这个实验,我们明白了空气是可以压缩的。

(评:学生在想象针管里空气的状况时,是以固体堆积的表象为支撑的。比方说,学生描述球里、针管里的空气状况时说:"球里气没装满","把"没空气的地方堵住了",等等。故这里应该引导学生充分描述针管里空气的状况,使学生初步形成"空气被压缩"的表象。教师没有意识到,没有及时地引导,学生以后形成概念就比较困难了。

本课出现了形成压缩空气的两种方式:空气的总体积不变,增加空气总量,如往球内打气;空气的总量不变,缩小它的体积,如按压注射器活塞。但教学过程没有安排比较两种方式的异同,因而"空气可以压缩"的表象不很清晰。)

巩固与应用

师:(出示篮球)再讨论这个问题,球为什么会按瘪?

师:生活中哪些地方用到了压缩空气?

【评析】 课堂实录,特别是选择性的文字记录需要记录课堂中与观察主题相关的课堂细节。上面的案例中,面对教师的提问(篮球为什么会按瘪),学生的回答其实体现出其认识中的混乱,即用固体堆积的表象来思考气体的状态。正是在这个地方,需要教师的引导和启发,而上述案例中,教师忽视了这一关键的细节。整节课看起来似乎很活跃,但是由于没有发现课堂中学生思维的这一误区,所以教学实际上处于低效状态。

5. 课堂轶事记录

课堂轶事记录是对课堂发生的重要事件进行记录。轶事记录没有预先设计的分类体系,属于一种开放式的观察记录。观察者从"局外人"的身份出发,以相对客观中立的立场来记录课堂发生的有价值、有意义的课堂事件。

**案 例**

基于时间取样的课堂轶事记录

下面的案例是对小学低年级学生上课时注意力集中时间和程度的观察研究。案例采用时间取样的方法,以时间作为选择标准,专门观察和记录在特定时间内所发生的行为,主要记录行为呈现与否,呈现频率及持续时间。

**记一次 20 分钟的语文字词抄写作业**

| 时间 | | 百分比(%) |
|------|------|---------|
| 开始—5 分钟 | 全班学生踏实认真地书写,没有任何声音动作 | 100 |
| 5 分钟后 | 3 人开始看别人的作业,并提出别人的书写毛病 | 78 |
| 6—10 分钟 | 7 人开始有动作,或开始发愣,有的玩铅笔、橡皮等学习用具 | 18.4 |
| 10 分钟后 | 20 人开始有动作,或发愣,有的开始出声音 | 52.03 |
| 13 分钟时 | 6 人完成作业 | 15.79 |
| 20 分钟时 | 14 人完成作业(24 人未完成作业) | 36.84 |
| 又延续 5 分钟后 | 又有 30 人完成作业(4 人未完成) | 52.65 |

初步分析:一年级学生在完成一些重复性记忆作业(如字词抄写、生字书写等)时,最佳时间段为 10—15 分钟。这段时间内,学生有较强的注意力,以认真态度完成作业。布置作业时如能考虑到这一特点,则能达到较理想的效果。

6. 课堂观察日志

课堂观察日志是一种更加开放的观察工具,它主要用于长期性的、持续性的课堂观察之中。在教育史上,许多教育家都曾经用观察日志作为教育研究和资料积累的重要方法。最早使用观察日志进行教育观察的是瑞士教育家裴斯泰洛齐。他用观察日记记录了儿童成长和发展的历程。苏霍姆林斯基在 30 余年的工作中善于观察,积累了大量的观察资料。他曾经追踪研究了 1 000 多名学生,他的著作中大量生动活泼的事例均来自自己的观察记录。正是因为有长期的观察积累,苏霍姆林斯基的教育思想才被人们誉为"活的教育学"、"学校生活的百科全书"。我国著名教育家、儿童心理学家陈鹤琴先生也非常重视观察日记,他对儿子陈一鸣从出生到大约三岁进行了长期的观察,作了日记式的记录,而且还作了摄影记录,在此基础上形成了他的教育与心理学理论。同样,著名心理学家皮亚杰也是在对自己的三个孩子作了详细的、长期的观察日记之后,最终形成了儿童认知发展理论。

**四、如何进行现场观察**

现场观察,根据不同的观察类型而有不同的要求。一般而言,质性观察对现场观察技术的要求会更高,因为质性观察一般没有事先预设的、精确的观察框架,在观察过程中更需要观察者个体智慧的参与。

观察的步骤一般是从开放到集中,先进行全方位的观察,然后逐步聚焦。不论是在开放还是在聚焦的过程中,研究者都面临着如何与被观察者互动以及如何选择观察内容的问题。下面就这几个方面的问题分别进行讨论。

## 1. 确定观察的位置

观察者选择有利的观察位置,对观察的顺利开展十分重要。一般而言,要根据观察任务来确定观察的位置,以确保能收集到真实的信息。如果观察任务是某个学生小组的小组合作与交流情况,观察者就应该选择离学生小组较近的位置,以便记录他们的交流情况;如果观察课堂中学生参与的情况,观察者应该选择便于走动的位置,这样可以通过移动位置来了解具体的情况。观察位置的选择还应注意以不干扰学生的注意力为准则,并且要尽量避免与教师的课堂走动和学生的课堂交往活动发生冲突。

## 2. 开放式观察

一般来说,在观察的初期阶段,研究者通常采取比较开放的方式,用一种开放的心态对研究的现场进行全方位的、整体的、感受性的观察。比如,如果我们到一所陌生的学校或者陌生的班级进行课堂观察,可以先对班级的环境进行全方位的观察,包括课桌椅的摆放、黑板边角的相关信息、墙壁文化的创设、学生的学习氛围、精神状态,等等。

在这个阶段,质性观察取向的观察记录应该以全面描述为主,尽可能记录下所有看到、听到和体会到的东西。如果研究的场景对我们来说是陌生的,初次的感觉会比较敏锐,对周围事物的新鲜感也会比较强烈,因此应该及时地将这些感触记录下来。即使研究的环境对我们来说是熟悉的,我们也应该保持开放的态度:也许我们过去的印象是"错误"的,也许这一次会有不同的感受。从建构主义的观点看,人对现实的每一次理解都是一次重构。因此,在观察的初期阶段,我们要尽量以"陌生人"的眼光来打量我们观察的对象。

## 3. 渐进式聚焦

对观察的整体现场获得了一定的感性认识之后,我们便可以开始逐步地聚焦。渐进式聚焦在质性观察中显得格外重要,因为质性观察更强调观察提纲的弹性,以及观察对象的生成性。

渐进式聚焦可以采取一些不同的程序和步骤,如主次程序法、方位程序法、动与静结合法、追踪法等。所谓主次程序法,即研究者先观察研究现象中主要的观察对象和部分,然后再观察次要的对象和部分。所谓方位程序法,是指研究者可以按照观察对象所处的位置,采取由近到远或由远到近、由左到右或由右到左等方位的顺序逐次进行观察。所谓动与静结合法,是指研究者可以选择从静态到动态或从动态到静态轮流进行聚焦。所谓追踪法,是指聚焦某些研究对象(比如某个或者某几个学生),深入观察研究对象在时间和空间上的变化过程。

## 4. 回应式互动

在课堂观察过程中,研究者应该尽量自然地将自己融入到观察对象的活动之中,以便通过互动更加深入地了解学生课堂中的心理状态。比如,在关于课堂教学有效性的观察活动中,我们可以选择靠近学生的位置进行观察,在学生小组研讨或者课堂练习期间,适当地介入学生的学习活动,通过简单的对话交流,了解学生的思维状态。

5. 选择观察内容

在量化观察中,观察内容往往是预设的;但是在质性观察中,观察内容却可以在观察活动中不断生成。就质量观察而言,无论是在观察的早期、中期还是晚期,研究者都需要对观察内容进行选择。研究者不得不经常问自己的问题是:"我到底打算观察什么? 什么内容对我比较重要? 我观察的内容应该宽泛到什么程度? 应该具体、细致到什么程度?"

在质性观察中,观察内容的选择不仅与具体的观察问题和观察主题有关,而且也与观察者本人的知识经验、理论认识、认知风格等密切相关。例如,同样是观察教师的教学风格,有的观察者可能更倾向于观察上课教师对教学细节的处理,而有的观察者则可能更注重上课教师对教学节奏的把握。由此可见,在质性观察中,观察者自身就是最重要的观察工具。作为观察者,我们需要不断地反省自己的观察习惯和理论前见。如果我们对自己的习惯了解得比较透彻,便有可能知道自己是如何观察到所观察的事情的、自己是如何选择观察内容的、自己的观察结果是否"可靠"。通过对自己以及别人的观察行为进行反省,我们还可以有意识地培养自己从不同的角度、用不同的方式(特别是自己不习惯的方式)进行观察。

**五、如何做好观察的记录**

观察研究的记录可以有很多种不同的类型,比如描述记录、取样记录、行为核对表,等等。量化观察强调量化,其观察记录相对比较简洁、客观;质性观察则由于强调"深描",其观察记录尤其需要注意具体、清楚、实在。

前面我们曾经谈到:观察总是渗透着理论。在做"深描"性的观察记录时,我们尤其要提醒自己把观察到的事件与自己的主观想法进行区分。比如,在下面的案例中,研究者用表格的形式把观察到的事件和观察者本人的主观解释进行区分,以帮助观察者在做观察记录时有意识地进行区分。

**案 例**

表格式的质性观察记录

在该记录表格中,记录纸的页面应该分成至少三部分:左边是时间;中间是研究者观察到的事件;右边是观察者个人的感受、解释或疑问,可以在课后访谈任课教师时进一步澄清。

| 时 间 | 观察到的事件 | 观察者的解释和疑问 |
|---|---|---|
| 10:10 | 教师阅读课文,眼睛始终盯着课本,没有看学生一眼。 | 教师似乎对课本内容不太熟悉。 |
| 10:20 | 教师问了一个课本上有答案的问题(内容略),学生用课本上的答案齐声回答。 | 教师似乎不注意鼓励学生用自己的语言回答问题。 |
| 10:30 | 教师问问题的时候,用自己的手示意学生举手发言。左边第一排的一位男生没有举手就发出了声音,教师用责备的眼光看了他一眼,他赶紧举起了左手。所有学生举手时都用左手,将手肘放在桌子上。 | 教师似乎对课堂纪律管理得很严;绝大多数学生对课堂规则都比较熟悉。 |
| 10:40 | 教师自己范读课文,学生眼睛盯着书本,静听教师范读。 | 教师为什么不要学生自己先读呢?是否可以要一位学生来范读? |

为了在观察记录中区分事件与解释,社会科学家建构了许多具有启发性的观察记录方法。其中,叙兹曼和斯特劳斯的现场记录表最为精致,他们将现场观察笔录分成四个部分:① 实地笔记,用来记录观察者看到和听到的事实性内容;② 个人笔记,用来记录观察者个人在实地观察时的感受和想法;③ 方法笔记,用来记录观察者使用的具体方法及其作用;④ 理论笔记,用来记录观察者的初步理论分析。他们的四分法实际上就是将上面所说的三分法中的第三部分"观察者的解释和疑问"分成了三个部分:个人感受、方法反思、理论思考;"实地笔记"与上个案例中"观察到的事件"是一回事。①

## 案 例

下表是一位观察者按照这种格式从中午 12:00～12:30 在一所大学的食堂里进行观察时所做的记录。②

| 实 地 笔 记 | 个 人 笔 记 | 方 法 笔 记 | 理 论 笔 记 |
|---|---|---|---|
| 12:00——食堂里大约有300人,10个窗口前队伍平均有4米长。 | 我感觉很拥挤。 | 这个数字是我的估计,不一定准确。 | 中午12点似乎是学生就餐的高潮。 |
| 12:05——在卖馅饼的窗口排了一个足有两米长的队,而且排队的大部分(大约四分之三)是男生。 | 我想是不是今天的馅饼特别好吃?是不是男生特别喜欢吃馅饼? | 我站在离卖馅饼窗口有5米远的地方,看不清楚馅饼的质量,不知道这些人买馅饼是否因为馅饼好吃。 | 也许买某一样食物的人数与该食物的质量之间有正相关关系? |

---

① 陈向明. 质的研究方法与社会科学研究[M]. 北京:教育科学出版社,2000. p247.
② 陈向明. 质的研究方法与社会科学研究[M]. 北京:教育科学出版社,2000. p248.

| 实 地 笔 记 | 个 人 笔 记 | 方 法 笔 记 | 理 论 笔 记 |
|---|---|---|---|
| 12:10——食堂里有5对男女坐在一起吃饭,两个人坐得很靠近,都是男的坐在女的左手边。 | 也许他们是恋人。 | 我只是根据他们坐在一起的亲密样子判断他们是恋人,这个猜想需要进一步检验。 | 也许在食堂里就餐时,男生习惯于坐在女生的左手边? |
| 12:20——一位女生将一勺菜送到旁边男生的嘴边,望着对方的眼睛说:"想不想吃这个菜?" | 为什么这些"恋人们"在公共食堂里如此"放肆"?!我对此有反感。 | 我现在与他们坐在同一张桌子上,可以听到他们的对话。 | 似乎女生喜欢主动向男生"献殷勤",这一点与我平时的印象不一样,需要进一步观察和检验。 |

### 六、课堂观察资料的分析

课堂观察需要对观察资料进行客观的分析和诠释。传统的听评课主要是凭借主观的印象或者肤浅的认识来分析和诠释课堂现象,其结果往往是众说纷纭,缺乏分析的客观性和深刻性。在课堂观察中,观察资料的分析一般要经历两个阶段:一是对观察资料进行整理或者统计,使其条理化、清晰化;二是对处理过的观察资料进行解释,从而发现资料背后蕴含的意义。

1. 课堂观察资料的整理

整理和统计课堂观察资料,需要考虑观察资料本身的特点。

对于量化的观察资料,我们往往利用统计学的方法进行处理,比如中位数、平均数、百分比、标准差,等等。为了使数据的呈现更为生动、形象,我们还可以用各种统计图(如条形图、直方图、扇形图,等等)来展现观察资料的全貌。

### 案例

**对一节阅读课中教师提问的目的指向的量化分析**

| 一级编码 | 二级编码 | 总　数 | 占提问总次数(%) |
|---|---|---|---|
| 指向问题内部 | 获得问题结论 | 16 | 28.1 |
| | 引发学生思考 | 29 | 50.9 |
| | 合计 | 45 | 78.9 |

| 一级编码 | 二级编码 | 总　数 | 占提问总次数(%) |
|---|---|---|---|
| 指向问题外部<br>（课堂管理） | 提醒 | 0 | 0 |
| | 激励 | 12 | 21.1 |
| | 惩罚 | 0 | 0 |
| | 合计 | 12 | 21.1 |

## 案　例

### 对一节阅读课中学生应答方式的量化分析

| 学生回答方式 | 频　　次 | 百分比(%) |
|---|---|---|
| 集体齐答 | 9 | 10.6 |
| 讨论后汇报 | 2 | 2.4 |
| 个别回答 | 69 | 81.1 |
| 自由答 | 5 | 5.9 |

对于质性观察资料的分析,陈向明教授认为可以采用类属分析和情境分析的模式来进行。类属分析的目的是"建立类属",它将一部分资料(或概念、主题)从它们所处的情境中抽取出来,通过比较的手法,使它们之间的各种关系凸显出来。这种处理资料的方式比较符合一般人对事情进行归类的习惯,但其不足是容易使资料的处理剥离具体的情境,容易忽略资料内在的事件脉络。情境分析的目的则是"还原故事",它将观察资料按照故事发生的时间顺序进行描述,使资料经过整理之后变成一个有线索、有脉络的故事。情境分析的长处是它更加贴近被研究者的真实生活,因为人们在叙说观察到的现象时总是习惯于采用叙事的方式。但是情境分析的短处在于:它可能会因为过分关注故事的脉络性而忽视了资料内容内在的相似性。

## 案　例

### 观察资料分析的案例：课堂中的"男女不平等"现象①

有人曾把课堂比作舞台,其中有故事也有情节,有高潮也有冷场。而有时候,最让人难

---

① 罗瑜. 体验那一份当老师的感觉[J]. 中学数学月刊,2003(6).

以忘怀的,是那些小小的片断。

在这次见习中,我们就采集了一些有趣的片断。

片断一:上课不久,老师指着黑板上课前准备的草图,向全班问道:"右图是否与 y 轴对称?""是!"声音很一致,几乎没有异议。不过,若不是我们亲眼所见,几乎不敢相信这个班上还坐了那么多的女生,男生的声音完全盖住了女生的声音。时隔不久,老师又问了另一个问题:"在证明 $f(-x)=f(x)$ 时,此时任取 $x$,$x$ 是否一定为正数?"课堂上星星点点的是女生的声音,而男生似乎有点犹豫。

片段二:在讲授新课的阶段,老师提出了一些深层次的问题。这时老师有意让女生来回答,女生也回答得很正确,很清晰,男生反而不那么"热情"了。在最后的总结阶段,老师提出了一些有难度、有"陷阱"的题目,此时老师有意让男生来回答,一些粗心的男生纷纷上当,落入"陷阱"。老师就抓住这个机会纠正错误,给同学们明确了正确的方法。

在上面这两个片断中,我们似乎看到了"男女有别",为什么会这样呢?

【评析】 在上述案例中,观察者围绕学习过程中的性别差异这一主题,将课堂观察的资料按照情境分析的模式整理成一个有线索、有脉络的故事。事实上,我们看到的课堂现象可能是非常复杂而多样的,只有对这些复杂的观察资料进行整理,才能够让资料内在的意义呈现出来。

### 2. 课堂观察资料的解释

所谓"解释"观察资料,是指研究者从特定的理论框架出发,对观察资料所蕴含的教育意义进行创造性诠释的过程。观察资料的解释包含两层重要的意义:一方面,"资料"本身并不会自动呈现出其内在的"意义",因为"资料"是客观存在的,而我们对资料的"意义"诠释却可能是非常多元的;另一方面,意义的诠释离不开特定的理论框架,研究者需要不断地反省自身的理论框架,并且应该自觉地用先进的理论观点来诠释课堂发生的事件。

意义的诠释离不开理论,事实上,理论在资料分析中具有十分重要的作用。我们可以用隐喻的方式来界定理论的作用。一般而言,理论的作用可以形象地描述为"大衣柜"、"探照灯"和"解剖刀"。首先,理论是"大衣柜",因为只有借助理论,我们才能在复杂的现象中发现其内在的规律,这就正如家庭里的大衣柜,有了大衣柜,我们的衣服才可能放得秩序井然。其次,理论就像"探照灯",不同的理论指引我们看到现象的不同方面。因此,对课堂观察中的同一个现象,我们应该有意识地从不同的理论视角出发来进行阐释,并在比较不同理论视角的过程中建构自己的分析框架。第三,理论就像"解剖刀",能够让我们透过纷繁复杂的现象看到事件深层的意义。综上所述,理论在观察资料的分析中具有十分重要的作用。因此,资料分析不是简单的技术处理过程,而是需要创造性的想象与推理。

### 对课堂质性记录的深度诠释

　　教育理论好像一副具有穿透力和远视力的魔镜,如果运用它们来发现课堂现象背后的意义,我们往往可以得到比较清晰而深刻的认识。请看这样一个教学片段:

　　王老师正在讲解:"滑动摩擦力的大小与接触物体间的压力成正比,与接触面的粗糙程度有关。物体表面越粗糙,同样压力下摩擦力越大;物体表面越光滑,摩擦力就越小。"后排一男生"哼"了一声,王老师笑问:"你对这个问题可能有更科学的看法,你给大家说说好吗?"

　　不料学生以两块紧贴在一起难以侧向移开的玻璃为例,一口气介绍了"凸凹啮合说"、"粘附说"和"静电理论"。

　　王老师带头为该生热烈鼓掌。

　　**【评析】** 如何诠释这样一个课堂教学片段?运用不同理论来检视,会得到不同的认识。用教学生成理论来检视,我们可以认为,王老师巧妙地处理好了课堂预设与生成的关系;用师生新型关系理论来检视,我们可以认为,王老师具有教学民主意识;用知识结构理论来检视,我们还可以认为,通过对话,师生建立了开放、多元的知识结构体系。

### 《狐狸与乌鸦》课堂实录与分析①

　　"你愿意做狐狸还是愿意做乌鸦?"

　　"狐——狸!"

　　"就没有想做乌鸦的吗?哦,没有。那么,你们说说做狐狸的原因吧。"

　　"狐狸漂亮。我希望自己长得漂亮。"

　　"狐狸的样子好可爱,笑起来甜蜜蜜的,说话让人忍不住就相信了。"

　　"狐狸聪明,爱动脑,会说话。她用说话的办法就得到了想要的东西。"

---

① 吴群.童话,为什么离儿童越来越远[J].湖南教育,2006(2).

"我知道骗人不好。可是如果我饿极了,也会骗东西吃的。"

"狐狸做事情能坚持到底。第一次不行就第二次,第二次不行就第三次,而且越说越好听,终于达到了目的。"

"哈哈,咱班成狐狸窝了!"教师期待着不同的声音——虽然在内心深处,她也倾向于做狐狸——"现在,有愿意做乌鸦的吗?有没有?"

"我!"一个学生站起来:"我改主意了。狐狸太漂亮了,皮毛太美丽了,猎人都喜欢打狐狸。做狐狸很危险,还是做乌鸦安全些。"

【评析】 这一段课堂实录我们该如何来评析?如果套用传统的童话教学模式,上述的教学设计可能有"跑题"之嫌。但是如果我们从童话的本真是解放孩子的想象力这一视角来理解,我们可能会发现上述的教学设计其实是非常难能可贵的,因为传统的童话教学往往异化为知识授受或者道德灌输,全然没有考虑童话的本质,结果使孩子们在学习童话的过程中与童话世界渐行渐远。从这个案例的分析我们同样可以看出,建构富有时代气息的、深刻的理论分析框架,是我们进行观察资料分析的重要基础。

## 七、团队观察与教师的合作文化

课堂观察不仅仅是一种专业技术,科学的课堂观察还应该是一种团队合作。虽然课堂自我观察有利于促进教师的自我反思,但是如果把自我观察与团队观察结合起来,引导教师在团队观察中反思自我,这对教师的专业发展会更有利。

团队观察是由既彼此分工又相互合作的团队进行的。在课堂观察的整个过程中,每一个阶段都是教师之间多向互动的过程。教师借助于课堂观察共同体,探究、应对具体的课程、教学、学习、管理上的问题,开展自我反思和专业对话,改进课堂教学的同时,促使该共同体的每一位成员都得到应有的发展。

### 案 例

为了对教研组进行改造,使其成为一个专业的合作体(共同体),Y校进行了许多富有启发性的改革尝试。下面以生物教研组为例加以说明。该组的主要做法可归结为 3 条:(1) 按合作四要素建构、运作合作体。合作四要素即主体的意愿、可分解的任务、共享的规则、互惠的效益等。每个教研组成员都要按此标准来建设自己所在的课堂观察合作体。具体做法是:由两位或两位以上的教师自愿组成合作体,彼此间有共同的合作目标和平等的身份认同,民主推选一位召集人,负责规划、组织与落实合作活动。每位参与者承担自己的合作责任,完成各自的任务,并自觉地配合、支持其他参与者的行动。参与者通过协商、探究,寻求能保证达成最大合作效果的规则和程序,以规则控制合作,而不是用身份支配合作。每位参与者为了实现共同的目标,享用合作体内的不同资源,在完成任务的过程中获得智慧的启迪或情感的愉悦。(2)教研组长专业权威与道德权威并重。一般而言,教研组长往往行使行政权威与专业权威,是管理者与指导者,而该生物教研组组长却实施道德领导,使自己成为民主的、道德的课程领导者。他不仅潜心教学研究,钻研课堂观察,成为行家里手,并贡献专业智慧,与同伴分享,进而指导同伴开展课堂观察,而且愿为组织奉献,牺牲大量的课余时间来规划、组织课堂观察,从不计报酬,亦无怨言。更为重要的是,他还是个称职的"心理指导师",注重与教师的交流与沟通,协助教师解决问题或冲突,关注同事在专业上取得的进步,并不断鼓励同事。(3)以事业凝聚人,以成功影响人。该组在教研组长的影响下,组内达成一种共识,即把课堂观察作为一种事业来对待,通过观察实践来改进行为、促进发展。许多教师就是在这样一种信念的驱动下,从"要我观察"转变为"我要观察",不仅在合作中感受到了成功,还由成功引发了持续的后续行动。[①]

团队观察需要学校积极地营建合作的教师文化。只有在相互支持、彼此信赖的学校文化氛围下,团队观察才有可能是切实有效的。晚近以来,关于教师专业发展的研究日益强调教师专业实践共同体的作用,教师发展也正在从传统的个体英雄主义走向团队合作与团队发展。课堂观察正是教师之间进行团队合作的重要形式,它对于改变我们长期形成的教师单打独斗式的个体主义文化、增进教师之间的合作交流、建设学习型的教师专业实践共同体都具有十分重要的意义。

### 案 例

课堂观察是一种团队合作。在课堂观察的整个过程中,每一阶段都应是教师之间多向互动的过程。没有教师之间的合作,课堂观察难以展开;没有深度的教师合作,课堂观察难以取得良好的效果。但在课堂观察实践中,课堂观察存在走过场的现象,教师间的合作常常是一种形式,缺乏真正意义上的合作。例如,课前会议的目的是为观察者和被观察者、观察者与观察者之间提供一个交流沟通的平台,让观察者对被观察者的课情有所了解,以便确定观察点。但有时候,课前会议往往简化为组织者分配任务的"分工会议"。课后会议应该是观察者讨论观察结果,为被观察者提出教学改进建议。但课后会议经常是偏离轨道,走向两个极端:或者成为表扬大会,观察者结合观察数据,对被观察者值得肯定的地方大肆渲染,极尽赞美之词,而对不足之处,轻描淡写一带而过,甚至只字不提;或者演变成一场批判会,对

---

① 郑东辉. 教师参与课堂观察的问题与经验[J]. 中小学管理,2008(11).

被观察者的优点视而不见,却纠缠于课堂教学细枝末节上的不足,有时还妄加发挥,让被观察者处于尴尬境地,"合作"难继。[1]

## 第四节　课堂观察的主题与框架

### 一、走向以学习为中心的课堂观察

传统的听课活动主要是观察教师教的行为,然而教学的最终目的是为了促进学生的学习,而且学生学习的质量与效率才是衡量教学水平的最终标准。在强调以学论教的时代背景之下,课堂观察应该更关注学生学习的过程,应该更深入地去理解学生的学习。因此,我们倡导建立以学生学习为中心的课堂观察。

我们所理解的以学习为中心的课堂观察,包括如下三个方面的内涵。

(1)凸显学生学习的过程

传统的教学理论主要是关注教师的教。例如在很多教育学教科书中,一堂好课的评价标准往往都是指向教师教的行为规范,比如"教学目标明确"、"教学过程合理"、"教学方法恰当"、"教学内容生动",等等。然而,关于学生在课堂中的学习行为与学习质量却很少成为传统教学理论关注的焦点。

与传统的听课活动不同,我们所倡导的以学习为中心的课堂观察,是指课堂观察的主题应该以学生的学习活动为中心,观察的重点不再指向教师教学水平的高低,而是重点分析学生的学习过程和学习结果的质量,以及影响学习过程和学习结果的因素。

强调在课堂观察中凸显学生学习的过程,并不意味着忽视教师教学行为的观察。事实上,教与学始终都是相互联系、相互制约的,就像一个硬币的两面。过去我们在听课活动中比较重视教师"教"的行为,而把学生学的过程看作是评估教师教学行为的一个参照工具。现在我们强调以学生学习过程为中心的课堂观察,"学"成为课堂观察的焦点,而教师的教学行为则被看作是影响学生学习的因素之一。

(2)关注学习行为的整体分析

以学生学习为中心的课堂观察,强调把学生看作一个完整的个体。作为一个"完整"的人,学生不仅仅是一个"求知者",不仅仅是以认知的方式在进行学习活动。在学习活动中,学生的情感、态度、价值观、已有的生活经历、师生关系、同伴关系、家庭背景、健康状态等都会对学生的课堂学习活动产生深刻影响。因此,对学习活动的观察与分析,不能仅仅局限在"知识传授过程"这样一个狭隘、保守的理论框架之内,而是应该关注影响学生学习过程的诸多复杂的因素,凸显学

---

[1]　李国强,魏春梅."课堂观察"的实践探索[J].教师教育研究,2012(3).

习活动的复杂脉络。

记得在一所小学听过一节数学课"质数与合数",课堂上学生的反应很快,几乎是教师问到哪儿,学生就能答到哪儿,有的学生甚至能说出101是质数。听课者无不为这些学生的精彩表现而喝彩。学生为什么反应这么快? 学生们告诉我,他们大都在课外班学过这个内容。这意味着,这节课对大部分学生来说可能没有什么意义。现在,家长对孩子的学业极为关注,提前学习的现象非常普遍,两极分化的起点不断降低。

虽然这种社会现象不是教育工作者所能够左右的,但学生坐在教室里,我们就不得不关注他们的生命状态。有的教师说:"进到班里,我最怕两类学生,一类是尖子生,我教以前他们就全会了,另一类是跟不上的学生。"这种现状使得因材施教更加困难,同时也说明对学生的学习基础进行调研更为必要。教师只有了解了学生的发展需要,才能解决教学的有效性问题,才能真正促进学生的发展。

在山区的一所学校,科学教师给学生布置了一项家庭作业:"请同学们将今天北京的天气预报记录在作业本上,可以看电视、听广播,也可以看报纸。"这项作业难吗? 几乎所有人都认为不难,这位科学教师也认为不难。正因为觉得不难,所以当看到学生几乎没有人完整地完成作业时,这位教师很不高兴。她的主观判断是:学生懒,不重视小学科的学习。不过,她还是问了问学生为什么没有完成作业,有什么困难。不少学生说,我们家没有报纸,只能看电视,可是播音员的播音速度太快,我记不下来。教师一听,心里就明白了:错不在学生,而在自己没有考虑到学生的记录能力。了解情况后,这位教师不再生学生的气,高高兴兴地上了课,并对自己的教学作了调整。①

(3) 强调基于学习证据的课堂分析

课堂观察与传统听课活动的最大区别是强调收集证据进行客观分析。以学习为中心的课堂观察,就是强调收集能够反映学生学习过程的证据,并且基于学生的学习证据展开课堂教学的分析。也就是说,对教师教学行为的观察、分析与评价都应该建立在学生学习证据的基础之上。

学习证据是能够反映学生学习活动的客观事实。有一些学习证据是容易观察和记录的,例如课堂中学生的发言、表情、活动,等等。有一些学习证据则需要我们创造性地开发研究工具去间接地收集,例如学生内隐的思维过程,等等。

---

① 季苹."学生研究"是落实学生主体地位的基本方式[J]. 中小学管理,2008(5).

## 研究"笨"学生[①]

我们常常通过外部观察、交流谈心等方法来了解学生的思想状态,通过学生的作业、考试情况来了解学生对知识的掌握情况,并依据教育经验推断学生的思考过程……但是对于"笨"学生,这些经验性方法常常是不灵的。要深入研究他们解决数理等难题的症结,就必须了解他们在解题过程中的每一个思维细节,寻找更有针对性的研究方法……在认知心理学的创建与发展中,诞生了一种被称为"口语报告"的研究方法……

### 二、学生研究:意义与价值

强调以学习为中心的课堂观察,其实质就是把教学研究的重心从传统的"教"转变为学生的"学",将学生研究作为课堂改革的基石。

传统的教学理论围绕教师的"教"展开了大量研究,积累了非常可观的知识与经验,但是相比之下,我们对学生"学"的研究却非常有限。在倡导课堂有效教学、教师专业发展和新课程改革的背景之下,有效而深入地研究学生具有多方面的意义与价值。

其一,从学生方面说,研究学生是落实学生主体地位的基本方式。当被问及学生研究的意义时,教师和校长们的回答基本上都是"教育教学会更有针对性"。这样理解其实仍然是站在教师教的立场上,带有明显的功利色彩。大家可以想象:"研究学生是为了更好地教学生"或者"研究你(学生),是为了我更好地教你",这样的语言蕴含着的不正是一种功利的立场吗? 那么,学生研究的意义到底是什么? 具体而言,学生研究的过程是一个发现学生的过程,是一个不断从"成人世界"走进"学生世界"的过程。通过深入地研究学生,可以帮助教师超越传统的学生观,即学生不是一个抽象的、可以类化的认知主体,不能用所谓的年龄特征来简单地推演和理解所有学生。每个学生都是一个有着独特情感体验、独特认知风格、独特发展需要、独特人生阅历的完整的生命主体。

其二,从教师方面说,研究学生是教师教学基本功之基本。过去,人们往往从教出发来理解教师的教学基本功,认为教学基本功的内容指的是语言流畅、吐字清晰、板书美观、内容科学,等等。新课程改革倡导以学生发展为本,要求我们自觉地从学生发展的立场出发,重新建构"教学基本功",而深入研究学生也就必然成为教师教学基本功的基础。

很多教师认为,自己天天和学生在一起,毫无疑问对学生是了解的。其实不然。过去我们对

---

① 刘晓晴.研究"笨"学生[J].中小学管理,2009(2).

学生的了解主要凭借的是自己的主观感觉和个人经验,这些"感觉"、"经验"和"印象"。由于缺乏科学调查研究的支撑,难免会与学生的客观实际存在差距,从而导致教育教学活动的低效甚至无效。因此,要促进学生发展,就要到学生中对学生发展的真实需要和实际状况进行比较科学的调查。在实际工作中,真正深入了解,尤其是有意识、有计划地了解学生真实的发展需要的教师和校长并不多,能够科学地研究学生的教师和校长就更少了。因此,研究学生是教师和校长必练的一个基本功。①

### 案 例

高中数学"向量"概念的引入

教师一走进教室就开始向学生读一段报道:"这是'神六'着陆时的情形:在 4 台发动机的推动下,返回舱的速度由 8 米/秒迅速下降到 1 米/秒,如同一片羽毛,轻轻地落在草地上,着陆场总指挥隋起胜从耳机里听到了费俊龙、聂海胜隔着舷窗,在向人们招手——返回舱内柔和的灯光,映着他们的微笑。这一刻,距他们离开大地 4 天 19 个多小时,他们的总行程为325 万余公里……"这段报道篇幅很长,就在学生还沉浸在"神六"发射的喜悦之中时,教师突然向学生发问:"同学们,上面我读到的内容中哪些是既有大小又有方向的量?"面对教师的问题,大部分学生先是一愣,然后一脸的茫然。随后,学生开始回忆这段话中都提到了什么量,其中哪些是既有大小又有方向的。看着学生一时反应不过来,教师又不得不重复这段长长的"报道",并在黑板上写下了相关的数据。在不断的提示下,学生总算回答出了教师想要的答案,教师这才点出了今天要学习的课题——向量。

【评析】 数学课堂教学中,利用学生感兴趣、新鲜的素材创设情境引入课题很是常见。教师选择这个情境引入课题应该说动了不少脑筋,然而就这个情境用到这节课来看,效果并不理想。在教学中,教师和学生的注意指向明显不同,教师抓住了"神六"发射这个热点,一方面新鲜,另一方面,这段话包含了自己引出课题想要的两种量,而学生更感兴趣的是"神六"发射带来的喜悦和自豪。学生们受到了一次极好的爱国主义教育,至于其中的速度、时间、路程等不是他们关注的焦点。②

其三,从有效教学的角度看,学生研究是提升教学有效性的关键。20 世纪 70 年代末,美国课程学者古德莱德( John I. Goodlad) 等人提出了一个课程发展的"五层次设想",即认为课程从最初的观念形态,到最后为学生所接受,要经历"理想的课程"( 课程观念等)、"正式的课程"( 课程

① 季苹."学生研究"是促进教师专业发展的基本方式之一[J]. 中小学管理,2008(6).
② 张云飞.教学设计应建立在学生的基础之上[J].数学通报,2009(12).

标准、教科书等)、"领悟的课程"(教师对课程材料的理解)、"执行的课程"(教师在课堂里的实际教学过程)和"经验的课程"(学生实际的收获)五个层面的转化。古德莱德的分类告诉我们，教师"领悟的课程"并不等同于学生"经验的课程"，因为作为成人的教师和作为未成年人的学生之间在很多方面多存在着巨大而深刻的差异。在教学中，往往出现这样的情况：教师认为已经说得很明白的事情，学生却并不明白；教师认为学生应该这样思考问题，他们偏偏那样思考……所以，作为一位当代教师，有必要把"研究学生"作为自己专业生活的一个重要组成部分。我们只有真正地研究了学生、理解了"学生的世界"，才能够更好地从学生的实际情况出发设计教学，从而提升教学的有效性。

### 三、课堂学习观察的主要维度

在以学习为中心的课堂观察中，学习成为课堂观察的中心，围绕学生学习这个主题和中心，可以形成很多有价值的观察维度。一般而言，可以从学习质量、学习过程、学习方法和学习风格等侧面来建构学习活动观察的主要维度。

从学习质量的角度看，学生的学习是一个不断发生量变与质变的过程，我们可以用学习目标的达成度来衡量学生学习的变化。从学习过程的角度看，学生主要的学习过程是认知学习，尤其是内在的思维活动，我们可以展开认知学习的观察。从学习方法看，新课程强调转变学生的学习方式，尤其重视探究学习、合作学习和自主学习，我们可以围绕这些学习方式展开课堂观察。从学习风格的角度看，不同的学生有不同的智慧潜能，并表现出不同的学习方式与学习风格，我们可以围绕认知风格展开课堂观察。

#### 1. 目标达成的课堂观察

学生有没有在学习过程中产生真实的进步或者变化？这种进步或者变化体现在哪里？这些问题涉及学生学习质量的观察与评估。对于学生课堂学习质量的观察，可以从目标达成的角度来展开研究。

为了观察学生学习的质量，我们需要把传统的教学目标转变为学习目标。传统的教学目标往往是模糊的、宽泛的，是站在教师教的立场上建构的目标；而我们所理解的学习目标则是清晰的、明确的，是基于学生学的立场建构的目标。

与传统的教学目标相比，学习目标表述的基本要求是强调明晰性。即尽可能地将模糊的、以心理动词表述的目标转换成外显的行为性目标。例如，"掌握五个单词"这一目标陈述，"掌握"就是一个很模糊的心理动词，从行为主义心理学的角度来讲，"再认"、"再现"、"简单运用"等层次都可以认为是"掌握"。如果将上述目标陈述转换成"能运用这五个单词分别组成词语"，就会使学习结果变得更可观测，而且这种表述本身就显示了教学评价的标准，因此更利于教师在教学中发挥目标的导向功能。又如,一位教师在执教《航天飞机》一课时,设计的教学目标为"初读课文、了解课文内容",其中,学生是否了解,无法被观察到。可以考虑改为"能用自己的话介绍航天飞机的形状、特点和作用",这样的目标就具备了可观察性。

学习目标明晰化的方法很多。其中最具代表性的是美国学者马杰(R. F. Mager)提出的"ABCD"目标陈述模式。马杰认为,学习目标应描述课堂教学结束时学生的终点行为,即学生在课堂教学结束时会做什么。因此,教师应该把学生内隐的心理状态转化为外显的行为表现,学习目标应该列举反映学生内部心理状态的行为样本,表述学生在课堂教学结束时应该达到的行为指标。概而言之,就是用行为目标来表述学习目标。

## 案 例

### 课堂教学目标明晰化的理念与技术[①]

明晰目标,有的放矢,本不是什么新话题,而现实却不容乐观……

教师的备课笔记,那些教学目标,如"深刻理解……"(概念规则理解)、"掌握……方法"(技能形成)、"培养……的精神"(情感态度),凡此种种,基本上是一笔糊涂账。传统语文教学目标叙写的主要问题是,站在"教师本位"的立场上,选用描述内部心理的词语来陈述,只说清了"教师做什么",至于学生的能力是否因之切实发生变化,能否测量,则没有设定,因而这样的目标是含糊的,是很可能要落空的。

这里比较一下《难老泉》有关目标的叙写,以说明具体操作方法。按照传统方法,可以这样叙写目标:1. 使学生理解本文如何围绕中心来组织材料。2. 使学生进一步掌握写景状物散文"意蕴其中"的特点。3. 提高学生写景的基本能力。4. 培养学生对祖国悠久历史、灿烂文化的热爱。

分析:且不说目标3、4多半只是空话而已,就还较具体的目标1、2而言,问题就不少。在此,"理解"、"掌握"都属于"内部心理状态",怎样才算达到目标,怎样才算达到"理解"了、"掌握"了,甚至"进一步掌握"了,我们都无法知道……

基于这些考虑,我对本课的教学目标作了修改……

2. 思维过程的课堂观察

认知学习过程,特别是思维过程的研究是课堂观察的重点,但是思维过程具有内隐性,不是我们用眼睛可以直接观察到的,所以在观察学生思维过程方面,我们需要创造性地建构分析的工具。

---

① 唐江澎. 课堂教学目标明晰化的理念与技术[J]. 中学语文教学参考,2000(12).

研究学生学习的过程本是教师最基本、最重要的教育素养,但是由于学生是一个个独立的、有思想、有情感的个体,要真正了解他们,却并不是一件很容易的事。过去,我们对学生认识活动的研究主要是凭借经验和印象,这些经验性认识有时候不一定准确,而且经验性认识往往比较笼统、抽象,缺乏精确性与可靠性。如果我们能够借助课堂观察的方法,特别是质性课堂观察方法,就有可能深入学生的内心世界,准确把握学生的认识轨迹。

在下面的案例中,研究者正是借助质性观察的方法,通过收集课堂中有价值的教育事件,并对这些课堂事件进行深入的分析,从而理解学生思维的过程。这个案例还启示我们,课堂观察方法的运用有助于我们更敏锐地发现教育问题。很多教师说,"我没有问题"? 为什么没有问题? 因为他们缺乏发现。而发现不仅仅需要悟性,更重要的是需要实实在在的调查。在调查过程中,我们可能发现,有些我们自以为是的认识其实与学生的实际是不相符的,这就为我们发现有价值的教育问题奠定了良好的基础。

## 案 例

### 研究"学生经验的课程"①

要进入"学生的世界",并不容易。学生到底是如何思考问题的,他们对于许多概念到底理解到什么程度,等等,因为隐在学生的"头脑"里面,我们看不见、摸不着,很难直接获得这方面的知识。好在有一个窗口可以让我们理解"学生的世界"中到底发生着什么事情:虽然学生的知识建构过程我们很难直接感知,但学生知识建构的结果,却可以通过学生的课堂表现(提出的问题、对教师问题的回答等)以及诸如作业、考试等表现出来。这些表现,不妨称之为"学生经验的课程"。对"学生经验的课程"的研究,可以成为我们进入"学生的世界"一个很好的切入点。

一旦我们的老师有了这种自觉意识,开始研究"学生经验的课程",大量的过去可能不被我们重视的"细节"就会成为我们理解学生的契机。试看溧阳市文化小学的老师们的"发现":

韦菊仙老师执教三年级《卧薪尝胆》一课,快下课时,老师问同学们:"还有什么问题吗?"一位学生举手发言:"老师,课文里说勾践向吴王夫差求和,课文里写了得胜的吴王非常骄傲,可是为什么不写夫差呢? 是不是夫差和吴王一样骄傲?"韦老师恍然大悟:原来学生以为"吴王"和"夫差"是两个人! 这个在我们成年人看来"不可能"成为问题的问题,倒成了学生的真"问题"!

杨彩芬老师执教六年级《把我的心脏带回祖国》一课,有一位学生提出了自己的困惑:

---

① 王建军.在研究学生中提升教师专业素养[J].今日教育,2005(5).

"老师,我觉得文中有一处地方写得不对。文中说,'1849年10月,他终于躺倒在病床上。'我觉得这里用了'终于'一词,好像作者希望肖邦病倒一样!"其他同学纷纷表示赞同。杨老师明白了:由于学生使用日常语言的经验(如:"终于盼到寒假了!"),他们对于一些词汇的实际理解比我们教师的理解要狭隘很多。

苏瑜老师执教一年级《认钟表》,意图让学生学会表达"大约几点",于是呈现了很多钟表表面,移动指针,多次让分针指在表面"12"左边、接近"12"的地方,让学生说出"大约是几点"。快下课时,教师呈现了一个时针指"8"、分针指在表面"12"稍稍偏右的表面,让学生读数。不少学生脱口而出:"小约8点!"苏老师这才意识到:由于自己前面一直呈现分针指在表面"12"左边的图形,结果误给学生一个完全意外的信号:他们以为只有分针偏左是"大约几点",所以有"大"就应该有"小",分针偏右了就是"小约几点"!

......

总体而言,我们在"学生经验的课程研究"中,试图让老师们学会按照这样的一个思路来研究学生,并基于这种研究改进自己的教学设计,同时在这个过程中不断地提升自己的专业素养。

1. 初始设计:我这节课希望达到什么样的目标?为了实现这些目标,我根据自己对于教学内容和学生的什么样的判断和估计,设计什么样的教学活动?

2. 学生经验的课程现象:在实际的课堂教学过程中,以及在教学过程之后,我从学生的课堂提问、课堂回答、小组讨论、当堂作业或课后作业、测验与考试中,发现了什么样的"学生经验的课程现象"?这些现象,让我对于"学生的世界"有了什么样的新的认识?

3. 教学改进:基于从"学生经验的课程"现象中所获得的新的认识,我可以怎样调整和改进我的教学设计,以便更好地促进学生的学习?

......


### 3. 学习方式的观察

新课程强调"改变课程实施过于强调接受学习、死记硬背、机械训练的现状",倡导自主学习、合作学习、探究学习三种新的学习方式,为此,课堂观察应该将学生学习方式的转变作为课堂观察的重点。

课程改革以来,学习方式的转变已经成为教师们教学实践的追求,但是在教学改革的实践中,许多教师在教学设计与实施中仅仅有自主、合作与探究学习的形式,而缺乏自主、合作与探究的实质,使学习方式的转变流于形式、止于肤浅。这说明,三种学习方式本身就需要教师做深入的研究。为此,我们有必要在理论上界定三种学习方式的核心特征,并且根据这些本质特征建构学习方式观察的行动框架。

以合作学习为例。既有的文献研究表明,任何一种真实有效的合作学习都需要有五个要素,它们是不可缺少的。① 积极互赖。要求学生知道他们不仅要为自己的学习负责,而且要为其他同伴的学习负责。② 面对面的相互促进作用。要求学生进行面对面的交流,学习相互促进彼此的学习成绩。③ 个人责任。要求学生必须承担一定的学习任务,并要掌握所分配的任务,分工明确,责任到人。④ 社交技能。要求教师必须教会学生一定的社交技能,进行高质量的合作。⑤ 自评。要求合作学习者定期评价合作学习的情况,检讨合作学习方法与效果。① 在进行合作学习课程观察时,我们需要将这五个要素融进观察框架的建构之中。

#### 4. 学习风格的观察

学习过程是一个个性化的过程,因为每一个学生都有自己独特的生活阅历、认知风格与智慧潜能。真正的高效教学应该关注学生学习的个性化,并且创造条件满足学生个性化的学习需求。为此,我们需要在课堂观察中重视观察,发现学生个性化的学习特征。

关于学生个性化学习的观察,可以基于多种不同的理论视野来开发相应的观察框架。例如,从多元智能的理论视角看,每个人都可能具有八种不同的智慧潜能,包括语言智能、数学逻辑智能、空间智能、身体运动智能、音乐智能、人际智能、自我认知智能、自然认知智能等。并且,各种人类智能在不同个体身上的分布是不同的,也就是说,每个人都拥有不同的智能优势组合。我们可以根据多元智能理论来开发观察框架,借此研究和理解学生个性化的学习风格。

心理学领域关于认知风格的研究也为我们观察学生个性化的学习过程提供了有启发性的理论视角。认知风格(cognitive style)也称认知方式,是指个体在认知过程中所表现出来的习惯化的行为模式。认知风格的种类繁多,目前人们探讨比较多的是场独立型和场依存型、思索型和冲动型、整体型和分析型等。

---

**案 例**

### 学生认知方式差异与教学设计

不同的学生对信息加工的方式往往存在着不同的偏好。有的习惯于多种感官并用,有的喜欢在热烈的气氛中讨论问题,用心理学家的话来说,即为独立型和依赖型、冲动型和沉思型。具有不同认知方式的学生,面对相同的授课方式、授课内容,其反应是不同的。独立型或沉思型的学生,在认知方面独立于他们的周围背景,倾向于在抽象和分析的水平上进行加工,独立对事物作出判断。而依存型或冲动型的学生,在认知方面往往以外部参照作为信息加工的依据,他们的态度和自我知觉易受周围同学,特别是教师的影响和干扰。这就要求我们应以每个学生的特殊性为出发点,承认差异,并采用适应差异的教学方式,努力使教学

---

① 王鉴.合作学习的形式、实质与问题反思[J].课程·教材·教法,2004(8).

方式个别化,教学风格民主化,帮助学生寻找到最佳的学习状态,获得最好的学习效果。以"地球运动及其地理意义"为例,要归纳同一经纬线共同的地理现象,对于独立型的学生来说,只需富有挑战性地提出问题,让他们根据自己的认知水平、教材的知识结构进行分析推理、演绎概括,教师作必要的评判补充即可。而对于依赖型学生,教师必须提供问题背景,即季节相同、正午太阳高度角相同、地方时相同、日出时刻相同、昼夜长短相同等,引导他们思维的方向,帮助他们体验成功的喜悦,激发进一步学习的动力。①

**[本章主要参考文献]**

1. 沈毅,崔允漷.课堂观察:走向专业的听评课[M].上海:华东师范大学出版社.2008.

2. 夏雪梅.以学习为中心的课堂观察[M].北京:教育科学出版社.2012.

3. 陈向明.质的研究方法与社会科学研究[M].北京:教育科学出版社.2000.

4. 周勇,赵宪宇.说课、听课与评课[M].北京:教育科学出版社.2004.

5. [美]阿吉里斯·舍恩著,刑清清、赵宁宁译.实践理论[M].北京:教育科学出版社.2008.

6. 程瑶.课堂观察指导[M].北京:教育科学出版社.2002.

7. 崔允漷.听评课:一种新的范式[J].教育发展研究,2007(9B).

8. 姜作新,李莹.以课堂观察技术推动问题探究型教学文化的建设[J].当代教育科学,2010(10).

9. 刘云生.课堂观察:现象、诊释与建构[J].中国教育学刊,2007(2).

10. 郑东辉.教师参与课堂观察的问题与经验[J].中小学管理,2008(11).

11. 李国强,魏春梅."课堂观察"的实践探索[J].教师教育研究,2012(3).

12. 王建军.在研究学生中提升教师专业素养[J].今日教育,2005(5).

13. 张敏.关注学生学习的课堂观察[J].基础教育课程,2011(5).

14. 安桂清,沈晓敏.课堂观察工具的开发[J].人民教育,2010(23).

15. 杨玉东."课堂观察"的回顾、反思与建构[J].上海教育科研,2011(11).

16. 桑国元,于开莲.基于人种志视角的课堂观察理论与实践[J].中国教育学刊,2007(5).

17. 陈金华.课堂观察的价值意义与改进策略[J].中国教育学刊,2012(12).

---

① 吕秀玉.教研重在研究学生[J].地理教育,2002(4).

# 第五章　评课：在反思中引领教学的改进

> 评价的目的不是为了证明，而是为了改进。
>
> ——[美]斯皮尔伯格·吉尔(Spielberg Jil)

随着基础教育课程改革的推进，人们关于教学理念、教学方法和教学评价之间关系的认识进行着一场前所未有的重大变革。在现代教育评价理论中，评价、课程与教学之间是一个循环的三角关系（如图 5－1①）。

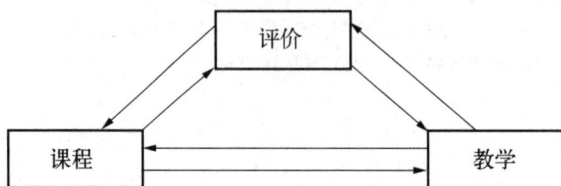

图 5－1

从图 5－1 中我们可以看出，评价与课程、教学之间是相互联系、相辅相成、缺一不可的。课程是教学的依据，教学是实现课程目标的手段，而评价则是对课程、教学的检验，是完善课程、改进教学的依据。正如美国著名教育评价专家斯皮尔伯格·吉尔所言：评价的目的不是为了证明，而是为了改进。评价的根本目的是获得反馈信息，以帮助教师改进教学，促进学生发展，从而保证课程目标的实现。

无论你是一名在岗多年的教师，还是一名即将上岗的准教师，都应该对教育评价有所了解。不过教育评价领域的知识浩如烟海，有很多教育者甚至在整个职业生涯中一直研究评价。关于

---

① 吴维屏主编. 小学品德与生活（社会）课程与教学[M]. 北京：中国人民大学出版社. 2010, p226.

评价,有很多东西令人着迷,你可以学习,但显然,除了你想去了解的,教育评价的信息还有很多很多,问题是作为一名普通的任课教师,最应该了解些什么呢?

评课作为教育评价的一个重要部分,无疑是每位教师都应该了解的内容。评课不再局限于证明教师的课堂教学能力,而是为了改进教师的课堂教学,满足学生的学习需要和教师的专业发展需要。

# 第一节　评课的概说

## 一、评课的意义

课堂教学是由教师、学生、教学内容、教学方法和手段、教学目的和教学环境等因素构成的教师教和学生学的多边互动活动,是行之有效的教学基本组织形式。课堂教学质量的好坏直接关系着学校教育质量的高低。

评课是根据教育目的和教学评价标准,对一节课中教与学活动和效果进行的价值判断。因此,做好课堂教学评价,不仅是搞好整个教学评价的重要组成部分,也是直接推进课堂教学改革、促进教师专业发展的客观要求。

1. 从宏观层面来看,有效的评课将有助于区域性教育管理的正确决策。一个区域的教育管理者到各个学校进行教育工作的检查督导,其中一项重要的内容就是听评课。通过听评课活动来考察教师的课堂教学能力,了解该校的教学管理情况,并以此作为考查一所学校教育教学水平的一个重要途径。

2. 从微观层面来看,有效的评课将有助于教师专业发展水平的提升。以评促教、以评促改是评课活动的主要目的。凡是在评课中得到好评的教师会更加坚定自己的教学质量观,认为自己以往的课堂教学追求是符合主流的好课标准的,要坚持并进一步强化;若是在评课中没有得到好的评价,教师会反思自己以往的教学质量观,思考问题出在哪里,为何不被大家认同,大家提倡的是什么,应该怎样重组自己的课堂教学质量观。每一次评课活动都会对教师课堂教学质量观产生触动与影响。这种触动与影响不仅仅是对授课教师,也包括参与评课的其他教师。评课作为教育教学实践中的"关键事件",对教师的专业水平和能力的提高有着深刻的影响。

然而,评课的积极意义和作用的发挥不是自然而然地发生的,评课所需的知识和技能更不是"不学而能"的。实际上,这极其常见的评课活动更需要专门的知识和技能,更需要得到专门的训练和专业引领,否则就可能使这样一项专门的活动走形、变味。

## 不要让评课变了"味"①

评课是教师喜闻乐见的一种教学研究活动,对于提高课堂教学效益、促进教师专业化成长具有非常重要的意义。但耳闻目睹我们身边的有些评课,却"变了形,走了样",离教师越来越远。

有的评课带有一股官气。评课者大多是一些行政领导,不管熟悉不熟悉这门学科,了解不了解这节课的教学要求,知道不知道执教教师的特点,遇到课就"敢"评,而且是侃侃而谈,打着官腔,一点两点三点,一条两条三条,说的都是一些不着边际的理论,什么素质教育、创新意识之类的内容,全是在各种会议上重复了不知多少遍的话题,让教师哈欠连连,好不厌烦。

有的评课充满了霸气。评课者好似手执大棒,自由挥舞。在他们的眼里,每一位教师都应该具有政治家的远见、艺术家的天赋和演说家的口才,每一位教师都应该具有特级教师的水平。任何一节课,在他们的点评下都是千疮百孔,一无是处。这些人评课有一些特征:评课之初,往往先要来一段开场白:"这节课的优点我就不说了,我就谈一谈存在的问题吧。"这些专家指出的问题往往让你"左右为难":如果你教学重点突出,他说你目标不全面;如果你教学面面俱到,他说你蜻蜓点水,重点不突出。如果你教学紧凑,他说你没给学生留有自由发挥的余地;如果你设置"空白",他说你教学结构松散。如果你当堂训练效果明显,他说你教学开放性不强;如果你顾及课内外联系,他说你双基训练不牢固。如果你没用多媒体,他说你缺乏现代信息意识;如果你运用了多媒体,他说你哗众取宠……这样不好,那样不行,一切全被否定。面对挥舞的"大棒子",许多教师都不知道课该怎么上了。

还有的评课,好似贴标签。有些专家,平时不加强课堂教学的指导,关键的时候便摆出了权威的姿态。标签一贴,便决定了教师的课堂教学等级,当然这些等级与各种表彰奖励挂钩,和工资福利捆绑。标签一贴,便宣判教师的教学思想是否端正,是否具有先进的教育理念,是否充满着人文关怀,从而确定教师是一个什么样的人。这些专家的评课往往"高屋建瓴",他们的眼睛就像安上了透视镜,能通过一个个教学细节"剥笋般"地论证出教师的思想灵魂。这样的评课让教师们感到气愤:一节课,甚至仅仅是一举手一投足,咋就评出来一个人的好与坏了呢?

**【评析】** 无论是充满官气,还是充满霸气的评课,都使得原本该发挥正面、积极作用的评课活动,成了教师厌烦、惧怕的事,成为"走了形、变了味"的活动。这其中最主要的原因就是"用业余的思维或方法处理专业的事情",表现为缺乏听评课的专门知识和技能,也缺乏专门的训练和专业引领。

---

① 孙仕满.让评课充满智慧与温馨[J].教书育人:教师新概念,2006(11).

华东师范大学崔允漷教授指出：需要重视对"听评课"的研究,把它放在与"上课"同样重要的地位来研究,以构建更丰富的专门的知识基础;需要对教师进行专门的教育或培训,使教师成为不仅会上课,也会听评课的人;需要明确听评课的主体应该是教师,特别是同行(学科)教师,而不是谁都可以充当听评课者,特别是自己不上课的人、教育教学研究者、行政领导或所谓的专家,不能越位而充当话语霸权者。

可见,评课活动是需要研究、需要系统地学习的。某种意义上说,评课比听课更重要,会评课才真正会上课。学会评课,对教师专业发展有着极为重要的意义。

## 二、常见的评课类型

评课作为教育教学活动中一个有着独立存在价值的活动,为适应不同的需要,有着不同的类型。从评课活动的组织类型来看,主要有以下几类:

### 1. 教学研究型评课

教学研究型评课是为了引发教师对某一研究主题的深度思考而组织的。这种类型的评课活动通常在教研专家的指导下开展,运用批判性的思维来看待课堂教学,立足于未来与发展,对评价课本身进行真实客观的研究和讨论,如一些"同课同构"或者"同课异构"的教学研讨活动。研究型评课的关键是确定研究主题,营造民主的研讨氛围。它既需要专家的指导,也需要参与评课教师的积极参与和反思。

### 2. 优质示范型评课

优质示范课评课通常是在教育部门的组织下,通过选拔或指定,由被选定的教师在一定范围内进行公开示范,并由教育部门组织进行相关的评课。示范课往往容易被听课的教师当作样板或标准而不假思索地进行模仿,因此公开示范课后的评课就显得更为重要。在评课中授课教师需要对自己的教学设计、意图等进行说明,而专家的评讲则要介绍示范课中的新思想、新思路,把优点讲够、缺点讲透,让听课教师明确此课好在哪里,哪里需要完善,引导教师从源头上去认识和理解问题,而不是浮于课堂现象的表面。

### 3. 等级评比型评课

等级评比型评课是在听评课活动前预先设置出有关的评价项目和要求,按照一定的评价量规和权重设定对课堂教学中各方面情况进行评价,最终体现出不同课的评价等级排序结果。这类评课,通过观察学生反应、授课者表现、课堂氛围、教学实效等方面,作出优、良、中、差或分数形式的评价。等级评比型评课属于综合性较强的评课类型,既可作定性评价,也可作量化评价。

#### 4. 组内互助型评课

组内互助型评课指的是学校里的教师随机去听取同一教研组其他教师的课,之后在听课人和执教者之间进行的一种评课形式。这类评课活动可以由教研室组织,也可以是教师相互之间的自发安排。这种评课的形式和气氛都较为自由,关注点主要放在对教学设计、教学实施的讨论和分析上,目的是相互启发、共同提高、共同发展。

#### 5. 督促检查型评课

这种评课类型在学校里最为常用。每学期学校领导或教研人员都要深入课堂大量地听课,检查各科常规教学的整体情况,然后进行评课。此类型的评课一般不提前通知授课者,目的是为广泛掌握各科教学的情况,发现教学中存在的不足,对日常最真实自然的教学状态进行督促、评价。此类评课活动的持续开展有助于对常规教学的科学评估、严格管理和有力督导。

#### 6. 群体展示型评课

这一类型的评课主要是出现在各个学校的校庆或者家长开放日上,其目的主要是向社会展示本校的教学水平。此类评课在组织管理上较前几种类型要松散,形式需要更为自由、轻松、灵活,所以一般是通过填写评价表的方式来搜集各方对所听课堂的教学意见的,参与的对象可以有学生、家长、同事、专家等。

不同的评课类型有不同的特点,会产生不同的功能。示范型评课能给教师带来启示,有助于教师理解、学习、吸收、借鉴。互助型评课有利于教师之间相互学习,而研讨型评课有利于把问题引向深入,等等。

### 三、评课的组织与实施

评课是教师教育教学活动中的基本行为,需要每位教师的积极参与。教师仅站在个人的角度去反思自己的课堂教学是远远不够的,如果没有与他人的对照比较、缺乏他人的指点帮助,其课堂教学水平也就不能得到真正的提高。因此,评课不是教师个别的行为,而是需要教师之间相互的交流、互动和影响,它是一种特殊的集体行为。

作为一种集体的行为,那就离不开组织。就目前评课活动中存在的一些问题,为更好地达成评课目的,在活动的组织过程中应注意以下几个方面:

#### 1. 要改善评课活动的管理,合理安排听评课

各个地方和学校都会经常组织听评课活动,但活动过于频繁,加上一些活动设计粗糙,评课活动流于形式、质量低下,使得教师们疲于应付,从心底里不愿意参加此类活动,更谈不上通过评

课来引领反思、进步了。由于在组织听评课活动的过程中,很少听取教师们的心声和想法,听评课活动也就没能合理地设计和安排了。

因此,要组织好听评课,首先要改善听评课活动的管理行为,要"变强势的行政干预为主动倾听教师的合理诉求,使每个教师都能意识到自己在教学中的重要性,使听评课成为每个教师参加教研活动的自觉行为,激发教师参加教学研究的积极性"。① 其次要设计好方案,根据不同的教学研讨活动的类型来选择评课的类型,并根据参与评课活动的人员的不同而设计不同的活动程序,有效地组织、安排好各个环节的内容,使得听评课活动有形式、有内容。

### 2. 要注重营造民主共享的评课氛围

就评课的本质而言,是评课者和执教者共同探讨教学规律的过程。但是在实施新课程教学改革已十多年之久的今天,大力开展听评课活动中还存在着这样两种现象:一是评课的"声音"单一,在评课活动中几乎都是领导专家的声音,听课的一般教师较难参与,更不会有执教者的声音了。还有一种情况则是评课过于客套,"你好、我好、大家好"的气氛使得评课成为"好好式"的评课,无法真正起到作用。

对此,在评课的过程中,第一,要充分发扬民主,尊重执教者,认真倾听执教者的教学意图。我国教育专家肖川曾说,"当只有一只夜莺在唱歌,其他的夜莺都被割去喉舌,那么再动听的歌也充满了恐怖"。因此,无论是什么类型的评课,都应该是民主平等的交流对话,绝不能是领导专家的学术报告,否则就容易让教师满怀"恐怖"和厌倦。作为以促进教师反思、成长为目的的教研活动,应尽量淡化权威,杜绝"话语霸权"。在评课的组织安排上,应留有足够的时间让执教者来说明自己的教学设计,对自己教学过程中的优点和不足作出自我评价和解释。只有执教者的设计意图得到了理解、自我评价得到了重视,才能建立起民主、共享的评课氛围,才能激发执教者不断进步的意识。

第二,应设法激发起参与听评课教师的"共享与发展"的责任意识。评课者之间需要平等交流,无论是教研员、教学管理者还是一般的教师,都要认真倾听别人的观点,勇于发表自己的见解。每个参与者应怀有谦虚谨慎、发展共享的心态来参与交流对话,和谐互动,说真话,使评课做到"真评",而不是"走过场的摆设"。例如,某校为了改变原本"好好式"的评课的不足,大胆提出"2+2"的评课制度,即每位教师在听课后都要给授课教师提两条肯定性评语和两条改进意见。此举推行已有2年,无论对授课者,还是听课者,促动都很大。②

另外,评课活动的组织方还可以根据实际情况来尝试建立相关的评课制度,以引导和保证此类教研活动的质量。

---

① 周建国. 听评课:"细事"别做成了"粗活". 中国教育报,2009-10-13.
② 张文质,陈海滨. 今天我们应怎样评课[M]. 西南师范大学出版社. 2011,p103.

3. 评课组织中的几个要点

评课是一门艺术。如果听完一节课而不参与评课，那么听课的作用就没有得到最大体现。霍普金斯（Hopkins,1993）指出："如果要给出恰当的反馈，课堂观察的好处才会被意识到（The benefits of classroom observation will only be realized if appropriate feedback is given）。"霍普金斯（2002）还对如何最好发挥评课的作用提出了以下几条建议：① 在 24 小时内给出反馈；② 要以系统的、详细的听课记录为基础；③ 听课记录要以真实的课堂事件为基础；④ 对真实的课堂事件的阐释要以预先制定的标准为准则；⑤ 这些阐释首先要由授课教师做出；⑥ 评课必须是双向的，而且要以共同发展为导向。①

如果听课之后只是打个分数定个等级就算完成评课任务，那么就是学校教学组织管理上的缺失。在霍普金的几点建议中，我们不难找到评课组织实施中还要注意的技术性的要求，第一，听课和评课安排得时间要合理，尽量在 24 小时以内，使听课过程中的所思所想所悟能得到及时表达和反馈；第二，活动开展前要预先制定好相关的评课标准；第三，要进一步加强对教师听课能力的培养和训练等。

**四、评课的局限性**

就目前评课实施的现状来看，容易产生几个方面的局限：

1. 容易出现"求全责备"的情况

对课堂教学的评价必然受到教育大环境的影响，而难以从教师专业发展的需要和学生学习的需要去评价，这样就使得在评课的过程中过于看重课堂教学是不是符合新的教育教学理念，是不是符合既定的课堂教学评价标准；课堂教学评价中设计的一系列评价指标体系，从教学目标、教学进程……直到教师教学素养等，每项都有固定的要求，于是使得很多课程为迎合评价标准而进行设计，没有不考虑学情、校情等。

2. 容易出现"以偏概全"的情况

通常我们的课堂教学评价是在听了某位授课者的一两节课后进行的，这一两节课不是系列的、长期的，难以反映课堂教学常态，这样的评价难免"以偏概全"，以一节、两节课来评价教师的教学水平是不够科学和全面的。

---

① 张慧. 从中西方听课与评课的差异得到的启发[J]. 中小学外语教学（中学篇），2009（2）.

3. 容易出现"跟着感觉走"的情况

在一些学校或教研室组织的评课活动中,听课者往往是以自己的教学经验去考量授课者的课堂,缺乏对评课的正确认识和专门的知识,使得评课中过多的是感性认识,而缺乏理性评课,久而久之就造成评课水平低下、评课效率低的情况,也势必影响教师们参与听评课活动的积极性。

## 第二节　评课的理念与内容

### 一、好课标准的讨论

什么样的课是一堂好课? 这是教育决策者、教育研究者和广大教学一线教师都关注的焦点问题。对于这一问题,有着各种各样的回答,可谓"仁者见仁,智者见智"。对好课的判断是一个评价问题,而任何评价从本质上来讲都是价值判断的过程。价值是客体满足主体需要的属性,主体的需要取决于主体的目的,因此主体的目的不同,需要就不同,价值标准就不同,这也就是好课标准多样的原因。

1. 好课标准的判断角度

从价值观尺度来看,教学价值有两种基本取向:社会本位的价值取向和个人本位的取向。社会本位的价值取向认为,在教学中必须按照社会的要求确立教育教学的任务、目标,满足社会的教育需要。我国传统的课堂教学评价中大多有社会本位的倾向。

从评价对象来看,人们对课堂教学评价所指向对象的理解各有不同。"归纳起来主要有以下几种:① 评价教师。如林龙河等认为,课堂教学评价是'按照指标体系对教师的授课能力、水平和效益进行价值判断'(1988)。② 评价学生。如李秉德认为,教学评价'就是通过各种测量,系统地收集数据,从而对学生通过教学发生的行为变化予以确定。教学评价的对象是学生的学习过程及其结果,评价者主要是任课教师'(1991)。③ 评价教师的'教'与学生的'学'。如陈中永、刘文霞认为,'教学评价是测量评判教师的教学与学生的学习是否达到既定的目标的过程'(1990)。④ 评价教学过程及效果。如周光复认为,'课堂教学评价是对课堂教学全过程及其取得的效果作出判断'(1990)。⑤ 评价课堂教学活动整体。'在具体的课堂教学活动中,各个因素相互作用,共同构成课堂教学的统一整体,因此,在课堂教学评价中,不能把它们中的某一因素作为评价对象,而应该把各个因素在课堂教学中的共同表现形式——课堂教学活动作为评价对象'(刘志军,1998)。"[1]课堂教学评价指向的对象不同,评价标准的侧重点也就必然不同。

---

[1] 林清华,何恩基.什么是一堂好课? ——课堂教学评价标准研究述评[J].中小学管理,2004(6).

### 2. 好课标准的探讨

从国家教育政策层面上看,好课的评价标准已经解决。在《基础教育课程改革实施纲要(试行)》中有这样的明确规定:"教师在教学过程中与学生积极互动、共同发展,要处理好传授知识与培养能力的关系,注重培养学生的独立性和自主性,引导学生质疑、调查、探究,在实践中学习,促进学生在教师的指导下主动地、富有个性地学习。教师应尊重学生的人格,关注个体差异,满足不同学生的学习需要,创设能引导学生主动参与的教育环境,激发学生学习的积极性,培养学生掌握和运用知识的态度和能力,使每个学生都能得到充分的发展。"文件中的内容明确规定了新课程课堂教学的基本要求,然而具体的操作细则还需要在实践中加以明晰和完善。

在课程改革的实践中,基础教育的决策者、教育科研人员、中小学教师都对好课的标准进行了有益的探讨,提出了不少真知灼见,我们选取各个层次的几种有代表性的观点,呈现如下:

华东师范大学的叶澜教授在其"新基础教育"实验研究中,提出了"五个实"的标准,即扎实的课;充实的课;丰实的课;平实的课;真实的课。所谓扎实是指好课是有意义的,符合相应的教学任务和要求,可以促进学生对知识的理解和把握;所谓充实是指有效率,在教学条件有限的情况下,充分实现教学目标、完成教学任务;所谓丰实是指教学富有成果,这种成果是生成性的,教学相长是它的具体表现;而平实则是指好课是常态下的课,它不是摆设,不是修饰,而是具有非常强的普适性,好课的原则或者理念,不需要特殊的条件支持就可以实现;真实的课则主要是提醒我们必须关注好课的缺点,通过反面来认识和学习好课,而避免不实的夸张或者歪曲。可见,叶澜教授将好课视为常态下的有待完善的课,是真实的,这就使得课堂教学评价得以从"公开课"或"表演课"中摆脱出来。这里我们还必须清楚的一点是,好课与真实的课之间并不是简单地划等号,好课应该是真实的课,但真实的课不一定都是好课。

而崔允漷教授将好课的标准归纳为"十二字":教得有效、学得愉快、考得满意。教得有效是指一堂课有一堂课的标准,一个学期有一个学期的标准,要精教精学,不能浪费学生的时间;学得愉快是指学习的过程应该是愉快的;考得满意是指注重结果。这些标准既包含了对教师的评价,也包含了对学生的评价;既注重对教学过程的评价,也注重对教学结果的评价。

郑金洲教授将好课的标准概括为"十化":课堂教学的生活化、学生学习的主动化、师生互动的有效化、学科教学的整合化、教学过程的动态化、教学资源的优化、教学内容的结构化、教学策略的综合化、教学对象的个别化、教学评价的多元化。这一标准是给好课做出的全景式的描述,评价对象包括了教师、学生,以及课堂教学活动中的各个要素。

北京市教科院的文喆认为,课堂教学质量的评价中最根本的标准是学习者能否进行积极有效的学习,他提出了评价好课的五项标准:学习内容要适切;学习环境应力求宽松;学习形式应多样;学习组织过程要科学;学习活动评价应有较强的包容性。

而上海市教科院的吕星宇则认为好课的具体标准是没有上限的,只有更好,没有最好。他提出评价好课的具体标准是"为学生的理解而教"。湖北省荆州教育学院的杨必武认为评价一堂课的好坏,主要是看这节课是否激发了学生探究的欲望;是否在不断的问题解决中拓宽了学生的视野,培养了学生的思维能力;是否在浑然一体的教学中实现了"知识与技能"、"过程与方法"、"情感态度与价值观"三者的有机整合。这类标准都比较强调对学习"学"的评价。

好课的标准不仅仅引起我们的专家、学者的探讨,而且受到基层教研员、广大中小学教师的高度关注。

重庆巫山县教研室教研员刘业俭认为:"新课改中好课的标准应该是'实''事''求''是'。'实',就是朴实、扎实、真实的意义,还有老实、本分、厚道的意思;'事',事情的意思,就是师生双方都要有事情做,还指事情的度,即密度、难度、准确度;'求',追求的意思,即追求课堂上的一种精神状态;'是',就是真理、科学、规律、法则、概念,是感悟、认识、理解、创造,是目标。"[①]

河南省修武县实验中学的薛志芳结合工作实际,认为好课应该是实惠课、科学课、特色课、创新课。所谓实惠课,是指不管课程如何改革,一节好课都应该是让学生得到实惠的课,或者是获得了知识、技能,或者是掌握了规律、方法,或者是增进了交流、体验,或者是拓宽了思维、视野,或者是触动了情感、心灵,甚至是提升了人格,改变了人生观、世界观,等等。所谓科学课,是指好课一定有触动师生心弦的精彩之处,一定符合教育教学规律,符合学生的认识规律和心智发展特点,符合学情、班情、校情,甚至是国情。所谓特色课,是指好课应该是因地制宜的课,彰显师生和学校、班级优势的课。所谓创新课,强调的是在新课改的理论和实践背景下,教师要不断求新、求进,自我扬弃,完善自我,超越自我,提升教学艺术,提高教育质量。好课具有动态性和生成性的特点,课堂教学不可能都上成"四课合一"的精品课。拥有"四课"中某一方面的特质就应该被视为好课。教师们应在教学的实践中不断地总结和反思,寻找一种言简意赅、过目不忘、易于记忆和理解的标准。

诸如此类的好课标准还有许许多多,在此不一一赘述。


3. 值得借鉴的有效教学标准

确切地说,好课并不是一个规范性的概念,而是一个描述性的概念,与之相似的概念还有"优质课"、"有效教学"、"优质教学",等等。尽管这些概念的内涵不尽一致,但有很多共同之处。例如,有效教学作为20世纪最具代表性的一种教学理论,受到广泛的关注。何谓有效教学?我国学者高慎英、刘良华提出:凡是能够有效促进学生发展,有效地实现预期的教学结果的教学活动,都可称之为"有效教学"。

美国教育多元化与卓越化研究中心所倡导的"有效教学标准"[②],从五个角度对教学有效性进行探讨,值得我们学习和借鉴。

---

① 刘业俭.好课标准是"实""事""求""是"[J].中国教育学刊,2008(9).
② 谌启标.美国有效教学标准框架及其研究[J].教学与管理,2003(6).

他们提出五个方面的标准,具体如下:

标准1——学习共同体:教师和学生共同参与创造性活动,教师的使命在于构建教师与学生的学习共同体,从而推进学生的学习。教学最确切的内涵在于"提供支持"。学习共同体能够使学生获得语言发展以及价值观形成。学习共同体旨在达成学生学业成就最优化,包括解决实际问题,特别是真实世界的问题。因此,教师必须发展建构这种基本教育能力。教师在构建学习共同体方面的具体指标表现为:① 教师设计需要师生合作参与的教学任务;② 教师必须使得创造性活动与安排的时间相一致;③ 教师编排好班级座位,以满足学生参加个体活动和小组交流合作的需要;④ 教师应该积极参与学生的创造性活动;⑤ 学生分组类型多样化,包括根据学生友谊、综合学习能力、语言、学习目标、兴趣等,以促进师生良好互动;⑥ 教师应与学生共同设计小组活动计划,并实现从一种活动向另一种活动的迁移;⑦ 教师对学生的管理以及教学材料和教学技术的运用应利于师生共同体活动;⑧ 教师应以积极的方式监控和支持学生的合作学习。

标准2——语言发展:通过课程发展学生语言,提高学生的文化素养。在学校日常教育教学活动中,通过语言教学发展学生的学科教学语言是重要的环节。不论是采取双语教学,还是一种语言教学,学生读写算能力是学校成功的基本保证。各种水平的语言发展,包括正式教学、问题解决和学术发展,应该鼓励通过教师和学生之间有目的有计划的对话,而不应该通过句型训练或者没有语言情境的规则强化。阅读和写作应该作为特殊的课程并与相关内容统合。在"语言发展"方面,教师在教学活动中的具体指标是:① 教师应该倾听学生谈论他们熟悉的话题,如家庭和社区;② 教师应该对学生的谈话和提问作出反应,做到不伤害学生;③ 教师应该通过示范、探究、复述、澄清、提问、赞扬等方式帮助学生发展写作和口语;④ 教师应该在尊重学生选择的前提下与学生开展互动;⑤ 通过听、说、读、写活动把学生的语言和学科教学联系在一起;⑥ 鼓励学生运用书面语言表达他们的理解;⑦ 教学活动过程中提供各种机会促进学生与学生、学生与教师的相互交流;⑧ 在教学活动中鼓励学生运用第一、第二语言。

标准3——情境性学习:教学联系学生真正的生活,促进创造性学习的理解。学校教学、课程和技能学习应以学生的个人、家庭和社区生活经验为基础。学校教育教学中学生的知识、技能背景和教育性情境是学生获得新知的基础。学习的理解意味着旧知和新知的联系。教学中增进学生知识的获得需要联系学生的生活世界,包括学生个人的、家庭的和社区的基本生活经验。教师在情境性学习方面的指标包括:① 教师的教学应该以学生已有的家庭、社区和学校经验为基本出发点;② 教师根据学生所熟悉的地方用语和知识,设计有意义的教学活动;③ 通过与学生、家长、社区成员交流以及阅读相关文献了解地方用语和知识;④ 帮助学生将所学运用于家庭和社区;⑤ 教师与学生共同设计以社区为基础的学习活动;⑥ 教师为家长提供机会,参与课堂教学活动;⑦ 教师应开展丰富多彩的活动,包括学生集体合作活动以及学生个体竞争活动;⑧ 教师开展各种形式的交流与参与。

标准4——挑战性教学:教学应具有挑战性,发展学生的认知思维。学生在教育上的失败,特别是英语熟练程度不足,主要是因为缺乏学术上的挑战,学术标准的制定大多假设学生的潜能有限,而且对于学生的学业评价也缺乏真实感,评价工具也不丰富和多样化。挑战性课程和教学必须通过认真设计,从而推动学生的学习。教师在提供真实的挑战性教学任务的同时,也要给予学生必要的帮助。教师在挑战性教学方面的指标包括:① 教师要确保学生对于每一个教学主题都具有整体认知;② 教师对学生的学习成就要建立挑战性标准;③ 教师设计的教学任务要促使学生在复杂水平上的理解;④ 教师要联系学生已有的成功,帮助学生完成更为复杂的水平上的理解;⑤ 教师要与挑战性标准进行比较,对于学生的学习给予直接的、清晰的反馈。

标准5——教育性对话:教师通过对话进行教学,特别是进行教育性对话。对话与理解的教学意在促进学生思维能力的形成、表达和交流思想能力的提高。在教育性对话过程中,教师的主要使命在于倾听,并与学生进行交流,及时调节学生的会话主题。其中,教师把学生已有的知识背景,如家庭社区、学校经验和学校正规教学主题联系起来。进行教育性对话,可以发展学生的语言能力,同时提高学生的语言敏感性,刺激学生迎接学习目标的挑战。教师的"教育性对话"指标包括:① 教师进行课堂组织,定期与学生小组对话交流;② 教师在指导与学生对话的过程中应具有清晰的学术目标;③ 教师应确保学生在对话中有更多的发言机会;④ 教师应指导学生如何对话,包括学生的观点、判断、文字表达以及推理;⑤ 教师根据学生选择,确保所有的学生参与对话;⑥ 教师应认真倾听并评价学生的理解水平;⑦ 在对话中教师通过提问、复述、表扬、鼓励等手段,帮助学生学习;⑧ 教师指导学生完成相关作品,体现教育性对话的达成目标。

### 4. 课堂教学评价标准的发展趋势

尽管关于"什么是好课"、"什么是有效教学"标准的表述各有差异,不同的时代关注的主题也不相同,但在新课程改革理念的指导和影响下,课堂教学评价标准有着如下的发展趋势[①]:

(1)评价对象从关注教师的"教"转向关注学生的"学",从以往侧重教师的教转向面向教学结果的同时考虑教师的教和学生的学;从关注知识的掌握转向关注"知识和能力"、"过程和方法"、"情感态度价值观"的养成。

(2)教学评价既关注教学结果的达成,也关注师生在教学过程中的状态表现。

(3)强调评价标准从单一性走向多元性,从静态性走向生成性。

(4)教学评价的效用主义倾向日渐凸显,开始从关注教学效果转向追求效果和效率的统一。

在有关好课标准的研究和实践中,以下几个方面值得关注:

(1)评价标准要"因地制宜"。课堂教学评价具有很强的情境性,对不同的学科、不同的教学对象,评价的标准应该是不一样的。如不同学科就应该有学科的特色,语文课就应该有语文课的味道,数学课就应该有数学课的特点,不是每门学科都可以上成"大杂烩"的。以语文学科为例,

---

① 林清华,何恩基.什么是一堂好课?——课堂教学评价标准研究述评[J].中小学管理,2004(6).

著名特级教师王崧舟认为：一堂好的语文课得有"三味"——语文味、人情味、书卷味。其中最根本的是语文味。王老师说，语文课最大的悲哀是语文本体的淡化和失落，不少语文课总是喜欢"红杏出墙"、"为人作嫁"，什么是语文味，就是守住语文本体的"一亩三分地"。的确，我们不难发现，课堂教学越来越"花哨"，不少已然丧失了本味。即便这些花枝招展的课堂为学生所喜欢，但对培养学生本学科的素养却无多大益处。学科教学需要拓宽渠道，鼓励综合化，但万不可本末倒置，成了披着"羊"皮的"狼"。守住了学科本身的"一亩三分地"，上出本味——"我"就是"我"。上出特色——这就是"我"，我们才能说这是一堂××课，这是一堂精彩的××课。

从这个意义上来讲，好课的标准只是给我们的教学评价工作提供了一个参考框架，绝不能将其教条化、绝对化。

（2）评价标准的表述要规范、科学。很多学校使用的课堂教学评价标准都存在模糊性和随意性的问题，表现为一些评价标准过于模糊。例如，很多人将"师生有效互动"作为评价一堂好课的标准之一，但是"有效互动"是一个模糊的概念，不同的人，理解是不同的，所以它会给评价工作带来一定的困难。还有一些标准缺乏实证支持：一些标准的提出要么是借鉴国外的成果，要么是某位专家或领导的讲话，这种标准就是随意性的表现，既导致评价标准的混乱，也影响了评价的有效性。

（3）对国外教学评价理论的借鉴要考虑我国文化传统和教育实际，不可盲目地照搬照抄。国外一些先进的教学理念和实践做法确实对加快我国的教育改革与发展有着良好的促进作用，但正如"世间没有包治百病的良药"一样，国外研究中取得的成果和先进经验未必就全然适合我们，在学习借鉴的过程中，务必要考虑我国的文化传统和教育实情。


**二、课堂教学评价的基本理念**


到如今，我们还是很难给好课下一个令人信服的定义，也难以给出准确的标准描述。我们关于课堂教学的认识也是一个不断发展的过程，基础课程改革的理念也不是最终的真理或真理的终结。或许好课只是一种教学的境界和追求，是一个相对的概念，只有更好，没有最好；或许好课存在于每位教师的内心，写在学生们兴奋与渴望的脸上，它将随着岁月的流逝而逐渐成长。

在现代评价理念中，有几个方面在课程改革中格外得到重视，在课堂教学评价中还应得到进一步的关注和落实：


1. 坚持发展性评价

传统的教学评价，属于行政管理和控制性评价，目的在于对教师进行考核和分等，指标是高度标准化的，内容是单维度的，它与发展性教学评价有很大的差异（见表5-1①）。

---

① 黄甫全.现代课程与教学论（第2版）[M].北京：人民教育出版社.2011，p482.

表 5 - 1

| 传统教学评价 | 类型特征 | 发展型教学评价 |
|---|---|---|
| 行政性、控制性评价 | 评价类型 | 教育性评价 |
| 对教师进行考核、分等 | 评价目的 | 促进教师专业发展 |
| 高度标准化 | 评价指标 | 具有层次性、区别性 |
| 单维度：教师乃教育者 | 评价内容 | 多维度：教师乃教育者、学习者和创造者 |
| 面向过去，侧重回顾 | 评价方向 | 面向未来、注重发展 |
| 靠外在行政压力 | 评价动力 | 靠激励内在动机 |
| 终结性、静态评价 | 评价过程 | 形成性、动态评价 |
| 自上而下，他评为主 | 评价主体 | 自评、他评结合 |
| 统一步骤，统一量表 | 评价方法 | 面谈为主，相互交流 |
| 量化评价为主 | 评价手段 | 质性评价、量化评价相结合 |
| 结论：概括性，与奖惩挂钩 | 评价结果 | 结论：分析性，反馈改善，促进发展 |

课堂教学评价作为教学评价中的一个重要组成部分，一直深受传统教学评价理念的影响。随着基础教育改革的深入推进，尤其是评价理念的转变，课堂教学评价的理念也发生了一些根本性的变化。发展性的课堂教学评价，其最大特点是以人为本，面向教师和学生的未来发展，尊重教师与学生的主体地位和人格。一方面通过评价激发教师的主体精神，促使每位教师反思和改进自己的教学，获得成长；另一方面强调让学生有所发展，包括知识的增加、能力的增加、体验的丰富，或者情感的领悟等。

发展性评价理念的落实将引发各个教学环节的变革，首当其冲的是教师教学行为的变化。发展性要贯穿于整个教学，首先体现在教学目标上，也就是说，教师在制定教学目标前要先了解学情，主要是学生对要学内容的掌握程度。在此基础上制定的教学目标才能让学生通过这堂课切实获得一定的进步和发展。有相当一部分教师在设定教学目标时照搬教参，其实教参中设定的目标只是反映了教材的意图，它面对的是学生这一总体，不一定完全适合具体的某个学校、某个班级或者某部分学生。因此，教师在设定教学目标时要根据所教班级学生的实际加以调整。其次，发展性要体现在教学过程中，这就要求教师在教学过程中要注意运用启发式教学，通过"启"而引导学生的"发"展。具体体现在教师对教材的使用、教学手段的运用、教学结构的设计、教学活动的组织等方面都要有利于启发学生思考，重视教学的生成性，对教学过程中生成的知识、能力或者产生的问题，只要是与教学目标有关的，都要及时抓住，加以启发引导，促进学生的发展。一堂好课的关键不在于课堂上把所有的问题都解决了，而是应该引发学生在解决原有困惑、获得新的发展后又生出新的问题、困惑，从而产生探究新问题的欲望。最后，发展性也体现在教学即时效果上，即一堂课上完后，学生的知识有没有增加、能力有没有提高、方法有没有掌握、情感体验有没有深刻、价值观有没有得到进一步的启迪等。当然，除了知识的增长比较容易反映外，其他方面的发展不是一堂课就能得到完全的体现的。

新的课程评价理念要求我们，在进行课堂教学评价时，一定要本着为师生共同发展服务的原则,既要关注教师对课堂教学目标的确立和对教学过程的优化等情况,又要关心学生学习的质量和效果。

### 2. 坚持以学论教

传统的课堂教学评价视角多是以教师为中心的"以教论教",其评价结果成为评判教师课堂教学水平高低的依据,这往往使得作为教学活动主体的学生被忽视或者成为教学的道具和陪衬。"以学论教"是现代课堂教学评价的指导思想,它将"以学生发展为中心"的理念贯穿于课堂教学全过程,重视学生主体作用的发挥。

"以学论教"的教学评价强调以学生在课堂学习中呈现出的状态为参照来评价课堂教学的质量。这一全新的教学评价理念关注学生是怎么学习的,包括学生在课堂中自主学习、同伴合作的行为表现、参与热情、情感体验和探究、思考过程,等等,通过了解学生在课堂教学活动中如何交流、合作、思考、获得结论来评价课堂教学的成败。即便我们的课堂教学评价仍然关注着教师的行为,其本质也是关注教师如何激励、促进学生的学习。比如关注教师是如何组织并促进学生的对话的,教师是如何评价和激励学生自我评价和相互评价的,教师是如何激发学生的学习热情和探究问题的兴趣的,等等,以此来评价教师课堂行为表现对学生"学"的价值。

"以学论教"中的"学",一是指学生能否学得轻松,学得自主,主要包括课堂中学生学习的情绪状态、交往状态;二是指学生会不会学,有没有学会,主要以指课堂教学的思维状态、目标达成状态。"论教"主要以课堂的四大状态来评价课堂教学效果,包括情绪、交往、思维、目标达成状态。对课堂教学效果的评价,一是看师生是否保持良好的情绪状态和交往状态;二是看学生的思维状态是否被激活,教师有没有对学生形成积极的认知干预;三是看课堂教学目标的达成状态如何,通过课堂教学,学生有没有不同程度、不同方面的收获。

以学论教的评价理念将促使评课活动走向新的局面,尤其是关于课堂教学质量好坏的评价①:

第一,"中评不中用"的课不是好课。如果根据评课的指标,用一一对应的方式去评价某堂课,可以罗列出许多优点,也许这是一堂好课。诸如:"教学目标明确"、"结构安排合理"、"提问精简恰当"、"板书美观合理"、"教态亲切自然",整堂课似乎无可非议。但如果换个角度审视,却可能并不是一堂真正意义上的好课。我们试加细细思量:这堂课的最终目标是什么?学生在这堂课上究竟学到了什么?由此,我们不难发现,课堂上的许多环节是为迎合听课人、评课人的口味而设计的,很大程度上只是"作秀",学生的学习效果并不理想。这样的课在优质课评比中尤为常见。但如果这一切美丽的表象下,没有学生的主动学习或者学无所获,那么它就是"中评不中用"的课。即使表象再好,也称不上是真正意义上的好课。

---

① 凌伟珍."以学论教"是新课程课堂教学的评价标准[J]. 现代中小学教育,2007(5).

第二,"教师唱主角"的课不是好课。在诸多教学观摩活动中,教师为了充分显示自己的"教学能力",往往自己唱"主角",让学生当"配角",自己做"太阳",学生做"月亮",在课时结束时还不忘来上一句"谢谢同学们的配合"。在这样的课堂教学中,学生的"学"仅仅是为了配合教师的"教"。学生在课堂上扮演配合教师完成教学任务的角色,教师希望的是学生按他的教学设计作出应答,教师也确实在努力地诱导学生得出预定的答案。新课程对于教学目标的阐述是非常明确的,即"以学论教"、"以学定教"。因此,"教师唱主角的课,即使教师表演得再精彩,也称不上是真正意义上的好课"。

第三,"只达到认知目标"的课也不一定是好课。听课中发现,有的教师把完成认知性任务当成课堂教学的中心,其反映就是,在教学目标的设定中最具体的便是认知性目标。自然,由此导致的结果往往是课堂教学中只关注知识的有效传递,见"书"不见"人","人"围着"书"转。正如苏霍姆林斯基所描述的那样:"教师使出教育学上所有的巧妙方法,使自己的教学变得尽可能地容易掌握,然后再将所有的东西要求学生记住。这种忽视学生主体、只重视知识移植的课堂教学是对学生智力资源的最大浪费。"所以说,课堂教学应当是面对完整的人的教育,仅仅达到认知目标的课称不上是真正意义上的好课。


3. 倡导评价的多元化

新一轮课程改革倡导"立足过程,促进发展"的课程评价,强调建立促进学生全面发展、教师不断提高和课程不断发展的评价体系。评价的出发点和最终目的只有两个字——发展,包括学生、教师、课程等的发展,评价内容、评价主体、评价方式等各个方面也都在朝着综合化、多元化的方向发展。课堂教学评价,作为评价体系中极重要的一脉,亦是如此。

(1)评课内容的多维化

以往的课堂教学评价,存在"以教学为主,学为教服务"的倾向,其关注点更多是集中在教师方面。新课程指出,教育的根本目的是为了每一个学生的发展。课堂教学也不例外,关注学生在课堂上的表现理应成为课堂教学评价的主要内容。显然,课堂教学评价要从关注"教师"转向关注"学生",把更多的目光聚焦在学生的身上,关注学生的发展状况。评课内容也就要改变过去仅仅从教师教的维度来评价的局面,把学生"如何学、学得如何"作为评课的重要内容。在课堂教学评价过程中,既要关心学生学习的结果,更要关心学生在课堂教学过程中的学习过程及其表现。

当然,评课时全面衡量和关注学生在学习过程中的表现,促进学生的个性发展,也绝不能忽视教师的存在,还是需要关注教师的。对教师的关注应更集中于教师是如何促进学生学习、引导学生健康发展的。我们会有这样的感受,在某些特级教师的课上,师生互动极其融洽,甚至感觉学生一直在围着教师转,但总是那么和谐。教师没有专权独断,学生都得到了主动发展,教师的风采也得到了淋漓尽致的展现,表现出了极大的魅力。也许,正是这种魅力吸引着学生,让学生不由自主地投入。

（2）评课视角的多维化

评课有着许多不同的视角，这些视角并非指见仁见智的主观意见的不同，而是指客观的视角差异，例如哲学视角、教育视角、学科视角、社会学视角、信息论视角、系统论视角、教学论视角，等等。不同的评课视角，评课意见往往有所区别，各种不同的评论都具有共同的服务目的：通过评课对教师有所帮助。所以多维化的评课视角能帮助我们打开思路，丰富对课堂教学的认识。

**案 例**

## 评课的多重视角①

1. 哲学视角。这种角度的评课，特别关注教和学的关系以及人和文本的关系，尤其关注教学主体的体现。教师的教学主体作用有没有得到很好的发挥，教师有没有充分尽到本身的角色责任，学生的学习主体地位有没有得到充分保证，教学方案是否符合特定对象、特定时间、特定环境等具体情况，是衡量的主要因素。在人和学习内容的关系上，既强调教师和学生的主观能动性，同时又强调对课程和教学内容的客观尊重。

2. 教育视角。这种角度的评课，更多的是把教学作为教育的一个部分、一种形式来看待，特别关注教学对学生成长的影响。常常把学科教学放在相对次要的位置，而首先关注的是教育问题，更多的是从"人"的角度去观照语文教学，"生命"、"人格"、"性格"、"心理"等是常见的关键词。即使对学科教学的评价，也是从"育人"的角度加以考量，更多的是关注教学的行为方式是否遵循了教育规律。

3. 学科视角。这种角度的评课，最为关注的是学科地位的保证，学科特征的体现，学科价值的实现，学科内容的选择和呈现。教学活动是否指向学生语文素养的提高这样的学科目标，是否是语文学科特定的活动方式是评价的主要依据。语文学科知识是否成为教学的主要内容，学科知识的学习是否符合学科学习规律，教学方法和手段是否利于学科内容的学习等，是最为关注的因素。

4. 社会学视角。这种角度的评课，更多的是把课堂看作一个社会，把教学行为看作人与人交往的一种特殊方式，对教学过程中的师生交往和学生之间的交往尤为关注。学习活动的组织是否有效，学习任务的分工是否合理明确，学生个体的学习权利是否得到充分尊重，学习地位是否得到充分保证，学习群体的学习优势是否得到充分发挥，师生关系是否和谐等，是这个角度课堂评价的主要指标。

5. 信息论视角。这种评课的角度，其着眼点主要是课堂教学信息交流有效容量和信息的传递方式。所关注的主要是：课堂信息的总体容量是否饱满、是否充足，信息的交流是否

---

① 黄厚江. 评课的多重视角及策略选择［J］. 语文教学通讯，2011(1).

畅通,交流方式是否简洁高效;教师和学生之间的信息交流量是否对称,交流方式是否适当,无效信息是否得到有效控制;学生之间的信息交流是否得到充分利用,教学的生成是否得到保证、是否合理自然。

6. 系统论视角。这种评课的角度,把课堂看成一个相对独立的系统,从系统优化的角度对课堂进行评价。特别关注各个部分之间是否形成一个合理的系统,局部和整体之间的关系是否统一,是否实现了整体的效益大于各部分效益之和。同时也特别关注课堂教学的流程是否科学合理,各个教学环节本身是否具有实际意义,环节之间的关系是否互相依存、相得益彰,环节的安排是否经济简约,各个教学环节是否围绕目标建立了一个合理的逻辑结构。

7. 教学论视角。这种角度的评课,尤其关注教什么和怎么教两个核心要素。首先关注教学内容和教学目标的选择是否明确、是否必要、是否恰当;其次关注教学过程的展开是否围绕教学目标,教学方法和教学手段的选择是否指向目标,是否契合特定的教材、具体的内容、特定的对象和具体的环境等教学实际。

......

【评析】 上述几类评课视角不是全面的概括,分类上也不十分严谨,但这样描述的罗列,一方面使大家对评课角度的丰富性有所了解,能够全面地分析评价一节课;另一方面也利于我们正确对待种种不同的评课意见,而不会轻易否定和排斥其他不同视角的观点。

(3) 参与评课主体的多元化

评价主体的多元化是指参与评价活动的人除了教师外,还包括专职的评价机构、学校管理人员、教研员、同行、学生、学生家长,以及学校以外的其他有关人员。《基础教育改革纲要》中就明确指出:"建立促进教师不断提高的评价体系。强调教师对自己教学行为的分析与反思,建立以教师自评为主,校长、教师、学生、家长共同参与的评价制度,使教师从多种渠道获得信息,不断提高教学水平。"

在我们的评课活动中,专家、同行的评价比较常见,而执教者自评、学生以及家长的评价则关注得比较少,也是值得我们进一步研究的内容。下面我们就重点谈谈这三个方面。

第一,鼓励执教者自评。

在评课过程中,执教者除了要阐明自己的教学意图之外,还应该对自己的授课情况进行一个简要的自我评价。执教者本人对该授课内容进行了较为深刻、系统的研究,对教学的过程有了较为全面的设计和安排,而在实际的课堂教学中发生了各种各样的情形,与之前的预想有着怎样的变化? 对于这一切,只有执教教师本身体会最为深刻,所以从预设和生成的角度来进行自我评课,无疑是更全面评课的有效途径之一。

第二,鼓励学生参与听评课,提高学生评价能力。

苏联著名教育家苏霍姆林斯基曾这样说:"人的内心有一种根深蒂固的需要——希望自己成为发现者、研究者、探索者。在儿童的精神世界里,这种需要特别强烈。而让学生参与教研活动恰能满足学生作为发现者、研究者、探索者的精神需要。"让学生参与听评课活动,不但不会影响课堂学习的效果,反而能激发参与、发现、研究的热情,促进学生的学习。

此次基础教育课程改革的核心理念是"以学生的发展为本",它强调学生是教学服务的对象,是学习的主体。这一理念不仅要体现在教学目标、教学过程上,更应体现在教学评价上。教师教学效果的优劣是通过学生表现出来的,因此,教师的一堂课究竟上得如何,学生最有发言权。应重视并给予学生评课的权利。虽然学生的评价信息带有其年龄阶段的一般特性和个体主观性,但对改善教学工作却是不可缺少的。在具体实践过程中,教师可以通过问卷调查、与学生面对面交谈等方式,让学生参与课堂教学的评价,征求学生对课堂教学活动的意见,这有利于教师摸清学生的学习习惯、学习态度、学习兴趣,知识基础、智力水平,以及身心发展特点等实际情况,从而立足学生实际,合理把握教学进度及重难点,不断调整教学设计、教学策略、教学手段的选择与运用,不断改进学生在课堂上合作、互动、探究等活动的组织方式,使课堂教学更加符合学生的需要和发展实际,进而提高课堂教学的有效性。另外,教师主动征求学生对课堂的意见,善于倾听学生对课堂的反应,这本身就是对学生的尊重,是以学生发展为本的具体体现,且对于融洽师生关系、构建和谐课堂具有积极的作用。

学生参与评课的方式,可以在教师授课结束后直接让学生谈谈课堂中教师留给他们的印象,谈谈他们参与学习的感受与收获,发表自己对于教师上好这一堂课的想法和要求,也可以设计表格让学生通过书面形式参与评课。

例如,美国格兰特·威金斯(Grant Wiggins)所设计的调查表[①],就从学生的角度提供了有关教师课堂教学各个方面的信息,可以供我们参考学习、改造借鉴。

**学生调查**

| | | 在课堂上,我感到 |
|---|---|---|
| 受重视的 | 1  2  3  4  5 | 被忽视的 |
| 舒服的 | 1  2  3  4  5 | 不舒服的 |
| 被课文深深吸引的 | 1  2  3  4  5 | 焦虑不安,厌倦的 |
| 是团体的一员 | 1  2  3  4  5 | 孤单的 |
| 对自我感觉良好 | 1  2  3  4  5 | 对自我表现感觉很差 |
| 确定自己的立场 | 1  2  3  4  5 | 不确定自己的立场 |

---

① [美] Grant Wiggins 著,国家基础教育课程改革"促进教师发展与学生成长的评价研究"项目组译. 教育性评价[M]. 北京:中国轻工业出版社. 2005,p263.

| 教师(已经)是: | | |
|---|---|---|
| 准备好的 | 1　2　3　4　5 | 未准备好的 |
| 公平的 | 1　2　3　4　5 | 不公平的 |
| 有帮助的 | 1　2　3　4　5 | 没有帮助的 |
| 精心组织的 | 1　2　3　4　5 | 缺乏组织的 |
| 明确目标的 | 1　2　3　4　5 | 未明确目标的 |
| 对我的需要敏感的 | 1　2　3　4　5 | 不顾及我的需要的 |
| 全身心投入的 | 1　2　3　4　5 | 看上去厌倦的 |
| 知识渊博的 | 1　2　3　4　5 | 对该课题不精通的 |
| 能够使难点变得易于理解且生动有趣的 | 1　2　3　4　5 | 难以理解的 |
| 我们的表现基本上是 | | |
| 思维活跃的 | 1　2　3　4　5 | 呆滞的 |
| 能有效促进我的学习的 | 1　2　3　4　5 | 不能促进我的学习的 |
| 太快的 | 1　2　3　4　5 | 太慢的 |
| 太简单的 | 1　2　3　4　5 | 太难的 |
| 毫无进展的 | 1　2　3　4　5 | 不可预知的 |
| 太抽象的 | 1　2　3　4　5 | 过于简单化的 |
| 太少 | 1　2　3　4　5 | 太多 |

第三,积极创造条件,动员家长参与听评课活动。

随着社会的发展和进步,人们对教育的需求,无论是质量上,还是数量上,都比以往任何时候要强烈。家长作为学生的父母和教育的投资者之一,对学生在校的受教育情况十分关心,对教师的威望、教学水平也多有关注,并由此作出自己的价值判断。那么,把家长请进课堂一起参与听评课,就能够在一定程度上满足家长对教育的需求,使家长真实地了解教师的教学情况,避免因不熟悉情况而造成对教师的误解。

家长参加评教是新课程理念下的一个重要举措,可也有部分学校管理者和教师认为,家长无论是在教育理论与方法方面,还是在教育评价的理论与操作方面,水平都比较低,无力参与学校教育活动,无力对教师的教学作出合理评价,因此对家长参与听评课的活动持消极态度。但是,不可否认的一点是,家长并不是没有任何教育背景和教育经历的人,相反他们的职业、经历、知识、经验、兴趣、思维方式都不尽相同,让家长走进课堂,参与听评课,可以拓宽评价的空间,从家长那里学习教师自己不清楚的东西,分享家庭教育的成功经验,听取家长对自己教学上的意见和建议,加强教学反思,从而改进教学。因此,如何利用家长的力量促进教学水平的提高,并推动教育教学的改革,是值得我们研究的一个问题。

在具体实践过程中,"家长开放日"是家长参与听评课的主要方式与途径。在家长开放日里,学校和教师要尽量组织多样化的活动,提供多样化的机会给家长选择:家长可以进入课堂听课,可以参观学校的校情展览,可以向外请专家或本校教师进行单独咨询,还可以和自己孩子的小伙伴交谈。在进行听评课活动前,教师应首先向来听课的家长简要介绍本堂课的设计思路,尤其是指导这堂课的教学理念,使家长对教师的教学观念、教学行为以及教学安排有一个清楚、深入的认识。家长对新的教育理念的了解,也有利于家长在家庭教育中有效地应用。其次,教师进行四十分钟的课堂教学,其间为了增加家长对教学的体验,也可以让家长参与教学环节,可以让家长和学生一起探究某个问题。最后,听课结束后,家长根据手中的"教学开放日"家长评课表,对本节课教师的教学、孩子的学习状况,以及听课后的启示展开客观、公正的评价。

## 案 例

### 嘉峪关路小学"教学开放日"家长评课表[1]

尊敬的家长朋友:

　　您好!

　　欢迎您在百忙之中抽空参加我校的"家长开放日"活动,请您在听课结束后认真填写下表,在所选的项目框内打"√",并对教师和学校的教育教学提出最真挚的意见和建议。感谢您的参与!

| 题　目 | 选　项 | 备　注 |
|---|---|---|
| 教师教态 | 自然亲切□　较自然□　一般□ | |
| 教师的课堂用语 | 简洁明确□　较简洁明确□　不够简洁□ | |
| 学生小组合作学习 | 有序有效□　较有序有效□　不够有序□ | |
| 教学思路、条理 | 非常清晰□　较清晰□　不够清晰□ | |
| 师生对话与互动 | 非常好□　较好□　不够□ | |
| 学生自主活动与操练 | 非常充分□　较充分□　不够充分□ | |
| 您对任课教师的教学有何建议? | | |
| 您对学生的课堂表现作何评价? 对学生参与课堂教学活动有何建议? | | |
| 您对学校的教学管理或班级管理有何建议? | | |

---

[1] 牛筱琼.多元评价主体参与听评课的认识与实践[J].西北成人教育学报,2012(2).

总之,多元评价主体参与听评课就是将教师、学生、专家、家长等多个参与听评课活动的评价者引入课堂教学,依照他们在听评课活动中所处身份和目的的不同,从不同的角度探究课堂,发现问题,并通过对话、讨论等交流方式,帮助教师分析原因,提出相应的改进建议,以帮助教师全方位地审视教学,提高教育教学能力。

（4）评价方式的多样化

随着网络技术的发展,评课的形式也日益多样起来,除了面对面的直接的口头评课方式、以纸笔为媒介的书面评课方式,还出现了以现代媒体为依托的"QQ"、"博客"、"论坛"等新的评课方式。这种全新的评课方式借助了网络平台,在一种更为灵活开放、自由平等的情境中,突破传统评课的羁绊和束缚,创造了集体反思和个人反思的新环境。

我们知道 QQ、博客、论坛等都是近些年来网络交流的新手段,它们的出现为评课活动提供了新的途径和平台。在"QQ 连线"平台里,可以一对一地备课、评课、质疑问难;在教研组的 QQ 群里、评课论坛里,可以多人互动,教研活动不再受到时间、空间的限制,教师间平等交流,互通有无。对于教研活动的组织管理者而言,这种新颖的方式能解决空间上、时间上、组织上的一些困难和障碍,使评课时空得到延伸,活动参与面得到拓宽,活动效率得到提高。对于授课者而言,这样的方式能使其获得更多宝贵的教学建议和资源,更好地反思自己的课堂。

传统的评课,受到时间、空间的限制,每次评课只能点到为止,或者是少数几个人发言。在一些大型公开课上,一般的教师更是没有发言的机会。这样的评课交互面小,意见难以得到充分的表达。同时,面对面的方式往往让教师抹不开情面,对不足的方面提得较少,甚至不提。在网络环境下,交流的密度高,交互面广,既能突破时空限制,又能给评课者充分思考的余地,所发表的评课意见质量更高,是值得进一步探索的评课新方式。

### 三、评课内容的构建

正如"教无定法"一样,"评亦无定法",评课也无法用条条框框的标准去准确量化。我们对评课内容体系的构建,是一种理想化的课堂追求,目的是引领教师的课堂教学活动发展。

评课可以从以下几个方面着手:

#### 1. 评教学目标

新课程倡导"以学生发展为本"的理念,在教学目标体系上,由"知识与技能、过程与方法、情感态度与价值观"三个维度组成。教学目标是教学的出发点和归宿,它的正确制定与达成是我们进行评课的重要内容。为此,可从以下几个方面来评价:

（1）教学目标是否注重了整体性

有人将课堂教学比喻为一个等边三角形,知识与技能、过程与方法、情感态度与价值观就恰好是这个等边三角形的三个顶点,任何一个顶点得不到重视,这个三角形就会失去平衡。这个比喻无疑是恰当的,形象地表现了三维目标之间相互依赖的关系,反映了这三个目标的不可分割性。"三维目标"是对传统"双基论"的一种超越,体现了崭新的学力观。"第一维目标(知识与技能)意指人类生存所不可或缺的核心知识和基本技能;第二维目标(过程与方法)的'过程'意指应答性学习环境与交往体验,'方法'指基本学习方式和生活方式;第三维目标(情感态度与价值观)意指学习兴趣、学习态度、人生态度以及个人价值与社会价值的统一。在学校教学中,既不能离开了过程与方法、情感态度与价值观去求得知识与技能,也不能离开了知识与技能去空讲过程与方法、情感态度与价值观的发展。"①

"三维目标"是一个整体,不可分割。它要求教师"要有目标意识,要清楚地知道课是为什么而'活'。只有当过程的'活'是为了更好地实现目标时,这种'活'才有意义,否则只是一种'课堂秀',而不是课堂教学,结果'课堂热热闹闹,学生头脑空空'"。② 因此,教师在对教学目标进行设计时要注重三维目标的整体性。评课时,则要看教师是否有全局性的、整体性的观念,是否对三维目标进行了整体思考。值得注意的是,这并不意味着教师必须一一对应地照搬上位目标的格式,每堂课都按三个维度来陈述,而是应该把它当作思考教学目标的一条重要原则,然后根据具体的内容、学生与情境来确定目标的重点。

(2)教学目标是否体现了层次性

任何一门学科体系中,不同的内容所处的地位和作用是不同的。对于学科重点和核心内容的教学,不可能在一节课或者一个单元的教学中完成,这就需要教师对教学内容的目标层次进行系统的规划和安排。新课程标准中的三维目标都有 ABC 三个等级,如:知识与技能类的三个学习水平分别表示"知道/初步学会、理解/学会、掌握/设计";过程与方法类的三个学习水平分别表示"感受、认识、应用";情感态度与价值观类的三个学习水平分别是"体验、感悟、形成"。评课时要看教师对于授课内容是否有明确的理解,是否把其转化为具体的、可操作的教学目标,使教学目标具有层次性。

(3)教学目标的制定是否关注了差异性

学生之间的个体差异是客观存在的,尤其是在义务教育阶段实行就近入学和随班就读的政策下,同一班级的学生之间的差异可能是突出的。不同的学生对同一问题的理解角度是不一样的,即便是有相同的角度,不同的学生理解的深度也是不一样的,而我们的课堂教学中又必须有一个统一的教学目标来指导教学活动的正常进行。因此,评课时就要考察教师是否关注了教学目标的差异性,主要表现为教师在教学活动中是否照顾了学生的个体差异,对不同水平的学生在课堂提问、指导上是否有所侧重,是否能让不同层次的学生都有获取知识、获得成功的体验。

---

① 钟启泉. 三维目标论[J]. 教育研究,2011(9).
② 崔允漷. 教学目标——不该被遗忘的教学起点[J]. 人民教育,2004(13-14).

（4）教学目标的表述是否准确规范

教学目标是对教学要求的具体化、过程化，明确具体的教学目标有助于教师有效地组织教学，有利于对教学效果作出适当的评价，同时也更有利于学生明确学习目标，激发学习热情。因此，对课堂教学目标的评价要考虑其表述是否准确规范。

关于目标表述的规范至今也没有公认的、统一的标准，但是准确规范的教学目标表述必须符合一定的要求。对此，崔允漷教授给出了明确的说明：① 目标指向是学生通过学习之后预期的结果，因此行为主体必须是学生，而不是教师；② 目标的表述主要是为了便于后续的评价行为，因此行为动词尽可能要清晰、可把握，而不能含糊其辞，否则无法规定教学的正确方向；③ 有时单靠行为动词无法将目标清晰地表达出来，因此需要一些附加的限制条件，如学习情境、工具、时间、空间等的规定；④ 目标指向全体学生而不是个体学生，同时也是为了便于评价，因此目标的表述总是最低要求，而不是最高要求。它只是说明目标所指向的这一群学生最起码要达到的标准，不代表所有学生真正获得的教育结果，前者只是后者的一个部分。


2. 评教材处理

教材是课程内容极为重要的载体，是一部分课程内容的物化形态。教材最具代表性的就是教科书。传统的课堂教学将教科书当作课堂教学的根本，教学就是从课本出发，最后又回到课本；教学就是教学生学课本，就是理解教科书，记诵教科书。

而新课程强调，教材只是一个范例，一个话题，一个提示，它期待着教师对它进行再创造。教材不仅是作为知识的载体来供教师讲授的，还是教师引发学生活动的工具，是学生开展活动时可资利用的资源。"教材作为一种普遍使用的文本，虽然其中融入了儿童的经验，但就每一本教材所包含的内容来说，它提出的话题、范例决不能涵盖我们所面对的每一班级每一个别儿童的生活经验。"[①]也就是说没有普遍适用的教材。因为我们的教学面对的是学生，是千差万别的学生，只有了解了学生不同的需要，不同的认知现状，教师才能根据自己的风格、根据自己对学生的预计，对教材进行还原、解读、重新建构，这就是我们常说的教材处理。

"教材处理是教师把教学内容加工转化成教学实践的一种再创造的活动，是教师驾驭教材能力的集中表现。"[②]因此，评价教师对教材的处理也是我们进行课堂教学评价的重要内容，可从以下几个角度进行考量：

（1）教材处理是否符合课程标准的要求

课程标准是根据课程计划来确定学生预期的学习结果的，是教材编写、教学、评估和考试命题的依据，也是课程管理和评价的基础。评价教师对教材的处理，首先就要看其能否把握教材编

---

① 鲁洁：回归生活——"品德与生活""品德与社会"课程与教材探寻[J]. 课程·教材·教法，2003(9).
② 顾志跃. 如何评课[M]. 上海：华东师范大学出版社. 2009，p11.

写的意图,并找准课程标准与教材、学生之间的连接,依据社会、学校、学生的实际情况对教材内容进行增减、更换、重组或整合。

（2）教材处理是否有利于教学目标的达成

教学目标是教材处理的一个依据,使课堂教学"教有方向,学有目标"。在教材的处理中能否突出重点、难点,形成一个主次有序、张弛有度的内容结构应是评价课堂教学的一个指标。

（3）教材处理是否充分考虑学生的实际

一堂好课的关键是学生能否成为学习的主体、课堂的主宰,所以根据学生的实际情况来进行教材的处理,应该是我们评课的重要立场。

首先,看教师是否根据学生现有的知识经验、能力水平、认知特点、兴趣爱好、学习风格等方面的基本情况对教材进行处理。其次,要从学生的生活经验出发来处理教材,也就是说,教师在处理教材时,要善于从学生较为熟悉的社会生活或日常学习中寻找课程资源,增加课程与现实生活和学生经验之间的有效联系,尽可能地拉近教材与学生生活的距离。

如果教师能在教材处理过程中充分考虑学生的实际,做出妥善的设计,在课堂教学中就能看到教师能将新授知识或者问题设置在学生学习的"最近发展区",恰当地拉近教材与学生生活的距离,使学生对课堂教学产生兴趣。


3. 评教法学法

教学方法是在教学过程中教师和学生为实现教学目标、完成教学任务而采取的教与学相互作用的活动方式的总称,它包括教师的教法和学生的学法。所以,对教学方法的评价也包括两个方面:

（1）教师教法选择与运用是否恰当

常言道:"教学有法,但无定法,贵在得法。"教学活动的复杂性决定了教学方法的多样性。在教学中,有以语言信息传递为主的讲授法、谈话法、讨论法;以直接感知为主的演示法、参观法;以实际训练为主的练习法、实验法等,它们各具特点,适用范围各有不同。在教学实践中,教师只有恰如其分地选定适合不同教学内容、教学情境的教学方法,才能取得最佳的教学效果。

评课过程中对教师教法的评价主要是看教师是否能根据具体的教学目的和任务、学科和教材的特点、学生的年龄特征、知识水平和班级特点、学校的环境和设备条件、教师本身的教学风格和特长等因素来选择教法,在运用的过程中能否使方法与内容有机地结合,灵活地变换和调整,以及教师选择运用的方法和手段能否激发起学生对学习的兴趣,并引导学生主动思考。

（2）教师是否有学法指导的意识和表现

我国著名教育家陶行知先生曾经说过:"好的先生不是教书,不是教学生,乃是教学生学。"所以,教师的责任不仅在于传授知识,更重要的是让学生学会学习。正如我们常说的"授人以鱼,不如授人以渔",教师的"教"都是为了达到"不教"。为此,教师在教学过程中注重对学生学法的指导是我们评课的一个重要方面。

学法指导指的是教师在教学过程中有意识地教给学生关于思维的方法、学习的方法,帮助学生掌握普遍适用或者适合某一学科、领域学习的方法。学法指导要渗透在课堂教学中,而不能脱离学习情境来进行说教式的学法分析和讲授。因此,评课时要看教师能否根据教材内容和学生实际,适时地进行学法的指导,在教学活动中引导学生对科学学习方法的掌握,以提高学习的效率和质量。例如,新课改中提倡学生自主学习,部分教师注意到了要给学生自主学习的机会,却忽略了教给学生自主学习的方法,以至于学生在完成自主学习任务时无从下手,或者由父母包办代替,这样达不到自主学习的目的,还影响了学生自主学习的积极性。

在评课中可以从哪些角度来看教师是否对学生学法进行了指导呢?一是看教师是否有渗透学法指导的意识。如果教师有课前预习、课后复习的一般方法和步骤的指导,课堂教学的进行就比较顺利;对于学生已经掌握的知识,教师如何组织学生复述,能否给予学生表达的机会;对于需要记忆的内容,教师是否有意识地交给学生记忆的方法;对于学生自学能看懂的内容,教师是否鼓励学生自学,等等。二是看教师是否将学法指导显性化,这主要体现在教师在教学设计中能否根据教学内容的重难点和学生实际,确定本堂课上所要指导的学法内容,并对学法有理性的认识和指导步骤的规划,以有利于学生形成整体的学法结构。三是方法指导是否适时、多样。任何一门学科的课堂教学都有其需要完成的任务,学法的指导也要适时、合理地安排时间,不能全然不顾其他而成了学习方法指导课。学法指导的方式也有很多,可以是教师的引导、启发,可以是教师的示范、提示,还可以是教师指导学生来归纳、概括。教师可根据学生对学习方法掌握情况的不同,采用不同的指导方式。

实际上,无论是对教师教法,还是对指导学生学法的评价,我们都遵循并突出一条基本原则,就是"因材施教"。因材施教的"材",一是指根据教材内容来选择教学方法。倘若教材中某一内容是讲述有关事实,描述有关现象或者解释有关概念,那么选择讲授法较为合适;如果某个内容是需要学生掌握并形成某种技能的,那么选择观察、实验、练习或者多媒体教学等方法将更有助于学生技能的形成。因材施教的"材",另一是指根据学生的实际情况来选择教学方法。学生的基础不同,适用的教学方法也不一样。对于基础较差、后进面较大的班级,需要增加知识的层次,采用小步子、多台阶、循序渐进的办法进行教学,在教学方法上可多采用练习、直观等方法。对于基础较好的班级,则可以充分创设情境,以问题解决的形式让学生通过自主探究、讨论等方法,自己得出结论。总之,教学方法的选择和运用没有固定的套路和模式,需要教师根据实际情况灵活处理。

### 4. 评教学过程

教学过程就是教师的教授活动和学生的学习活动相结合或相统一的活动过程,即教师有目的、有计划地指导学生有效学习的活动过程。教学过程中教师的教和学生的学是不可分割的整体,我们可以从以下几个方面对教学过程进行评价。

(1) 教学思路是否清晰、流畅

教学思路是教师上课的脉络和主线,它是根据教学内容和学生水平两个方面的实际情况设计出来的。为此,我们评教学思路,一是要看教学思路设计符合不符合教学内容的实际,符合不符合学生的实际;二是要看教学思路的设计是不是有一定的独创性,能不能给学生以新鲜的感受;三是看教学思路的层次、脉络是不是清晰;四是看教师在课堂上教学思路的实际运作效果。我们平时听课,看到有些教师课上不好、效率低,很大一个程度就是因为教学思路不清,或教学思路不符合教学内容的实际和学生的实际。所以,评课必须注重对教学思路的评析。

(2) 课堂结构安排是否合理

教学思路与课堂结构既有区别又有联系,教学思路侧重于教学内容的处理,反映教师课堂教学纵向教学脉络;而课堂结构,则侧重教法设计,反映教学横向的层次和环节,它是一节课的教学过程各部分的确立,以及它们之间的联系、顺序和时间分配。课堂结构也称为教学环节或步骤。课堂结构的不同,也会产生不同的课堂效果。可见课堂结构设计是十分重要的。

通常,一节好课的结构是:结构严谨,环环相扣,过渡自然,时间分配合理,密度适中,效率高。例如通过计算授课者的教学时间设计,能较好地了解授课者的授课重点。授课时间设计包括:① 计算教学环节的时间分配:要看教学环节的时间分配与衔接是否恰当。② 计算教师活动与学生活动的时间分配:要看是否与教学目的和要求一致,有没有教师占用时间过多、学生活动时间过少的现象。③ 计算学生个人活动时间与集体活动时间的分配:要看学生个人活动、小组活动和全班活动的时间分配是否合理,有没有集体活动过多,学生个人自学、独立思考和独立完成作业时间太少的现象。④ 计算优差生活动时间的分配:要看优、中、后进生活动时间分配是否合理,有没有优等生占用时间过多、后进生占用时间太少的现象。⑤ 计算非教学时间:要看教师在课堂上有没有脱离教学内容,做别的事情,浪费宝贵的课堂教学时间的现象。

5. 评学生参与度

随着建构主义理论的深入和发展,人们都认识到"学习是学习者主动地建构内部心理表征的过程。学习者不是被动地接受外来信息,而是主动地进行选择加工;学习者不是从同一背景出发,而是从不同背景、不同角度出发;不是由教师统一引导,完成同样的加工活动,而是在教师和他人的协助下,通过独特的信息加工活动,建构自己的意义的过程"。[①]

学生的学习不是一个被动的、单一的接受过程,而是一个需要主动内化的过程。我们更清楚地认识到,在教师及其创设的教学情境中,只有学生的主观能动性充分发挥出来,知识技能才能内化为学生的智能结构,情感体验才能被学生体验而养成。课堂教学中学生的主动内化的情况,

---

① 莫雷.教育心理学[M]. 广州:广东高等教育出版社.2002,p129.

可从其课堂参与程度来考察。因此,课堂教学的评价,不仅要看教师教的情况如何,更要看学生参与教学活动的情况如何。

(1) 学生的参与面是否广泛

这是就参与的广度而言,主要是指各个层次的学生都要有参与课堂教学活动的机会。我们会看到,一些课上总是那么几个学生举手回答问题,一些学生尽管身在课堂,却是游离在课堂以外的,他们不关心课堂上教师说了什么、正在做什么,或者是即便听了教师的问题也无从回答,对课堂也无法参与。究其原因,就是我们面对的学生具有水平差异。在评课时要看教师能否在教学内容的基础上,充分考虑班级全体学生的实际情况,针对学生的不同程度,设计不同难度的问题、作业等,让每个层次的学生都有机会表现自己,从而积极主动地参与课堂教学活动。

(2) 学生的参与方式是否多样

这是就参与的形式而言,根据不同的教学内容,学生参与课堂教学的方式是不同的。学生参与课堂教学的形式是多种多样的,可以是师生之间的提问与对话;可以是生生之间的合作学习,集体讨论;可以是学生对文本的阅读与思考;可以是学生的动手操作和亲身表演……总之,课堂上学生参与的形式是多样的,既可以是个体独立学习的形式,也可以是小组合作的形式,还可以是多种形式的结合。课堂教学中运用何种方式,除了要考虑学生的实际,还要根据教学目标的要求来设计。例如,以学习间接经验为主的教学中,需要更多地发挥教师的主体作用,学生参与的方式更适宜为理解、领会;在以获得直接经验为主要目标的教学中,就要充分发挥学生的主体作用,多创造条件让学生动手动脑;而在以情感态度和价值观形成为目标的教学中,则应多让学生亲身体验。

(3) 学生的参与质量是否良好

表面上热热闹闹的课堂,并不代表学生参与课堂学习的质量就高。怎样去评价课堂参与的质量呢? 除了前面所说的参与的广度问题,关键还要看学生参与的效果。学生在课堂上情绪饱满、保持良好的注意状态、学习热情高涨,这些都是学生课堂学习参与品质好的外在表现,而学生善于倾听、理解,具有问题意识,敢于提出问题、发表见解等则是课堂参与的内在思维度,而课堂上学生参与的积极性越高,出现的问题就会越多,这对教师的课堂调控能力的要求就越高。

因此,在评课时考察学生的参与效果,一方面是看学生在课堂上的学习情绪是否饱满,注意状态是否良好,学习热情是否高涨,另一方面还要看教师在课堂上对学生参与的调控情况。我们可以看教师在课堂教学过程中能否提出有价值的问题来调动学生参与的积极性,是否能创设问题情境来激发学生的学习兴趣,能否通过认知冲突、问题意识来调动学生创新思维,使学生在获取知识的同时,在情感态度上获得新的感悟,能力得到有效提高。

6. 评教学实效性

对一节课的分析,既要分析其教学目标、教学过程、教法学法,还要分析教学结果,这就是我们所说的教学实效性。课堂教学的实效性是课堂教学的效率和质量,是评价一堂课好坏的重要依据。教学实效性的评价内容主要包括教学目标的达成情况,预设与生成情况、学生的课堂学习结果等。评价课堂教学的实效性,可以从这三个方面入手:

(1) 教学目标是否达成

衡量教学实效的基本指标是看教学目标的达成情况,而教学目标通常是课前就预先设想好的,而为了达成教学目标也预先设计好了课堂教学的每个环节,安排好了教学内容的重难点和所选用的方法等。因此,评课时要看教学目标是否明确地体现在每个环节中,教学方法、手段是否为目标的实现服务,重难点的教学时间是否得到保障,重点内容是否得到巩固和强化。

当然,在教学的三维目标中,知识与技能的形成通常伴随着教学的过程,一堂课上应该学会的知识与技能,在课堂结束后学生就应该能够掌握。这类目标的达成情况比较容易通过即效测验来检查;而过程与方法、情感态度和价值观的养成则是一个长期的过程,仅通过一两节课时无法完成的,它需要在每堂课上都加以关注、渗透,每节课上都让学生有所感知和体验,逐渐积累到一定的程度,方能使学生产生感悟,成为其经验体系的一部分。因此,对过程与方法、情感态度与价值观维度的目标达成情况的评价,只能观察教师在课堂上有没有渗透,有没有体现,而无法即时观察学生有没有收获和变化。

(2) 预设与生成关系的处理是否妥当

课堂教学活动是一个复杂的过程,充满了各种变动因素。尽管教师在课前会进行预先的安排,但课堂上面对着具有主动性、开放性、创造性的学生,实际上是无法完全按照预先安排的计划来进行的,这就需要教师在预先设想和安排的基础上,根据课堂上发生的具体情况进行调整,以适应、处理和利用这些构成真实教学过程的变化因素,促进课堂教学的新的生成。然而,我们不难看到,课堂上出现了与教师预设不同的情境时,教师要么置之不理,白白错过、浪费课堂新生成的机会;要么面临生成性情境却不能及时把握和调整教学进程,有的甚至会生硬地将教学扭转到预设的教学过程中去。导致这样的情况,与教师的教学观念有关,也与教师临场应变能力有关。

所以,评课时要看教师能否妥善处理预设与生成的关系。一方面是看教师在课前是否进行了充分的预设。教师在常说的"备教材、备学生、备教法学法"的准备阶段,对课堂教学预设得越充分,就越能更好地捕捉和利用课堂中生成的动态资源,生成新的教学内容和目标。另一方面还要看教师是否有临场应变的机智和能力,根据具体教学进程中动态的课堂情境,灵活处理生成资源,及时调整教学进程,使教学活动更贴近学生的成长和发展。

(3) 学生是否学有所得

这主要是考察学生上完一节课后与课前是否有所不同,是考察课堂教学实效性最重要的指标。评课时要看学生在课堂上是否学到了知识,锻炼了能力;学生在教学过程中有没有良好的、积极的情感体验,学生能否主动地投入到学习中去,产生进一步学习的愿望;不同程度的学生是否在原有的基础上有所进步。

### 7. 评教师素养

教师素养是教师在教育教学活动中表现出来的，决定其教育教学效果、对学生身心发展有直接而显著影响的各种品质的总和，包括三个基本方面，即品德素养、心理素养和专业素养。三个方面的素养各有侧重，又相互联系，缺一不可，共同构成教师的综合素养。

（1）教师的品德素养和心理素养

教师的品德素养也就是我们常说的师德素养。"有才无德是废品，有德无才是合格，有德有才是优秀。"此话道出的正是"德"的重要性。传道之人，必闻道在先。教师是人类灵魂的工程师，其品德高尚与否，直接关系到青少年学生能否健康成长。故古今中外都十分重视教师的师德素养，所谓"学高为师，身正为范"，学高指的是专业素养，身正指的就是品德素养。

教师的心理素养与心理素质是相同的内涵。北京师范大学林崇德教授将教师心理素质定义为"教师在教育活动中表现出来的，决定教育教学效果对学生身心发展有直接而显著影响的心理品质的总和"。教师的心理素养涉及的内容十分广泛，对于学生情绪和认知发展影响甚重。随着社会对教育期望值的增大，教师也会感受到越来越重的压力。这些压力或多或少地影响到教师的情绪，而教师情绪的好坏一方面影响着自身工作积极性的发挥，另一方面又会在教学中不知不觉地把情绪传递给学生，影响学生的情绪和认知。因此，在教学中保持耐心、细心、信心和平常心，就能自觉地调控自己的情绪，既不因个人心情愉快而放松对学生的严格要求，也不因为自己情绪不愉快而迁怒于学生。不管遇到什么不顺心的事情，只要一跨入教室，一进入课堂，就应始终保持饱满的精神、愉快的心情、充分的自信，全身心地投入工作、投入教学，以自己良好的心态、积极的情绪感染学生。

品德素养和心理素养难以在短时间内加以判断，因此评课时，我们难以从一节课上来断言教师品德和心理素养的优劣，只能感受到这种品德和素养折射出来的魅力。

（2）教师的专业素养

教师的专业素养是教师综合素质最突出的外在表现，也是评价教师专业性的核心因素。我们就从教师的专业知识和教学能力两大方面进行分析。

① 教师的专业知识

教师的专业知识是教师职业区别于其他职业的理论体系和经验系统，大致可以分为三类：一是条件性知识，二是本体性知识，三是实践性知识。条件性知识是指必要的教育科学知识，包括教育学理论与方法、心理学理论与方法、学科教学论。这是教师成为一名教师的保障。本体性知识又有两大类型，一是教师的学科专业知识，一是与专业相关的其他学科知识。而实践性知识则与前两类知识不同，主要产生于教师的教育教学实践过程中，与教育情境紧密相连，是内隐性的知识体系。

我们可以通过教师在课堂教学中的表现,对教师的专业知识素养进行评析:一是看教师的学科专业知识是否扎实;二是看教师的文化知识素养是否广博;三是看教师的实践性知识是否丰富。

② 教师的教学能力

教师的教学能力就是教师专业素养的最直接、外在的体现,是教师在教育教学活动中形成的顺利完成某项任务的本领,它包含多个方面,如教材处理能力、教学设计能力、课堂组织能力、表达能力、临场应变能力、作业设计和指导能力、反思评价能力、教育教学研究能力、创新能力,等等。

"一节课反映了教师教学组织、课堂管理等方面的能力,是教师在较长时间里的发展成果。一位成熟教师,可以很从容地实现各种教学设计;而一位新手教师,则很容易被各种课堂细节所牵绊,许多好的教学设计不敢试用。表现为,成熟教师的课往往有更大的弹性,而新手教师的课往往显得比较局促。现代教师评价的一派基本假设是,好的教学行为是可以识别的,是稳定的,并且在不同条件下都可以对学生产生相类似的效果(Andrews &Barnes,1990)。基于这样的假设,评课者在对教师的教学能力进行评价时,往往就通过执教教师的一些可观察的外显行为,对其教学能力的高下进行推测。"①

课堂教学中最易于观察的外显的行为是教师的言语表达,下面就对教师表达能力展开重点论述。

教师的表达能力包括语言表达、板书板画,以及媒体运用等能力。评课时可从这三个角度来看:教师的课堂口头语言是否做到准确、规范、简洁、生动;教师的板书板画是否做到设计合理、化繁为简;教师的非语言信息的传递是否符合教学规律和审美要求;教师对媒体技术的运用是否恰当、合理。具体如下:

第一,教师的课堂口头语言是否做到准确、规范、简洁、生动。

口头语言是教师传递教学信息的主要工具,在教学中占头等重要的地位。一堂精彩的好课,必然有令人拍案叫好的教学语言;一堂讲述干巴枯燥、语言单调的课必然使人兴趣大减、索然无味。教师的课堂语言属于专业语言,通过教学语言表述和传递给学生的教学信息,首先,必须表达准确。教师在教学过程中的语言讲授,要求概念准确、用词恰当、推理严谨,向学生传授科学文化知识时力求准确无误,不能模棱两可。其次,课堂语言要表述规范。教师要用普通话教学,忌方言口语。教师课堂讲授在选字用词上要符合现代汉语的表达习惯,叙事状物、说理抒情都应做到清晰明了,易于理解。再次,课堂语言要简洁。课堂教学必须在计划时间内完成规定的教学任务,使学生当堂消化吸收,这都需要教师在课堂讲授中语言精当简练。我们反对那种游离于教育环境之外、没有节制的"想说什么就说什么","想怎么说就怎么说"的"拉家常式"的讲课,也反对

---

① 丁道勇.评课中的视角差异及其重构[J].上海教育科研,2012(5).

那种絮絮叨叨、重复拉杂的"婆婆式"的讲授,倡导教学中"话语信息"与"内容信息"相适应。课堂的引发语要简短有力,具有吸引力,结束语要干脆而意味深长,留下思考的余地。最后,课堂教学语言应该生动形象。相同的教学内容和教学条件,不同的教师用不同的语言表达、用不同的语言外衣修饰它,就会产生不同的审美体验和感受,产生不同的教学效果。形象生动的语言能将教学中的人物、情节、事例等描述得惟妙惟肖、栩栩如生,使学生产生"如见其人"、"如闻其声"、"如临其境"的感觉。

评课时,可以从以上四个方面来看教师的课堂语言,看教师对概念等知识的讲授是否准确、用语是否规范,是否简洁明快、清晰生动,语气语调是否给人以明显的轻重缓急和抑扬顿挫之感,是否善于用含蓄暗示、牵引点化的语言来诱导学生思考、分析和解决问题。

第二,教师的板书板画是否做到设计合理、化繁为简。

板书板画是教学内容的直观体现,又是强调和突出教学重点的手段。板书板画能展示出教师的教学思路。好的板书板画则是对教学内容精华的凝练,具有很强的直观性、逻辑性、概括性和启发性,能更好地帮助学生理解所学知识,加深对教学内容的记忆,对课堂起到画龙点睛的教学效果。

对于板书设计的具体要求,可以概括为:内容主次分明、准确、实用;形式灵活多变,注意排列组合;文字简练利落,美观清晰,线条、符号和图表应用合理,等等。因此,评课时要看教师的板书板画设计是否能依纲扣本,反映出教学的重点,并体现出知识之间的内在联系;设计是否科学合理,内容精当、化繁为简,起到提纲挈领的效果;还要看板书板画是否美观整洁,技巧是否娴熟。

第三,教师的非言语信息传递是否符合教学规律和审美要求。

课堂上教师传授知识、达成师生间的沟通,除了语言(口头的和书面的)信息以外,非言语因素也起着重要的作用。课堂中的非言语信息主要是教师的体态语,它是指在教学过程中,教师运用自己的身体、手势、表情等非言语符号来传递有关的信息,以教育或影响学生。评课时,主要看教师非言语信息传递中,能否用丰富的表情、从容的身体姿态、优美的手势给学生带来亲切感和美感,是否增强了讲授的感染力,为创造良好的教学环境而发挥了作用。

第四,教师对多媒体运用是否恰当、合理。

当今的课堂,要求加强信息技术与学科教学的整合力度,以此促进教学方式的变革,为学生学习多样化创造良好的环境,培养其信息素养和自主学习能力,提高教学的整体效益。

多媒体以图文并茂、声像俱佳、动静皆宜的表现形式使学生的多种感觉器官受到刺激,将抽象的、陌生的知识直观化、形象化,将课堂教学带入全新的境界。因此,将教师多媒体的运用能力和效果作为课堂教学评价的一个方面,一是要看多媒体教学是否突出了学科特点,与教学内容的结合是否恰到好处,不能因为过于追求视频画面,而削减了学科本身所具有的审美教育、智力开发、想象力培养等方面的作用;二是多媒体教学要与其他常规媒体配合使用,发挥各种媒体的优势,为教学所用;三是要观察教师的媒体制作水平和使用情况是否适度、适量。

从教学目标、教材处理、教法学法、教学过程、教学实效、学生参与度和教师素养等方面来评价一堂课,是我们对理想化课堂的追求。

## 第三节 评课的方法与策略

### 一、评课的方法

一堂课上的信息是如此丰富,对课堂教学的评价内容是如此繁多,我们该用什么样的方法来对听课过程中观察到的进行分析评价呢?

常见的方法有以下几种:

综合评价法:是对一堂课进行整体的、全面的评价,从教学目标、教材处理、教法学法、教学过程等各个方面进行全方位的分析与评价。这种评课方法具有全面、系统、深入、细致等优点,有利于授课者扬长避短以及学习者的全面借鉴。这种评课方法对评课者的评价理论和素养要求较高,又因其涉及的内容过全过细,面面俱到,所花费的时间较多,也容易使听者厌烦。

片段分析法:评课者选取课堂教学中某一具有代表性的典型的片段来进行分析。这种评课方法针对性强,具有主题突出、省时高效的优点,尤其适合研讨型、观摩型的评课。

评点结合法:针对授课者实施的教学活动的具体情形,及时作出分析、点评或评议,这是一种分解性的评价方法,适合在新教师培训中使用。

表格评价法:根据评价标准制定出课堂教学评价表或者是评价细则,然后根据评价表或者细则来评价课的优劣。这种方法常用于竞赛评比型评课,具有直观、简洁、易于操作等优点,但是对某些特色或者独到经验难以得到充分的体现和关注。

以上几种评课方法已然在教育实践中被人们所广泛使用并熟知。正如美国的评价专家韦伯·埃伦(Weber Ellen)所说:高质量的评价有时候存在于"旧"的评价方法当中,有时候也存在于"新"的评价法当中。好的评价并不意味着抛弃所有旧的,也不意味着一切都要新的。[1]

### 二、评课的策略

评课的过程是对课堂教学进行透彻的分析和总结的过程。通过评课,及时地对教师教学和学生学习等状况进行总结,提出改进的意见和建议,明确努力方向,以达到引领教学改进的

---

[1] [美] Ellen Weber 著,国家基础教育课程改革"促进教师发展与学生成长的评价研究"项目组译. 有效的学生评价[M]. 北京:中国轻工业出版社. 2003,p27.

目的。

为此,评课者除了要掌握一定的教育教学理论知识、具有较强的课堂教学功底和课堂评价能力以外,在评课技巧上还需要注意:

1. 确定评课的视角

在评课过程中,视角的不同往往会带来具体意见上的差异,甚至冲突,表现为不同评课者之间的视角差异。具体到一节课上来,要先明确听评课的目的,再选择从何种视角去评课。对于具备一定教学能力、正在走向成熟的教师来说,评他们的课往往是为了促进其专业成长,这种评课应更关注教师的教学设计和学科加工。

下面以一节小学数学课为例,展现视角差异如何体现在一次具体的评课活动中。

**案 例**

## 评课中的视角差异[①]

[课例概况]用小棒摆三角形,保持每两个三角形有一条公共边。根据这种摆法,随着三角形个数的增加,所需要的小棒也会有规律地增加。在课上,教师用"摆 10 个这样的三角形,至少需要多少根小棒"作为探究题,带领孩子们发现了三种不同的摆放方法(如图 1 所示)。这些方法,都由学生在讲台上面向全班演示。在总结这些办法所包含的规律以后,教师提出更多的问题,然后师生一道用前面总结的数学表达式来解决问题,例如:摆 37 个这样的三角形,至少需要多少根小棒? 61 根小棒,可以摆多少个这样的三角形?

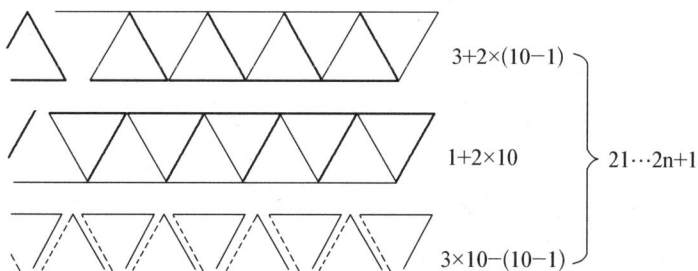

$$3+2\times(10-1)$$
$$1+2\times10 \quad\left.\right\}\ 21\cdots 2n+1$$
$$3\times10-(10-1)$$

**图 1**

[评论焦点]其一,"摆 37 个这样的三角形,至少需要多少根小棒"这类问题是放在开课之初作为探究问题,还是放在课的后段作为规律应用? 其二,孩子们在演示"摆 10 个这样的三角形,至少需要多少根小棒"时,要不要把 10 个三角形全部摆出来? 其三,这节课的目标

① 丁道勇.评课中的视角差异及其重构[J].上海教育科研,2012(5).

是帮助孩子们发现小棒根数与三角形个数之间的变量关系,还是帮助孩子们掌握摆放三角形的不同方法?

[视角差异] 关于第一个评论焦点,甲方认为应该设置更有难度的探究题。只有这样,孩子们才能真正被激发起探究的欲望。"摆10个这样的三角形,至少需要多少根小棒",这样的探究题太简单,对孩子们不构成挑战。而摆37个或者摆100个三角形,就很难用动手的方法找到答案了。乙方认为,探究题的难度不重要。本课的重点,也不在于学会处理"摆37个三角形,至少需要多少根小棒"这样的问题。可以看到,甲方提出的教学设计改进方案,主要是针对学生学习动机的激发,是一种教学设计的视角。乙方的意见则是,本课重点应该是探究题本身所蕴含的变量间相互依存、由已知推论未知等数学思想,这是采用了一种学科加工的视角。

关于第二个评论焦点,甲方的意见是,应该把10个三角形都摆出来。只有这样,孩子们才可能观察清楚摆放的方法,进而得到数学表达。乙方的意见是,10个三角形不需要全部摆出来。这节课要突破的难点,正是借助有限的已知去推论更多的未知。这个教学难点的定位,在解决"摆37个这样的三角形,至少需要多少根小棒"的问题时,显得十分明显。基本上,甲方是站在教学设计的视角看问题,关注点是怎样设计更利于教和学;乙方是站在学科加工的角度看问题,关注点是本课可以帮助孩子们突破数学学习中的哪些难点。

关于第三个评论焦点,甲方的意见是,教师应该放手让孩子们探究更多的摆放方法,并设法帮助孩子们探究出尽可能多的摆法来。但是,我们知道,在解决"摆10个这样的三角形,至少需要多少根小棒"的问题时,备选的摆放方法远远不止三种。在数量如此庞大的摆法中,不乏看起来比较有规则的。因此,乙方的意见是,这节课的重点不在于学会若干种摆法,而是通过摆法发现数量关系的数学表达。同样可以看到,甲方基本上是站在教学设计的视角看问题,强调更丰富地展现探究问题所包含的数学事实;乙方则基于对学科的定位,认为这节课不需要花费过多精力在摆法探索上,而应该强调变量关系。

【评析】 在此次评课过程中,对课堂教学不同层面的关注,构成了不同视角,分别形成了教学设计的视角和学科加工的视角。在这次评课活动中,参与的人员既有学科教研员,也有大学教育科研工作者,当然还有多位一线小学教师。评课过程表现出了典型的视角差异。这种视角差异是由于对一节课不同层面信息的关注而形成的。评课过程中出现的各种不同意见,不再是是非对错的竞争关系。各方提供的丰富意见,尽管有可能相互抵牾,但是都有利于教师打开思路,有利于教师反思自己的知识基础。虽然,教师最终只是吸收其中一部分意见,而放弃另一部分意见,但是,被放弃的意见不见得是错的,而可能只是教师对各种因素综合考虑后作出的折中选择。

就一节课的评价而言,是不会从所有角度展开全面分析的,因为这既没有可能,也没有必要。我们总是选择一个或者几个适宜的角度进行评价。

无论是选取一个角度或者是多个角度进行课堂评价,应该妥善地处理好几个方面的关系:

第一,"理想的课堂追求"与"现实课堂"的统一。这二者的关系说得通俗一点,就是"应然与实然"、"理想与现实"的统一。我们在评课时往往容易犯的错误是从理想的课堂出发来评价课堂。而这种理想化的追求,甚至是"乌托邦式"的空想,现实中没有人能做到。这样说,并不意味着对理想课堂探寻的排斥,而是要立足实际去追求。就当下的现实环境来说,一些理想课堂对大多数人来说,并不具有可行性。所以,在评课时要善于将课堂的理想追求和课堂的现实可能二者相统一,这样的评课,对于执教者和听课者才会更有意义。

第二,听评课者与执教者的统一。评课活动中如果只有他者视角而没有教者视角,那这样的课堂评价是不全面的。听评课者立场和执教者立场的结合,会帮助我们获得对课堂的更多、更全面,也更正确的认识。

第三,理性与感性的统一。在评课中,没有理性,道理说不清楚,问题看不透彻;没有感性,就会和课堂拉开距离。有感性支撑的理性,更容易为人们所接受;以理性为支撑的感性,对问题的认识会更加深入。而我们常常会发现这样的问题:一般情况下,普通教师的课堂评价会局限于感性,而专家评课,则常常会着眼于理性。事实上,比较适合的课堂评价应该是二者的结合,并且根据具体评课活动的主题和对象有所侧重。

第四,个性和共性的统一。成功的课堂,必定是符合某一学科的学习规律的,也必然是符合某一课堂的教学规律的,这就是共性;优秀的教师,必定有自己的鲜明风格,必定有自己具有特色的教学行为,这就是个性。评价课堂,不能因为对共性的强调,而否定个性,扼杀个性;也不能因为对个性的欣赏,而违背了共性的要求。

## 2. 选定评课主线和观察点

评课作为一种评价活动,离不开观察课堂教学的角度和评课者自身课堂教学价值观的影响。有的评课者比较关注教学行为,特别留意观察授课者的一举一动,注重教学行为是否对学生有教育意义,能否引起学生的关注;有的评课者关注学生投入教学活动的程度,细心观察学生的兴趣表现和参与情况,注重学生得到哪些收获;有的评课者则关注教与学的协调性,从师生互动程度来观察和收集课堂教学信息。可见,不同的评课者往往会站在不同的角度来对课堂教学进行观察,然后在课堂教学价值观的指导下对某一课堂教学作出自己的评价。

在日益追求专业化的过程中,课堂观察成为我们专业化听评课的前提。在培训和研究中使用的观察系统日益发展起来,而且用于记录课堂行为的系统类型也变得多种多样。如菲利斯·拉布姆菲尔德(Phyllis Blumenfeld)和桑缪尔·米勒(Samuel Miller)为其在密歇根大学的学生准备的观察方法,它是一种用来描述收集叙事和频率记录信息的有效工具和手段;布罗菲-古德的双向互动系统(Brophy-Good Dyadic),这种方法可以让记录员描述学生个体与教师的互动类型；而爱默观察系统(Emmer Observation System),这种方法是记录教师怎样对待全班同学或整个班级如何应对教师的代表性方法[①]。

华东师范大学的崔允漷教授也提出了一种专业的听评课的课堂观察 LICC 范式,即"课堂观察的 4 要素 20 视角 68 观察点"[②],如表 5 - 2:

| 要　　素 | 视　　角 | 观　察　点　举　例 |
|---|---|---|
| 学生学习(L) | (1) 准备<br>(2) 倾听<br>(3) 互动<br>(4) 自主<br>(5) 达成 | 以"达成"视角为例,有三个观察点:<br>・学生清楚这节课的学习目标吗?<br>・预设的目标达成有什么证据(观点/作业/表情/板演/演示)? 有多少人达成?<br>・这堂课生成了什么目标? 效果如何? |
| 教师教学(I) | (1) 环节<br>(2) 呈示<br>(3) 对话<br>(4) 指导<br>(5) 机智 | 以"环节"视角为例,有三个观察点:<br>・由哪些环节构成? 是否围绕教学目标展开?<br>・这些环节是否面向全体学生?<br>・不同环节/行为/内容的时间是怎么分配的? |
| 课程性质(C) | (1) 目标<br>(2) 内容<br>(3) 实施<br>(4) 评价<br>(5) 资源 | 以"内容"视角为例,有四个观察点:<br>・教材是如何处理的(增/删/合/立/换)? 是否合理?<br>・课堂中生成了哪些内容? 怎样处理?<br>・是否凸显了本学科的特点、思想、核心技能以及逻辑关系?<br>・容量是否适合该班学生? 如何满足不同学生的需求? |
| 课堂文化(C) | (1) 思考<br>(2) 民主<br>(3) 创新<br>(4) 关爱<br>(5) 特质 | 以"民主"视角为例,有三个观察点:<br>・课堂话语(数量/时间/对象/措辞/插话)是怎么样的?<br>・学生参与课堂教学活动的人数、时间怎样? 课堂气氛怎样?<br>・师生行为(情境设置/叫答机会/座位安排)如何? 学生间的关系如何? |

我们可以借用此类课堂观察系统来记录课堂行为。当然,所有的观察系统都具有选择性,在记录一些行为时,会对课堂里的其他方面忽略不计。所以,使用哪种观察系统,采用怎样的观察视角,取决于你自己的目标是什么。在评课时,将所观察到的课堂现象串联起来,突出所选定的主线,而不至于零散。

---

① ［美］Thomas L. Good,Jere E. Brophy 著,陶志琼译. 透视课堂[M]. 北京：中国轻工业出版社. 2011,p27.
② 崔允漷. 论课堂观察 LICC 范式：一种专业的听评课[J]. 教育研究,2012(5).

## 《点阵中的规律》评析①

《点阵中的规律》一课是一节相对独立的数学活动课,是数形结合思想在教材中的具体体现(说它相对独立是因为看起来似乎很陌生,同其他的知识没有必然的联系,其实学生在以前的数学学习中已经接触过一些这方面的知识,如:一年级的找规律填数、二年级的按规律接着画和四年级的探索图形的规律等都是将数型结合在一起的)。在北师大版的数学教材中对因数、质数、合数等抽象概念的教学都是通过数形结合的思想方法来引导学生学习的,这节课也充分体现了这个特点。

尤老师在本节课的设计和教学中主要体现出了以下几个特点:

1. 为学生搭建探索问题的平台,给学生充足的空间和时间

回顾这节课,从课堂教学中我们可以看到,在探索"1、4、9、16"点阵图规律时,尤老师先让学生观察,说想法,然后再画出来,写出来,当学生明确任务后,自主地进行探索。所呈现出的规律,都是由学生通过观察、想象、动手操作,自己归纳、总结出来的,尤老师为学生创造了探索问题的条件,留足了探索的空间和时间。

2. 凸显学生的主体地位,注意学生主动性的发展

新教材强调"以人为本",发展人的主体性,充分调动学生在学习中的主动性和积极性。这节课以探索规律活动为主线展开教学,鼓励学生用自己的思考方式去主动、积极地探究、操作、发现和总结规律。在探究过程中,学生们能够根据自己的观察与思考寻找到其中的点阵规律,虽然"$1 \times 1, 2 \times 2, 3 \times 3, 4 \times 4, \cdots\cdots$"与"$1, 1+3, \cdots\cdots, 1+3+5+7\cdots\cdots$"的算术表示方法不同、学生对问题的切入角度不同、思考方式不同,但对学生而言,都是他们自主探索的结果,都是通过他们积极的思考而获得的规律。因此,教师在教学中充分肯定了学生的探索和成果,充分体现了尊重学生个性发展的教学理念,凸显了学生在学习中的主体性。

3. 积极渗透多角度思考解决问题的策略

由于学生的生活背景、数学知识、能力和思考问题的角度不同,在探索数学问题时,必然会出现多种不同的思考方法。如,在探索点阵中的规律时,尤老师并没有局限于"$1, 1+3, 1+3+5, 1+3+5+7, \cdots\cdots$"和"$1 \times 1, 2 \times 2, 3 \times 3, 4 \times 4, \cdots\cdots$"这两种方法,而是引导学生探索另外的解决问题的方法:$1, 1+2+1, 1+2+3+2+1, 1+2+3+4+3+2+1\cdots\cdots$。而正是这种多角度的思考的方法,才能使解决问题的策略多样化。教师应当鼓励学生多角度地思考问题,达成解决问题方法的多样化,并以此作为一种长期渗透的教学策略。

---

① http://www.docin.com/p-288628182.html.

**4. 教材挖掘较深,双基落实扎实有效**

本节课,尤老师展示了较强的亲和力、精湛的语言功底和清晰的教学流程,环环相扣,不作秀、不作假,充分突出了本节课的教学重点及"双基"的落实,深层次地挖掘了教材,较好地渗透了数形结合的思想,比如先研究 1、4、9、16 这一组数字时,学生只发现了一些浅层次的规律,这时教师适时抛出了对应的点阵图,让学生观察点阵图,然后观察与动手结合起来,让学生选择其中一种方法分一分,再根据分的结果用算式表示出这个数,并且让学生从中发现规律。这些设计看似顺理成章,实则匠心独运,在学生分的基础上写算式,在算式的基础上发现规律。这样,学生自己探究规律就比较扎实了。让学生结合点阵图,再研究这组数据,则让学生的思维活跃了起来,有了多种观察的方向,产生了多种思考的结果,同时使学生深刻体会到数形结合的必要性。

纵观整节课,我还有几点疑惑:

1. 这节课为什么时间不够用?个人认为课堂开始让学生观察以前学过图形的规律时,已经为后来学生的探究做好了充分的铺垫,在探索"1、4、9、16……"点阵图的规律时,能不能放手让学生自己去探究,去发现,即放手的步子再大一些,不用亦步亦趋地引导,这样学生是否也能探究出点阵规律,而为再后来的学习节省了时间?

2. 生活是现实的、丰富的,数学是抽象的,如果不把二者联系起来,学生必然感到枯燥、乏味。这节课让学生研究了大量的点阵图,在探究规律时学生是否会感到枯燥呢?个人认为,后面的三角形点阵、长方形点阵能不能和生活结合起来,让学生既探究了规律,又感受到数学和生活的关系,即数学来源于生活,又应用于生活?

3. 关于这节课的设计,本课是先探究了规律,然后揭示点阵,能不能先认识"点阵",再探究规律?比如先用跳棋来展示,让学生直观地感觉什么是点阵,然后让学生观察跳棋组成的点阵图,提出问题进行研究,得出规律后,再引入生活中点阵的应用,体现数学来源于生活,同时服务于生活的思想。

【评析】 我们不难发现,在对这一节课的评价中,评课者的关注点较为集中于授课教师在教学设计和实施过程中是否为学生的积极参与和学习创造了各种有利条件,是否凸显了学生在学习中的主体性。

**3. 抓住评课的重点**

当前,很多中小学都规定教师(特别是新教师)在一个学期内必须听够 10—20 节课。许多学校都为教师提供了听课本,其中每页都有一个听课表,以方便听课教师记录课堂信息,并据此给出评价。

表 5－1 是小学思想品德学科的课堂教学评价表：①

表 5－1 小学思想品德学科课堂教学评价表(试行)

| 评价指标 | | | 标准达到度(分值) | | | | 评分 | 总体评价(定性描述) |
|---|---|---|---|---|---|---|---|---|
| 序号 | 名称 | 指标要素 | 完全达到(优) | 大部分达到(良) | 基本达到(一般) | 部分达到(较差) | 小计分 | |
| 1 | 教学目的内容 | 明确度 | 6 | 5 | 3 | 2 | | |
| | | 适切度 | 6 | 5 | 4 | 2 | | |
| | | 科学性 | 8 | 6 | 4 | 2 | | |
| | | 教育性 | 6 | 5 | 4 | 3 | | |
| 2 | 教学过程方法 | 合理性 | 8 | 7 | 5 | 3 | | |
| | | 针对性 | 8 | 6 | 5 | 3 | | |
| | | 恰当性 | 8 | 7 | 5 | 3 | | |
| | | 启发性 | 8 | 6 | 5 | 3 | | |
| 3 | 教学基本素养 | 教学组织 | 7 | 5 | 4 | 2 | | |
| | | 教学民主 | 5 | 4 | 2 | 1 | | |
| | | 教学语言 | 6 | 4 | 3 | 2 | | |
| | | 板书操作 | 4 | 3 | 2 | 1 | | |
| 4 | 教学即时效果 | 双基能力 | 12 | 10 | 8 | 4 | | |
| | | 情意发展 | 8 | 7 | 6 | 4 | | |
| 定量评价四项指标总分 | | | | | | | | |
| 教学特长特色 | 在教学方面具有特长或形成特色者,可酌情加分,加分宜从严掌握,一般控制在 1—5 分 | | | | | | | 特长特色加分 |
| 评价总分 | | | | | | | | |

很多学校提供的听课记录表大都如此。在这样的听课记录表的引领下,听课教师一般会详细地做课堂记录,在记录的同时反思授课教师的教学步骤。听课之后,听课教师一般也能总结出某节课的闪光点和不足之处。但是,这样的听课表涉及了很多内容,而听课教师不可能完整记录课堂上所有的事,而听课表又会诱导听课教师去记录课堂上的所有信息,这就很容易导致听课或记录没有重点。

---

① 吴维屏主编.小学品德与生活(社会)课程与教学[M].北京:中国人民大学出版社.2010,p245-246.

我国特级教师窦桂梅曾对评课作如是说：评课时，首先要建立一种思维方式，即站在被评课者的角度想问题，不能听了就评，信口开河，而应该想清楚被评课的教师最需要的是什么，评课的重点是什么，而不能仅仅用"耳"听，用"笔"记，用"嘴"说，它还应该是专业上的引领和带动。要发挥评课的专业引领作用，就需要评课者对听课中获得的信息和所做的思考进行归纳和分析，根据被评教师的实际需要，遴选出体现主要问题或者是自身感受最深刻的问题作为评课的重点。

下面选择两则对新教师和学科骨干教师的评课进行比较，可看出评课重点是根据被评课教师发展需要的不同而不同的。

## 案 例

### 《雨水对土地的侵蚀》评课稿[①]

金老师虽然是今年刚刚毕业的新教师，但从整节课的教学上看，没有流露出点点的怯意。虽然在课堂细节的处理方面还需要加以斟酌，但金老师的这节课足见她花了很多心思去思考和准备。

一、教学设计循序渐进，环环相扣，教学过程思路清晰

金老师设计的这节课让学生有机会完整地经历了一个探究过程。先是由出示的资料中发现问题：下雨会使泥土发生什么变化？学生进行猜测。但是仅仅是学生的猜测是不够的，于是一个问题抛出来：到底有什么变化呢？想知道就要做实验。但是在实验室内马上下雨是不可能的，自然而然引出模拟实验。学生饶有兴趣地讨论如何去模拟雨水对泥土的作用这个实验。教师在讨论中进行实验的细致指导，学生对实验方案进行补充，最后定下来的实验方案是经过学生自己思考的，是学生的智慧。再进行实验，观察实验过程，汇报发现，共享集体成果。最后由学生的实验结果出发提出下一个研究问题：你们实验土地被侵蚀都是一样的结果吗？为什么不一样？学生自然会思考：到底是什么因素在影响雨水的侵蚀呢？于是引申到下节课的研究问题，较好地完成了本节课的教学目标。

二、课前准备充分，呈现有结构的材料

金老师导入部分呈现的资料和学生的生活紧密联系，给了学生一个强刺激。而且准备的实验器材十分完整，有利于学生实验的设计和实验过程的观察和发现，亦有利于研究过程和方法、目标的达成。

三、注重学生用证据进行推测和得出结论

金老师在教学过程中十分注重学生尊重事实、尊重证据的科学思想。教学中，金老师对

---

① http://zy.juren.com/news/200905/127250.html.

于学生的猜测都不予肯定,而是追问:到底是不是这样的呢?确定了吗?有哪些证据可以拿出来?学生在老师的追问下会养成"猜测也需要理由,结论需要充分的证据"这样的想法,有利于学生科学情感价值观目标的落实。

四、教学细节还需继续琢磨,以磨出更成熟的课

教学过程中还是存在一些需要再推敲的细节。本节课两个比较重要的概念:径流和侵蚀,老师在上课过程中引导比较模糊,概念的描述不够明确。如果在汇报实验结果时深入挖掘一下表格的作用,对实验前和实验后的泥土和雨水进行充分的比较描述,可能这两个概念的推出会更加容易让学生接受。

从这节课中可以看出金老师的辛苦和努力,不久的将来,金老师呈现的课肯定会更有深度,更有魅力。

最后让学生修改自己的作文。让学生在起步的时候就养成修改自己作文的习惯,是十分必要的。只是如果能够指导学生认识一下修改符号,就更好了。

---

**案 例**

## 《学会合理消费》评课[①]

1. 初中政治学科知识点看似较少,而实际上,其拓展的广度和深度都比其他学科来得大,因此,一课时的教学量是很大的,这对老师的课堂时间驾驭能力的要求是相当高的,而李老师的这堂课在内容拓展和时间驾驭的关系处理和把握上相当的合理和老道。

2. 初中政治学科的教材几经修改之后,出现了一个较大的不足,那就是知识体系混乱,框题内的知识点松散,前后衔接较差,因此,它对老师的上课技能,特别是起承转合、衔接提出了较高的要求,在这一点上,李老师也展现了一位教学新秀较高的水平。

3. 初中思想品德教材内容相对较简单,学生自读自学较容易,因此学生对这一学科较容易产生"此学科无啥可学"的错觉,再加上有的科任老师确实也是简单化教学,从而导致了学生学习的积极性不高。而李老师在教学过程中,精选教学素材,运用多媒体,利用多形式的教学形式,例如小游戏、小组探究、小尝试、音乐欣赏等,巧妙构思了完整的教学环节,从而极大地调动了学生的学习积极性。

4. 思想品德课的最大教学目标是进行"情感、态度和价值观"的教育,李老师在这一点的把握上也是很到位的,能适时在教学过程中进行引导、传授和培育,而不是简单地停留在知识的简单再现上。

5. 一位吸引人的教师必定是一位激情四射的演说家。没有教学的激情,给人的最大感

---

① http://hebeixkgg.gp2012.teacher.com.cn/GuoPeiAdmin/UserLog/UserLogView.aspx? UserlogID=288013.

觉就是，老师对自己的教学内容不相信，因此也是很难吸引学生的。而作为一名女教师，李老师整堂课都充满了激情，这对于一位政治学科的女教师是难能可贵的。

因此，整堂课是相当成功的一节公开课。当然，在教学的一些细节上还可以进一步完善。例如，各知识点的时间分配，学生要边听、边看、边画知识点，讨论题预留时间的控制，多媒体对知识点的展示等。

【评析】　在《雨水对土地的侵蚀》的评课中，评课者侧重对年轻教师的教学思路、教学设计的评析，而《学会合理消费》的评课中，则是对青年骨干教师的一堂公开课的评析。根据不同的课型、不同的对象，择其要领重点评析，即是我们常说的"量体裁衣"。一般来说，对初上讲台的新教师，评课的目的主要是促成他们较好、较快地适应教学，达到"会教"，所以重点要对其教学设计的目标性、逻辑性，教学操作的规范性、技巧性等方面进行评析；对从教多年的骨干教师，则应加大用现代教育理念评析的力度，重在教学过程的构建是否具有创新性、开拓性，教学是否具有艺术性和个性化，以促进他们进入教学改革的前沿。

4. 讲究方法和语言艺术

"评课"这个词本身就容易给人一种潜在的影响：你是来评价我的，我是接收你的评价的。于是我们都有这样的体验，只要有人到自己的课堂上来听课、对自己的课堂教学进行评价，就容易处于一种诚惶诚恐、惴惴不安的心理状态。我们既害怕评课人不着边际、虚无缥缈的恭维，因为这样心里虽然没有委屈，但却不知道成功在哪，长处在何方，更不知课堂教学中的不妥和欠缺在哪；我们又担心铁面无私的评课者不讲情面、指责，更害怕学校领导的批评和不理解。

**案　例**

### 请不要再听我的课了①

有一位教师，在基层工作时干劲十足，课上得非常好，是当地的教学骨干，因此被调到了城镇学校任教。但一来到这所学校，上第一节公开课时，由于大胆放手，实施开放教学并出现了重大的失误，这位教师当时就受到了学校领导的严厉批评。此后领导又不时对他提出"挑战"，说他这也不对，那也不好，从此他追求理想课堂、大胆改革的信念破灭了，显得一蹶不振，课上得越来越差。有一次，我到他们学校检查教学工作，顺便听了他的课，也觉得此人

---

① 赵国忠.评课最需要什么——中外优秀教师给教师最有价值的建议[M].南京：南京大学出版社.2010，p28-29.

变化很大：上课随随便便，显得精神很疲惫。评课时，我在指出他存在问题的基础上，有意提到他当年的课例，对他进行激励，他显得很兴奋。

今年夏天，我又去听他们学校的公开课，他也参与了，并以他独特的开放的教学结构和思维，公开课获得了成功。对于他的课我给予了很高的评价，然而令我万万没有想到的是，学校领导在总结时有意地批评了他，说他"平时不好好讲课，在公开课时就'显山露水'、'哗众取宠'，虽然上了一节好课，但恐怕不是抄来的，就是受了高人的指点"。对于这样的批评我很惊讶：作为学校的领导，怎么能这样看待一个正在成长中的教师呢？这不是在损自身的形象、灭自身的威风吗？当时全场的教师都把目光对准了那位教师。他的脸一下子就变得很难堪，显出愤愤不平的表情。只见他从别的教师那里拿过一本书，低下头看起书来，直至散会也没有旁视一眼。会后我有意识地找到了他，可他见到我的第一句话就是："老师，请不要再听我的课了，我不想再讲下去了！"随后又加了一句："谢谢老师多年来对我的指导和鼓励！"从他的话里我读出了他心灵受到打击后的愤恨和无奈，以及对前途的失望。此后，我们谈了很多，但一谈到上课，他就转移话题……

【评析】 尽管我们说"要评课不要评人"，但是作为授课人，实际上也会处于被评的地位。要让授课者听了你的评课后更有信心，更有勇气，而不能让授课者听了评课后感叹"这辈子再也不上公开课了"。因此，评课一定要讲究方法，要以激励为主。要建立一种新的评课文化，即以肯定、引领为主，以双赢为目标。

评课中以肯定、引领为主，并不是说不要批评，不要指出不足和缺点，而是说评课中对授课者的独到之处要大加赞赏，优点要谈足，合情合理地满足人们得到赞誉和肯定的需要，从而使其产生良好的自我感觉，增强其信心。对于值得商榷的地方，不要简单地肯定或否定，而是要鼓励教师勇于创新、潜心摸索。对于存在的问题和不足，要客观准确，让人心悦诚服。要讲究方式方法，要考虑授课者的心理承受能力，要使授课者乐于接受评课人善意的指点，而不能不顾场合、不计后果地挖苦讽刺、一通指责。

评课时大家要实事求是地挖掘授课者课堂教学的亮点和成功之处，善于抓住授课者教学过程中的闪光点，发散甚至放大其成功的地方，使授课者明确自己哪些方面是优秀的，在今后要加以保持，而哪些不足，则应该要加以改进的。这样的话，不仅能使授课者增强信心和热情，明白自己教学中的可取之处和有待改进的地方，而且使听课的同行们也明白了这节课的优点，以及值得学习的地方。

评课中如何更好地把"优点谈足，不足说准"呢？这里还需要我们讲求语言艺术。

我们来看看案例中这位教师在一次赛课活动上的点评片断：

## 王跃平老师的精彩点评①

第一节课《吆喝》,感觉很精彩,有教师准备的经典的吆喝,有学生略带羞涩的吆喝,最为精彩的是教师的亲自吆喝,让我想起了《红灯记》,感觉这位教师富有男子汉气概,遗憾的是神韵和京味儿还有待提高。

第二位老师,正如《云南的歌会》中所写的那样,‘一口气唱败了三位小伙子’,她声情并茂的朗读把学生和听课教师带进了文本。教师引导学生对重点语段、重点词句的品读,品出了淳朴的文化特点:云南的山、云南的花、云南的民俗、云南的文化,都在教师的引导下凸显出来,云南的儿女在这样的环境中成长起来。这堂课的主题词是"发现",由这样的主题贯穿全课,这堂课就像一篇优美的散文。遗憾的是对语句和语段的赏析抢了学生的精彩,还精彩给学生吧!

【评析】 评课者的点评虽然简短,但是紧扣课题,巧妙又富幽默,并一语中的地道出了第一位授课者此次的不足:只关注课堂的热闹,而忽视了走进文本,缺乏北京的地方味道;而对第二位授课者的点评也抓住其突出的特点,在肯定其教学主题突出、像散文一样优美的同时指出其缺陷:对学生的参与性关注不够。

在这类评比型的听评课活动中,需要评析的课堂较多,要在有限的时间内点评到位,着实需要评课者掌握好课堂评价的语言艺术。在"评"的过程中,话语十分重要。成功的一堂课,如能有成功的点评,将会交相辉映,锦上添花。不成功的一堂课,有了成功的点评,也能叫人"耳目一新"。

第一,评课语一般以"特色"评价为主,"建议"为辅。评课时对于课堂教学的"特色"和"建议"的评价,一般情况应该是"特色"多于"建议",除非是极个别较差的课。对于评语的使用也最好选教师们易于接受的,例如提出建议时用"如果能"、"还可以"、"最好能"、"如果……,就会更好了"、"……需要进一步加强"等词语,切忌用刻薄的话语讽刺、讥笑、挖苦。俗话说,"恶语伤人六月寒",切忌一些所谓的"麻辣点评",如"你这样授课,是在坑孩子"、"当初老师是怎么教你的,课怎么会上成这个样子",等等。

第二,评课中善于将批评语言变通为建议或商榷。评课者要客观公正、实事求是,要站在授课者与帮助促进者的角度去分析问题,以关心的态度和切磋交流的口吻来评析,对教师的教学劳

---

① 赵国忠.评课最需要什么——中外优秀教师给教师最有价值的建议[M].南京:南京大学出版社.2010,p24.

动要给予充分的肯定,挖掘其教学特色。如果是大会评课,则应重在概括,原则评,重点评;多鼓励,少批评。在教研组,或对教授者本人,要详细评,具体评;优点说够,缺点说透;既要诚心帮助,又要促进提高。对于不同个性特点的教师,说话的方式也应有所不同。对心高气傲的教师和谦虚平和的教师不能用同一模式,对自信心较强的教师和自信心不足的教师,也要针对其不同的心理特征采用不同的策略。

第三,评课时语言表达应做到具体、简洁、概括。评课就是"动口",所以嘴上功夫到不到家是评课质量高不高的重要前提。但评课毕竟不是演说,不能信口开河,更不能"借题发挥"。具体是指在"评"的过程中要尽量举一些课中的例子,用实例来具体证明评课者的观点。比如,你说教师课堂上点拨启发有方,你就应该具体讲出从哪些地方可以看出教师的点拨启发是有方的;你说学生学得不够主动,你也应该摆出"不够主动"的理由。

总之,讲求评课的方法和艺术,其根本就是"评课者要以人为本,尊重授课教师的人格和劳动,不要居高临下、指手画脚,要用博大的胸襟、期待的目光、激励的话语,从授课教师的角度出发,既要把教师在授课中存在的问题说清楚,又要把话语说得中肯、亲切、和风细雨。所谓'良言一句三春暖',这样才有利于授课教师接受这些点评,有利于其专业成长和发展。评课者要从思想深处打动授课教师,使他们产生改进的愿望,产生主动完善发展的动机"。①

### 5. 注重评课后的反思

反思作为教师改进教学和发展自身专业能力的途径被广泛提及。国内关于反思方式或方法的论述大都只初步介绍了诸如反思笔记(日记)、教育叙事、观摩研讨、建立档案等一般方法。

听课、评课无疑就是观摩研讨的一种常见方式,与反思、实践相结合才能更大程度地发挥对教师改进教学、发展专业的作用。然而,反思在现实中却遭遇了尴尬。大部分教师只计算自己听了多少节课,而不善于反思,或者是有的教师仅仅是"心动而没有行动"。一位小学教师在一篇"反思日记"中介绍了一节公开课的过程,最后写道:"我上这节课突出了学生主体地位,创造了自然和谐的环境,尊重了个体差异,设计了满足不同需求的练习,思维深度得到了延伸,激活了学生内在的发展潜能。不足的是课堂节奏没有把握好,拖了一点时间,我也不知道怎么才能既不缩减教学量,也不拖时间。"以一般的"反思性教学"评价标准来看,这位教师既回顾了教学过程,总结了优点和成功,也思考了其中的不足,并提出了问题。但是这样的反思对教师来说能在多大程度上促进其发展呢?这位教师自己说道:"这些(指上述优点)我课前都是想到的,时间的问题我也估计到了……时间没办法减少……这个反思日记只是'作业',也没什么帮助……"这位教师通过"反思",并没有改变其原来的观念。原先认为成功的还是一样被认为成功,原先预期到的问题依旧是问题。如果说反思对其有益处的话,那么只是帮助其积累了一次思考记录,总结了一次教

① 孙玉生. 课改背景下评课方式的探索[J]. 中国教育学刊,2008(4).

学。其实这样的情况,在教师的反思中极为普遍。大部分教师都被要求写教学反思,大都先是对课堂教学过程进行描述,而后宽泛地总结其中的得失。如果让教师真实地评价反思对专业发展有何益处,往往不甚明了。教师徒增加了写"反思笔记"的负担,而收效甚微。一些教师甚至因此反感、害怕写反思笔记。这种状况是教师固守已见的观念没有转变造成的吗?还是我们对反思本身并没有正确地理解呢?[1]

其实,这些反思的方法本身并无可指摘之处,问题在于如何运用这些方法,很多教师是并不明确的。现实中的状况就很能说明我们对反思的理解和运用所存在的困惑。

反思在教育界作为一种重要的思维,由杜威最先提出。而舍恩则是在反思领域的研究中被引用最为广泛的学者。他认为,专业领域的知识是"行动中的知识",它通常缄默地蕴含于我们的专业实践中,很难与实践脱离,对它的反思,即他所重视的"行动中的反思"(reflection-in-action)。后来的学者对舍恩的反思概念有了进一步的阐发,反思不仅仅是一种个人化的寻找根据的心理过程,它也是一种指向行动的实践过程。因此对于评课来说,重要的不是评课稿写得多好,反思得多么地深刻,重要的是这种反思对教师今后教学行动带来了怎样的实际影响。

**案 例**

夏 的 炙 热[2]

还记得,我非常精心地准备了一堂研讨课,想把我所学到的基本能背下来的新理念、新方法用于课堂教学中,让大家分享我刻苦钻研的成果。学校还特地请来了区英语教研员郝梅老师前来指导。可那天,孩子们被我设计的那些热闹的游戏吸引住,只顾自己玩去了,根本没有完成我交给的语言任务。上完课后,我非常失望,几乎快哭了。郝梅老师的评价是:"你有课改的意识,但却是'穿新鞋,走老路',没能把课堂真正地还给学生。你设计的教学活动没能真正为教学内容服务……"面对出师不利,我彷徨、迷茫,甚至开始怀疑自己的能力。此时领导和同事给予了我很多的鼓励和支持,郝梅老师也夸我极具可塑性,我重新恢复了自信。此后,她格外关注我,经常与我探讨课堂教学,从理念和时间上给予我很大的启示和帮助。认识到自己的不足,从此我更加用心了,阅读了很多颇具启发性的书籍,并积极地进行实践。为了设计一个有效的活动,我会绞尽脑汁,研究教材、研究学生;为了一个精美、完备的教学课件,我会在电脑前一坐就是六七个小时;为了演绎一堂真实、高效的课堂,我常常废寝忘食、挑灯夜战。我的女儿都说,妈妈的最大优点就是"爱工作"。就这样,我努力转变教师角色,蹲下身来,用欣赏的眼光看待学生、发现学生。我也努力转变学生的学习方式,更多

---

① 金学成. 反思是教师专业发展的有效途径? [J]. 上海教育科研,2007(4).
② 张琦. 四季之歌——青年教师个人成长历程. http://www.dlteacher.com/html/2009-3/2009319110807.htm.

地采取活动形式，倡导学生的体验和参与。我欣喜地发现，我的课堂里洋溢着浓浓的学习氛围。学生们经常在日记里表达他们对英语课的喜欢，家长也给学校写了感谢信。就这样，我努力使自己成为一名让领导放心、让家长承认、让学生喜欢的好老师。

......

我正努力形成自己的教学特色：用活动引领自主，以激情独树一帜。我要用饱满的激情感染我的学生，用生动有趣的教学方式激发学生的学习兴趣，用精心设计的真实有效的语言活动培养学生的综合语言运用能力。

【评析】 一次研讨课的失败，虽然让授课教师感到沮丧、失望，但她并没有因此停滞不前，而是在实际行动中改善自己，不断地提高自己对新课程的学习和理解，在课堂实践中尝试新的方法，在不断的实践和改进中形成自己的教学特色，成长为"让领导放心、让家长承认、让学生喜欢的好老师"。

评课后的反思是教师在教学实践中，批判地考察自我的主体行为表现及其依据，通过回顾、诊断、自我监控等方式，或给予肯定与强化，或给予否定与修正，从而不断提高自身教学效能和素质的过程。这种反思具有这样的特征："一是实践性，是指教师的教学效能的提高是在具体的实践操作中完成的；二是反思性，是指对于教师自身实践情境和经验，立足于自我以外所作的多视角、多层次的思考，是教师自觉意识和能力的体现，是教学反思的本质所在；三是超越性，教学反思的真谛就在于教师要敢于怀疑自己，敢于和善于突破、超越自己，不断地向更高层次迈进。"[①]评课要引领教学的改进，需要教师作具有如上特征的反思。

[本章主要参考文献]

1. 顾志跃等. 如何评课[M]. 上海：华东师范大学出版社. 2009.
2. 赵国忠. 评课最需要什么——中外优秀教师给教师最有价值的建议[M]. 南京：南京大学出版社. 2010.
3. 张文质，陈海滨. 今天我们应怎样评课[M]. 重庆：西南师范大学出版社. 2011.
4. 黄甫全. 现代课程与教学论(第2版)[M]. 北京：人民教育出版社. 2011.
5. 吴维屏. 小学品德与生活(社会)课程与教学[M]. 北京：中国人民大学出版社. 2010.
6. 高慎英，刘良华. 有效教学论[M]. 广州：广东教育出版社. 2004.
7. 张天乐. 教育学[M]. 北京：高等教育出版社. 2007.
8. 窦桂梅. 听窦桂梅老师评课[M]. 上海：华东师范大学出版社. 2011.
9. [美] Grant Wiggins 著，国家基础教育课程改革"促进教师发展与学生成长的评价研究"项目组译. 教育性评价[M]. 北京：中国轻工业出版社. 2005.
10. [美] Ellen Weber 著，国家基础教育课程改革"促进教师发展与学生成长的评价研究"项目组译. 有效的学生评价[M]. 北京：中国轻工业出版社. 2003.
11. [美] W. James Popham 著，国家基础教育课程改革"促进教师发展与学生成长的评价研究"项目组译. 促进教学的课堂

---

① 陈玉梅，查啸虎. 教学反思与教师专业发展[J]. 天津师范大学学报(基础教育版)，2003(3).

评价[M].北京：中国轻工业出版社.2003.

12. [美] Thomas L. Good,Jere E. Brophy 著,陶志琼译. 透视课堂[M].北京：中国轻工业出版社.2011.

13. 林清华,何恩基. 什么是一堂好课？——课堂教学评价标准研究述评[J].中小学管理,2004(6).

14. 刘业俭. 好课标准是"实""事""求""是"[J].中国教育学刊,2008(9).

15. 谌启标. 美国有效教学标准框架及其研究[J].教学与管理,2003(6).

16. 凌伟珍. "以学论教"是新课程课堂教学的评价标准[J].现代中小学教育,2007(5).

17. 牛筱琼. 多元评价主体参与听评课的认识与实践[J].西北成人教育学报,2012(2).

18. 丁道勇. 评课中的视角差异及其重构[J].上海教育科研,2012(5).

19. 崔允漷. 论课堂观察 LICC 范式：一种专业的听评课[J].教育研究,2012(5).

20. 孙玉生. 课改背景下评课方式的探索[J].中国教育学刊,2008(4).